간화선 입문

− 禪門要略・看話決疑論 −

학담 엮어풂

큰수레총서 8
대중선·둘째권

간화선 입문

― 禪門要略·看話決疑論 ―

학담(鶴潭) 엮어풂

큰수레

증보판 머리글

1 본서는 본래 보조지눌선사(普照知訥禪師)의 『간화결의론(看話決疑論)』을 우리말로 과목하여 풀이하고, 소납의 선적 견해를 붙여 『간화결의론과해』라는 이름으로 93년도에 발간한 책이다.

어느덧 15년의 세월이 흘렀다. 그 사이 필자는 서울 도심 한복판에 진입하여 조그만 아란야 하나를 일으키고 종단 살림에 관여하면서 40대 중반에서 50대 후반의 세월을 보냈다.

이제 새로이 소납의 수행을 돌이켜보며 새로운 초발심을 다짐하기 위해 『간화결의론과해』를 『간화선입문(看話禪入門)』으로 다시 발간한다.

이 책의 발간을 통한 소납의 새로운 초발심은 다시 '위로 향하는 한 길[向上一路]'로 몸을 뒤집어 돌이켜내는 경절수행의 토대가 될 것이다.

따로 한 법도 세울 것 없는 산 말귀 봄, 그 바로 끊어드는 문[徑截門]의 정진이 곧바로 시간적 간격과 차제가 없이, 생각 생각 온전히 중생회향(衆生廻向)의 길이 되어야 한다는 필자의 소신은 지금껏 변함이 없다.

푸른 산에 돌아가는 문수의 지혜는, 살피는 바 산 말귀가 말귀 아닌 말귀인 줄 사무쳐보는 곳에서, 온전히 머묾 없는 진리의 모습 그대로인 보현의 발걸음[普賢行]으로 현전할 것이다.

② 보조선사의『간화결의론』이 우리 불교 최초의 간화선 소개서임이 분명하지만, 보조선사는 주로 화엄원교(華嚴圓敎)의 교리문 위에 뜻과 말이 끊어진 경절문 세우게 된 연유를 밝히고 있다.

그러므로『간화결의론』은 교리관행문(敎理觀行門) 위에 경절문 세우는 까닭을 밝힘으로 선교교판(禪敎敎判)에 많은 강조점을 두고 있는 저작이다.

그리고 교리관행문 위에 경절문을 세우는 뜻을 크게 강조하되 다시 언교(言敎)를 부사의법계 그 자체로 밝혀내는 데 강조점을 두지 않음으로써, 가르침 밖의 종[敎外別傳之宗]을 살리되 여래의 가르침[如來敎]을 살려내지 못한 허물이 있다.

가르침을 집착하는 이에게 '가르침 밖에 따로 전한 종지'를 보였지만, 가르침 밖의 종지를 깨치고 보면 그 종지는 끝내 '가르침 안[敎內]'과 '가르침 밖[敎外]'이 있는가. 우리는 다시 되물어야 할 것이다.

이에 필자는 보조『간화결의론』의 치우침을 보완하고, 처음 선문에 드는 이들이 올바른 몸가짐, 마음가짐을 정립하는데 도움이 되도록『간화결의론』을 제2부로 돌리고, 제1부에 선문 여러 조사들의 법어를 함께 묶어 간화선 입문서를 발간한다.

비록 간화선과 경절문의 입문서지만 조사선의 경절문이 끝내 여래선(如來禪)과 둘이 없음을 보이기 위해 제1부 좌선의(坐禪儀)에 천태선사(天台禪師)의 『선문요략(禪門要略)』을 수록하여 첫 입문자의 선 수행에 도움이 되도록 하였다.

 그러나 알고 보면 어찌 '처음 입문'이 다만 처음일 것인가. 첫 마음 내는 곳이 법계진리의 처소라면 첫 발 딛는 곳이 곧 맨 끝 보디의 처소〔究竟菩提處〕이다. 그리고 맨 끝 보디의 처소에 얻을 바 깨달음의 모습이 없는 것이라면 어찌 처음이 끝에 이르기 위한 처음이라 말할 것인가.

 오늘날 한국 선불교의 병통은 조사선(祖師禪) 경절문의 언구가 부족해서가 아니라 교조화된 격외언구(格外言句)와 선의 본분가풍과 무관한 법통주의가 넘쳐나기 때문이다.

 그리고 조사선·돈오선을 말하면서 돈오(頓悟)의 가풍과는 무관하게 점차적 수증(修證)으로 구경각(究竟覺)을 이룬다는 선관이 많은 선류들의 뇌리를 지배하고 있기 때문이다.

 우리 모두 손 털고 머리에 둘러쓴 높고 낮은 관들을 벗어 내던지고 다시 스스로의 발밑을 돌이켜보아야 할 것이다. 그리고 처음 발심하는 보살의 처음 마음 낸 곳이 곧 맨 끝 보디의 처소라는 『열반경』의 다음 구절을 가슴 깊이 새기며, 닦되 닦음 없이 위로 향하는 한 길을 밟아가야 할 것이다.

처음 바른 보디의 마음을 내는 것과
끝내 부처 이룸 이 둘이 다르지 않으나
이 같은 두 마음에서 앞의 마음 어렵도다.
스스로를 못 건지고도 남을 먼저 건져주니
이 때문에 첫 마음에 공경히 절하옵니다.

처음 마음 내게 되면 하늘 사람 스승이니
성문과 연각의 경계에 빼어나 벗어나고
이와 같이 마음을 냄 삼계를 지나가니
그러므로 이름 얻음 가장 높아 위없어라.

發心畢竟二不別 如是二心先心難
自未得度先度他 是故敬禮初發心
初發已爲天人師 勝出聲聞及緣覺
如是發心過三界 是故得名最無上

불기 2552년 음 9월 24일
용성진종선사(龍城震鍾禪師) 유업계승도량
대승사 수자의삼매당(隨自意三昧堂)에서
학담(鶴潭) 합장

초판 머리글

⑴ 본서는 보조선사의 『간화결의론(看話決疑論)』을 뜻을 따라 단락을 지어 우리말로 옮기고 풀이한 책이다. 그러나 옛 스님의 책에 대한 단순한 '과해서(科解書)'라기보다는 간화선에 대한 입문서의 성격을 띠며, 더 나아가서는 선학 일반에 대한 소개서의 성격을 갖는 책이다.

알다시피 보조선사의 『간화결의론』은 한국불교에 최초로 간화선을 체계적으로 소개한 책이다. 보조의 『간화결의론』이 발간되고 보조선사의 제자 진각혜심(眞覺慧諶)과 그 문인들에 의해 『선문염송(禪門拈頌)』이 편찬된 뒤로 간화의 방법은 한국불교 선문의 주류적인 수행법으로 자리잡게 되었다.

원래 간화선은 '앉아 있음으로 선을 삼는 수행 형식주의'나 세계의 실상에 대한 바른 눈〔正眼〕이 없이 '몸과 마음의 편안함만을 추구하는 선정주의'를 부정하여, 선(禪)이란 바로 거짓됨과 헛것에 가려지지 않은 산 눈〔活眼〕 자체이며 머묾 없고 닫혀짐 없는 일상의 행 자체임을 보여준다.

간화의 참정신에서 보면 선(禪)은 다만 깨달음을 위해 행하는 방편이거나 닦아서 얻는 고요한 경지가 아니라, 가려짐 없고 닫혀짐 없는 산 눈이며, 그렇다 할 것이 없되 그렇지 않다 할 것도 없는 세계의 실상 자체이니, 옛사람들은 이를 '본분의 일착자〔本分一着子〕'라 말한다. 때로 본분의 일착자는 한 법도 붙잡아 줄 것이 없되〔沒把

鼻〕만법 속에서 생생하게 활동하는 지위 없는 참사람〔無位眞人〕이라 이름지어지기도 한다.
　이렇게 보면 간화의 참정신은 진리를 내면의 경지나 외적 초월성에서 찾지 않고 주체의 삶과 행위의 창조적 해탈〔心解脫, 慧解脫〕로 정립하는 불교 정신의 시대적 구현이라 할 수 있다.
　그럼에도 중국 선종의 법통설에 지나치게 매몰된 일부 선류들은 선종을 불교 밖에 따로 있는 것으로 보려 하거나 간화의 방법론을 방법론 자체로서 절대화하려 한다. 방법론 자체를 절대화하는 것은 뗏목을 타고 저 언덕에 건너가려는 이가 뗏목을 껴안고 언덕에 오르지 못함과 같다.
　중국 선불교는 중생과 부처, 보살과 중생의 인격적 관계를 전제하고 출발하는 정토종(淨土宗), 밀종(密宗)에 비해 세상과 역사에 대한 윤리적 긴장감이 상대적으로 약한 것은 분명하다. 그리고 깨달음의 근원을 개인이 깨닫고 못 깨닫고에 관계없는 실상반야(實相般若)에 두지 않고, 실상에 대한 개인의 체험을 강조하고 법통설을 지나치게 절대화하다 보니 자칫 '종문(宗門)의 깨달음은 붓다의 교법과는 다른 것', '선의 깨달음은 역사와는 무관한 것'으로 해석될 소지를 안겨 주고 있다.
　선종(禪宗)의 본질은 퇴색된 채 중국선의 말폐적 분위기가 강한 현실 속에서 '간화만이 깨달음의 첩경이며 선은 불교 밖에 따로 있는 것'이라는 한 쪽의 주장과, 그에 대한 반동으로서 '새롭게 교상을 더듬어 찾아 불교를 개념의 틀에 가두거나, 간화선은 중국선이므로 비파사나라는 원천적인 방법에 돌아가야 한다'는 극단의 주장이 나오고 있다.

본서는 이러한 양자의 편향을 넘어서서 임제의 종풍과 간화의 수행가풍이 불교가 중국에서 이루어 놓은 위대한 사상적 실천적 성과임을 확인하되, 임제종과 간화선풍을 둘러싸고 있는 교의(敎義)의 편협성을 불교철학의 보편성과 불교 실천의 포괄성에 다시 접맥시키고자 한다.

과거 역사 속에서도 불교가 수행방법과 법통설의 싸움에 역량을 소모한 채 시대와 역사의 요구에 부응하지 못할 때 불교 자체가 역사의 뒷전으로 떠밀려나게 된 쓰라린 사례를 찾아볼 수 있다.

중국의 송나라 때에도 대혜종고(大慧宗杲)의 간화선 제창은 깨달음으로 법칙을 삼는[以悟爲則] 간화의 방법론이 다른 수행방법에 비해 경절문(徑截門)임을 확인해 주었다. 그러나 선의 깨달음이 격물(格物)과 경세(經世)로 요약되어지는 당시 시대사조와 대중의 요구에 부응하지 못함으로써, 불교는 성리학(性理學)에 사회를 주도하는 이념의 위치를 넘겨주게 된다.

우리나라를 보더라도 고려말 극심한 사회의 혼란기 속에서 중생에 대한 보은행(報恩行)을 강조했던 천태종 부암무기선사(雲默無寄禪師)

의 주장이 불교계에 제대로 수용되지 못하고, 신돈의 사회 개혁 노선이 기득권자들의 반대에 의해 고려사회에 실현되지 못한다. 태고(太古), 나옹(懶翁)선사 등이 원(元)에 들어가 경쟁적으로 임제법통을 전수해 오지만, 그러한 시도가 불교계나 고려 사회의 창조적 변화에 아무런 도움을 주지 못하고, 결국 불교를 사회지도 이념으로 삼았던 고려조는 성리학을 중심이념으로 하는 조선조로 바뀌게 된다.

오늘날 한국불교는 과거 어떤 시기에 비교될 수 없는 더 큰 사상적 위기 속에 놓여 있다. 선(禪), 염불(念佛) 등 전통적 가치는 제대로 해석되지 못하고 있고, 불교 교단은 시대의 요구와 문명사의 거대한 변화의 흐름에 창조적으로 대응하지 못하고 있다.

다양한 가치관이 혼재된 현대사회 속에서 '불교만이 진리'라거나 여러 종지가 함께 어울려 있는 불교 가운데서도 '선(禪)이 최고 가치이며, 선 가운데서도 간화선(看話禪)만이 최상의 방법론'이라는 주장은 가치상대적인 사고 속에 깊이 젖어 있는 대중 속에 그다지 설득력을 갖지 못한다. 합리적 설명이 없는 그러한 주장들은 오히려 기독교 보수신앙과 유사한 도그마로 비쳐질 수도 있다.

우리가 주장하는 가장 옳은 것은 늘 그 옳음의 원칙성이 철저히 견지되되 다른 것과 공존하고 다른 것을 싸안을 수 있는 유연성과 포괄성을 가지고 제시되어야 한다. 그리고 간화의 제창자들이 경전의 개념어를 뛰어넘어 일상의 평상화(平常話)로써 진리를 개현하듯, 오늘 불교와 선(禪)은 다시 이 시대가 요구하는 과학적 언어와 보편적 개념으로 불교의 깨달음을 설명할 수 있어야 한다.

이제 간화선 행자는 '무엇이 조사가 서쪽에서 온 뜻인가(如何是 祖師西來意)'를 묻는 화두(話頭)의 물음의 말을 다시 '불법의 바른 뜻이 무엇인가(如何是 佛法的的大意)'로 뒤바꾸어 물어야 한다. 그리고 '무엇이 불법의 바른 뜻인가'를 묻는 인식론적인 물음을 '어떻게 역사를 사는 것이 바른 삶인가'라는 실천적인 물음에 통일시켜야 한다.

곧 간화선 행자는 화두함 자체를 새롭게 자신의 화두로 삼아 간화의 방법론을 반성적으로 다시 정립해내야 하며 이 시대 대중과 역사의 문제에 현성공안(現成公案)을 제출해내야 하는 것이다.

2 보조선사의 『간화결의론』을 해석하게 된 것은 보조선사의 결사도량 송광사 승가대학에서 지난 8월 천태학(天台學) 특강을 하고 난 뒤, 선우도량에서 주최하는 간화선 주제의 수련결사를 준비하면서이다. 송광사에서 강의하는 사흘 동안 나는 한국불교에서 거의 십여 년간 논쟁으로 되어왔던 돈오점수(頓悟漸修)와 돈오돈수(頓悟頓修)의 문제, 선(禪)과 교(敎)에 관한 교판, 수행방법으로서 간화선의 문제에 응답하지 않으면 안 될 필요성을 깊이 느끼게 되었다.

돈점논쟁에 관해 필자가 주장하는 기본 입장은 돈오점수, 돈오돈수라는 언교(言敎)에 대해 그 언교에 상응하는 객관적인 깨달음의 영역〔理境〕이 따로 실재하는 것이 아니라, 모두 깨달음을 구현하는 실천의 길에서 중생의 병통과 치우침에 따라 언교(言敎)를 달리 설정한 것이라는 관점이다.

왜인가. 깨달음이라는 말 자체가 중생의 미망과 번뇌를 상대해서 세워진 이름이기 때문이다. 돈오점수, 돈오돈수를 이처럼 중생이 깨달음에 들도록 하기 위해 설정된 언교(言敎)로서 볼 때만, 돈오점수란 대치(對治)의 문을 통해 실상에 이끄는 언교이자 깨달음이 깨달음 자체로서 고정화될 수 없음을 보이기 위한 가르침이며, 돈오돈수라는 최고의 지표는 돈오점수 밖에 있는 새로운 경지가 아니라 닦을 것도 없고 닦지 않을 것도 없는 중도적 실천행을 제일의실단(第一義悉壇)에서 보인 것인 줄 알게 된다.

한국불교의 거의 대다수 구성원들은 선(禪)과 교(敎)의 이분적 교판사상에서 자유롭지 못하다. 그래서 붓다의 근본교설(根本敎說)과 용수(龍樹)의 반야중관(般若中觀), 무착(無着)과 세친(世親)의 유식불교(唯識佛敎), 여래장(如來藏), 밀교(密敎) 등은 교종(敎宗)으로 판석하고, 중국 조사선의 가르침은 선종(禪宗)으로 판석하여 선을 교 위에 두는 교판체계를 그대로 맹신하고 있다.

불교의 뿌리라 할 수 있는 붓다와 용수, 무착, 세친을 교(敎)라고 낮추어 보고, 마조(馬祖), 황벽(黃壁), 임제(臨濟)의 선을 교 위에 설정하는 교판사상에 대한 올바른 재해석이 없이는 불교의 사상적 혼란은 극복될 수 없다.

본서는 선교의 교판에 대한 본격적인 정리에 앞선 과정으로, 보조선사의 『간화결의론』에 나오는 교판에 대한 기본적인 해석을 시도하였다. 『간화결의론』 이후 서산(西山 : 淸虛禪師)까지 한국불교에서 선교의 교판은 화엄종의 오교판(五敎判 : 禪을 敎內로 봄)과 선종의 교외별전(敎外別傳)의 교판, 선교합일론이라 할 수 있는 사교입선론(捨敎入禪論), 자교입종론(藉敎入宗論)의 네 가지 교판이 나타나고 있다.

본서는 선(禪)을 천태 오중현의(五重玄義)에서 종(宗)으로 보고, 교(敎)와 체(體), 종(宗)이 서로 연기적인 관계 속에 있다는 천태의 관점을 통해 위의 네 가지 선교의 교판이 모두 정당성을 얻을 수 있는 사상의 지평을 열어 놓았다.

이제 한국불교에서는 실상으로서의 체(體)와 체의 언어적 발현인 언교(言敎)와 체에 깨쳐드는 실천[宗]과 실천의 창조적인 작용[用]을 둘 아님으로 보는 천태 오중현의의 정신이 옳게 조명될 때만, 선 없는 교와 교 없는 선의 치우침을 넘어 '선과 교를 함께 막고[禪敎雙遮]' '선과 교를 함께 살피는[禪敎雙照]' 참된 선수행의 길이 열릴 것이다.

③ 본서는 보조선사를 지나치게 우상화하는 일부 학계의 치우침과 보조선을 철저히 종문(宗門) 밖에 내치려는 또 한쪽의 치우침을 모두 경계하며, 보조선사에 대한 객관적인 서술방식을 취하고 있다.

책의 제1부는 『간화결의론』 원문을 우리말로 옮겨 그대로 수록하였으며, 제2부는 『간화결의론』을 뜻을 따라 과목(科目)을 치고 풀이하였다. 그러나 제2부는 단순히 보조선사의 저술에 대한 과해의 수준을 넘어 선종 일반에 관한 본인의 견해를 서술하고 오(悟)와 수(修), 선(禪)과 교(敎), 선(禪)과 행(行)에 관한 통일적 지표를 세워내고자 하였다.

끝으로 부록으로 보조선사의 생애를 담은 김군수의 비명과 서문을 우리말로 옮겨 수록하였다.

본서에는 보조선사 자신의 수행관과 선교관, 보조선사께서 종(宗)으로 삼은 대혜선사의 가르침이 함께 있고, 거기에 다시 필자가 천태의 오중현의의 정신으로 선교의 교판을 새롭게 정립하고 사종사제설(四種四諦說)로 돈점논쟁을 융회하고 있으니, 이 책 가운데에는 보조, 임제, 천태의 선풍이 함께 공존하고 있다고 할 수 있다. 그렇다면 깨달음에 들기 위한 종(宗)을 종 자체로 절대화하려는 사람들은 아마 이렇게 물을 것이다.

'그대가 의지하는 종은 무엇인가. 임제종(臨濟宗)인가, 보조가 지지하는 하택종(荷澤宗)인가, 아니면 천태종(天台宗)인가'라고. 필자

는 그러한 분들의 이러한 물음에 간화선의 대종장 대혜선사의 다음
한 송으로 답변하고자 한다.

다른 사람 머무는 곳 나도 또한 머물고
다른 사람 가는 곳에 나도 또한 가도다.
잠깐 사이 기뻐했다 금방 다시 화를 내나
기뻐하고 화를 냄에 알 것이 없으니
신라의 깊은 밤중 날이 벌써 밝았도다.
他人住處我亦住　他人行處我亦行
瞥喜瞥瞋無理會　新羅夜半日頭明

1993년 9월 15일
실상사 선우도량에서
간화선을 주제로 한 수련결사를 마치며
鶴潭 손모음

차 례

증보판 머리글 · 5
초판 머리글 · 9

제1부 간화선 수행의 기본 요점〔禪門要略〕· 23

제1장 좌선의 바른 몸가짐과 마음가짐〔坐禪儀〕· 25

1. 선원청규 좌선의(禪苑淸規 坐禪儀) · 27
2. 휴휴암주 좌선문(休休庵主 坐禪文) · 35
3. 불심재선사(佛心才禪師) 좌선의(坐禪儀) · 38
4. 감산선사(憨山禪師)가 불심재선사 좌선의에 붙인 글 · 42
5. 천태선사(天台禪師) 선문요략(禪門要略) · 45
6. 달마선사(達摩禪師) 오성론 야좌게(悟性論 夜坐偈) · 63

제2장 믿음과 큰 의단, 큰 분심〔大信心, 大疑心, 大憤心〕· 69

1. 믿느냐, 믿을 수 있으면 이 '없다'는 말귀만을 보아 정진하라 · 71
   - 완산정응선사가 몽산에게 준 법어〔皖山正凝禪師示蒙山法語〕
2. 큰 의심 아래 큰 깨침 있으니 · 74
   - 몽산화상이 각원상인에게 보임〔蒙山和尙示覺圓上人〕
3. '불성 없다'는 말귀 봄의 여러 병통을 가림 · 78
   - 몽산화상이 '없다는 화두〔無字話頭〕' 보는 법에 보인 열 가지

대목의 경계〔蒙山和尙無字十節目〕

제3장 밝아 또렷함과 고요함을 평등히 지녀야〔惺寂等持〕· 83

1. 고요함 가운데 산 말귀를 잊어 어둡지 않아야 · 85
   - 보제존자 나옹선사가 각오선인에게 보임〔普濟尊者示覺悟禪人〕
2. 산 말귀의 의정으로 어두움과 어지러움을 넘어서면 · 87
   - 몽산화상이 고원상인에게 보임〔蒙山和尙示古原上人〕
3. 맑은 가을날 들물처럼 공부가 맑고 깨끗해야 · 90
   - 몽산화상이 유정상인에게 보임〔蒙山和尙示惟正上人〕

제4장 때가 되면 산을 나와〔時至出山〕· 95

1. 밑 없는 배를 타고 흐름을 따라 · 97
   - 고담화상법어(古潭和尙法語)
2. 소를 찾는 노래〔尋牛頌〕· 101
   1) 보명선사 목우송(普明禪師 牧牛頌) · 101
   2) 확암선사 심우송(廓庵禪師 尋牛頌) · 107
   3) 우익지욱선사 백우십송(藕益智旭禪師 白牛十頌) · 122
   4) 학담시자 심우송(鶴潭侍者 尋牛頌) · 127

제2부 산 말귀를 보아 의심을 결단하라〔看話決疑〕· 133
   - 보조지눌선사(普照知訥禪師) 『간화결의론(看話決疑論)』 -

제1장 『간화결의론』 우리말 옮김 · 135

1. 화엄원교(華嚴圓敎)와 간화법(看話法) · 137
   1) 선문의 간화법을 물음 · 137
   2) 활구 참선문을 답함 · 137
2. 알음알이의 장애〔知解之障碍〕· 141
   1) 지해(知解)에 관한 물음 · 141
   2) 알음알이의 장애를 답함 · 141
3. 말과 생각 끊음〔離言絶慮〕· 142
   1) 경전에서 밝힌 무념과 선의 무념(無念) · 142
   2) 무념을 치우침과 두렷함으로 잡아 보임 · 142
4. 치우침과 두렷함〔入道方便之偏圓〕· 145
   1) 선(禪)과 교(敎)를 판별하는 이유를 물음 · 145
   2) 활구선법의 두렷함을 자세히 밝힘 · 145
5. 비밀히 전하는 문 따로 세우는 이유를 보임〔示別立徑截門之緣由〕· 159
   1) 원교 밖에 비밀히 전하는 문 세우는 이유를 물음 · 159
   2) 선(禪)이 교문(敎門)과 다름을 자세히 보임 · 159
6. 활구선법의 유통을 원함〔流通徑截門〕· 166

제2장 간화결의론과해(看話決疑論科解) · 167

1. 화엄원교(華嚴圓敎)와 간화법(看話法) · 169
   1) 선문의 간화법을 물음 · 169
   2) 활구 참선문을 답함 · 171
      (1) 열 가지 병 · 171
      (2) 선문의 방편 · 178
      (3) 바로 끊어드는 문〔徑截門〕· 182

2. 알음알이의 장애〔知解之障碍〕· 191
   1) 지해(知解)에 관한 물음 · 191
   2) 알음알이의 장애를 답함 · 192
3. 말과 생각 끊음〔離言絶慮〕· 198
   1) 경전에서 밝힌 무념과 선의 무념(無念) · 198
   2) 무념을 치우침과 두렷함으로 잡아 보임 · 199
4. 치우침과 두렷함〔入道方便之偏圓〕· 207
   1) 선(禪)과 교(敎)를 판별하는 이유를 물음 · 207
   2) 활구선법의 두렷함을 자세히 밝힘 · 209
     (1) 교문(敎門)의 생각 끊음 · 209
     (2) 선문의 삼구(三句) · 215
     (3) 대혜선사의 활구법 · 232
     (4) 선문(禪門)의 깨친 기연을 보임 · 249
       ① 바로 끊어 들어가는 선문이 돈교와 원교의 깨쳐 들어
          감과 같지 않음을 보임 · 249
       ② 영가선사를 들어 선문의 바로 끊어 들어감을 다시 보
          임 · 254
     (5) 다시 활구법을 보임 · 268
5. 비밀히 전하는 문 따로 세우는 이유를 보임〔示別立徑截門之
   緣由〕· 284
   1) 원교 밖에 비밀히 전하는 문 세우는 이유를 물음 · 284
   2) 선(禪)이 교문(敎門)과 다름을 자세히 보임 · 286
     (1) 의리(義理)를 통한 깨침 · 286
     (2) 선문의 맛없는 화두 · 287
     (3) 선문의 여러 병통 · 288

(4) 선(禪)과 교(敎)의 교화방식 · 295
　　　(5) 뜻의 참구와 산 말귀의 참구 · 305
　6. 활구선법의 유통을 원함〔流通徑截門〕· 309
　7. 선(禪)과 역사(歷史) · 313
　　1) 정혜쌍수(定慧雙修)의 실천적 의미 · 313
　　2) 선(禪)과 역사(歷史) · 318

부 록 · 321

1. 보조선사의 선 수행관과 『간화결의론』 · 323
　1) 보조선사의 생애와 사상 · 323
　　(1) 보조선사의 수행과정과 기본사상 · 323
　　(2) 돈오점수설과 돈오돈수설, 그리고 성수불이(性修不二)의
　　　　실천관 · 331
　　(3) 천태선사의 네 가지 사제설로 본 닦음과 깨침 · 340
　　(4) 지해(知解)의 문제 · 346
　2) 『간화결의론』과 선교(禪敎)의 교판(敎判) · 353
2. 조계산 수선사 보조선사 비명과 서문〔曹溪山 修禪社 普照禪師
　　碑銘幷序〕· 365
3. 본서에 인용된 주요 공안(公案) · 379

찾아보기 · 400

제1부
간화선 수행의 기본 요점
【禪門要略】

제1장 좌선의 바른 몸가짐과 마음가짐 [坐禪儀]

제2장 믿음과 큰 의단, 큰 분심 [大信心, 大疑心, 大憤心]

제3장 밝아 또렷함과 고요함을 평등히 지녀야 [惺寂等持]

제4장 때가 되면 산을 나와 [時至出山]

　　간화(看話)의 경절문이라 하더라도 그 수행법은 불교의 선정과 지혜를 실천하는 방법론 가운데 하나이다. 그러므로 간화선 수행자는 삼보에 예경하고 여래장의 진리를 믿고 대승서원을 세우며 선 수행의 첫걸음을 걸어야 한다.
　　산 말귀 보는 지름길의 수행을 말하기 전에 큰 자비심과 대승의 서원을 일으켜 뭇 중생을 위해 선 수행에 나아갈 마음가짐을 세워야 하고, 좌선수행의 기본 방편을 알아야 하며, 선정(定)과 지혜(慧), 그침(止)과 살핌(觀)이 둘이 아닌 수행의 바른 진로를 옳게 이해해야 한다.
　　그러므로 본서는 간화선 종장들의 산 말귀 참구의 법을 보이기 전에, 선문(禪門) 여러 종사들이 좌선수행의 기본자세 가르친 법문을 앞에 들어 초학자가 지침을 삼도록 하였다.
　　산 말귀 봄의 기본 방법론을 보인 제2장에는 우리 불교에서 맨 처음 우리말 선학입문서로 편집된 용성선사(龍城禪師)의 『선문촬요(禪門撮要)』, 경허선사(鏡虛禪師) 이름으로 엮어져 나와 있는 한문본 『선문촬요』에서 많이 의지하고 있는 몽산덕이(蒙山德異), 나옹혜근(懶翁慧勤), 고담(古潭)선사 등의 법어를 수록하였다.
　　끝으로 심우송(尋牛頌)에는 보명(普明), 확암(廓庵), 지욱(智旭)선사 등의 노래를 수록하고, 옛 조사들의 뜻을 받아 필자의 견해를 노래로 지어 덧붙였다. 이는 감히 조사의 지위에 함부로 나란히 하고자 함이 아니라 고조사의 뜻을 이어 소납의 신심과 입지를 분명히 하고자 함일 뿐이다.

제 1 장

좌선의 바른 몸가짐과 마음가짐 [坐禪儀]

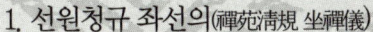

1. 선원청규 좌선의(禪苑淸規 坐禪儀)

2. 휴휴암주 좌선문(休休庵主 坐禪文)

3. 불심재선사(佛心才禪師) 좌선의(坐禪儀)

4. 감산선사(憨山禪師)가 불심재선사 좌선의에 붙인 글

5. 천태선사(天台禪師) 선문요략(禪門要略)

6. 달마선사(達摩禪師) 오성론 야좌게(悟性論 夜坐偈)

선(禪)은 그침(止)과 살핌(觀), 정(定)과 혜(慧)의 하나됨에 붙인 거짓 이름이므로 선은 곧 법계실상의 다른 이름이다. 그러므로 선은 모습이 아니지만 온갖 모습을 거두고, 규정된 행위의 틀이 아니지만 만행(萬行)을 거둔다.

선은 좌선(坐禪)의 앉음에 갇히지 않고, 가고 오는 삶 활동의 틀에 떨어지지 않지만, 번뇌에 가린 중생이 위없는 보리의 도에 오르기 위해서는, 때로 앉고 때로 움직이는 정해진 수행의 형식을 통해서 법계실상인 선의 요체를 깨달아야 한다. 『마하지관(摩訶止觀)』은 말한다.

"두 번째 네 가지 삼매에 정진하여 보살의 지위에 들어가도록 권함이다. 이 지관을 말하는 것은 묘한 해탈에 오르려면 행이 아니면 밟아오를 수 없고, 젖을 잘 저어 흔들어야 제호를 얻을 수 있기 때문이다.

이 뜻을 『법화경』은 '불자들이 갖가지 행을 닦아 불도 구함을 본다'고 말한다. 행하는 법에 여러 가지가 있지만 간략히 말하면 넷이 있다.

첫째 늘 앉음〔常坐〕이요, 둘째 늘 다님〔常行〕이며, 셋째 반은 다니고 반은 앉음〔半行半坐〕이며, 넷째 다님도 아니고 앉음도 아님〔非行非坐〕이다.

삼매라고 통해 일컫는 것은 고루어 바르게 하는 선정이니 『대지도론』은 말한다. '마음을 한 곳에 잘 머물러 움직이지 않음을 삼매라 한다. 법계가 이 한 곳이니 바른 살핌으로 머물러 움직이지 않음이다. 네 가지 행은 수행의 조건(緣)이니 살피는 마음이 조건을 의지해 고루어 바르게 하므로 삼매라 한다.'"

좌선(坐禪)은 네 가지 삼매 가운데 늘 앉음〔常坐〕인 일행삼매(一行三昧)를 그 바탕으로 하지만, 좌선의 앉음이 다만 몸으로 좌복 위에 앉음이 아니라, '끝내 공한 법의 자리에 앉음〔畢竟空爲座〕'이라면, 앉음이 법계진리의 처소에 앉음이 되어 다님을 떠나지 않고 만행을 떠나지 않는 것이다.

그러므로 대혜선사(大慧禪師)는 말한다.

"선은 고요한 곳에도 있지 않고 또한 시끄러운 곳에도 있지 않으며, 나날이 써 대상에 응하는 곳에도 있지 않고, 헤아려 분별하는 곳에도 있지 않다. 그러나 먼저 고요한 곳과 시끄러운 곳, 나날이 써 대상에 응하는 곳과 헤아려 분별하는 곳을 버리고 찾아서는 안 된다. 홀연히 지혜의 눈이 열리면 이 모든 것이 집안일인 줄 바야흐로 알게 된다."

1. 선원청규 좌선의(禪苑淸規 坐禪儀)

> 선 수행이 비록 가고〔行〕머물고〔住〕앉고〔坐〕누워 쉬며〔眠〕말하고〔語〕밥 먹음〔食〕의 여섯 지음〔六作〕과 네 가지 몸가짐〔四威儀〕속에서 늘 행해져야 하나, 그 모든 토대는 좌선(坐禪)이다.
> 그러므로 총림(叢林)에 들어 참선하려는 이는 먼저 좌선의 기본자세를 배워야 하니, 본 좌선의(坐禪儀)는 중국 총림 선원청규(禪苑淸規) 가운데 초학자에게 좌선의 마음다짐과 몸가짐을 가르치는 기본문건이다.
> 대비서원을 세워 삼매를 닦고 반야지혜를 얻어 나와 남을 함께 이익되게 하길 당부하고 있으니, 선학자는 모름지기 이 글을 의지해 수행해야 할 것이다.

○ 반야보살은 대비서원을 세워야 하니

대저 반야를 배우려는 보살은
먼저 큰 자비심을 일으키고
넓고 큰 서원을 일으켜서
부지런히 삼매를 닦아 행해
중생 건지려는 원 세워야 하니
자기 한 몸만을 위하여
홀로 해탈 구함 아니기 때문이네.[1]

---

1) 夫學般若菩薩 先當起大悲心 發弘誓願 精修三昧 誓度衆生 不爲一身獨求解脫爾

○ 선 수행의 방편을 잘 알고 닦아야

모든 생각함을 놓아버리고
만 가지 일을 쉬어 그치면
몸과 마음이 한결같으며
움직이고 고요함 사이 없으리.
먹고 마시는 양 잘 조절하여
너무 많지 않고 적게도 말며
잠자는 것 잘 조절하여
너무 줄이거나 함부로 자지 말라.
좌선하려고 할 때에는
고요하고 한가로운 곳에서
깔개를 두툼하게 펴서
몸에 묶은 옷 띠를 느슨히 하고
몸가짐을 곧고 단정히 한 뒤
두 발을 서로 맺고 편히 앉으라.2)

먼저 오른발을 왼쪽 허벅지 위에 두고
왼발을 오른 허벅지 위에 두도록 하라.
반만 다리 맺고 앉아도 되나
다만 왼발로 오른발을 눌러 앉으라.
다음 오른손을 왼발 위에 두고
왼손바닥을 오른 손바닥에 두어
두 손 엄지손가락 얼굴을 서로 버티라.

---

2) 乃放捨諸緣 休息萬事 身心一如 動靜無間 量其飮食不多不少 調其睡眠不節不恣 欲坐禪時 於閑靜處厚敷坐物 寬繫衣帶 令威儀齊整 然後結跏趺坐

천천히 몸을 들어 앞과 뒤 좌로 우로
되돌이켜 흔들어 움직이고서
몸을 바로 해 곧게 앉으라.
좌로 기울이거나 우로 기울게 말며
앞으로 굽거나 뒤로 넘기지 말며
허리와 척추 머리와 목의
뼈마디가 서로 받치는 것이
그 모습 부도탑과 같이 하라.3)

또 몸을 너무 솟구치게 말고
사람의 기가 급해 불안케 말며
반드시 귀가 어깨와 마주하고
코가 배꼽과 마주하게 하며
혀는 입천장을 받치게 하고
입술과 이는 서로 붙이라.
눈은 반드시 가늘게 떠야
어두운 졸음을 벗어날 수 있으니
만약 선정을 얻게 되면
그 힘이 가장 빼어나리라.4)

---

3) 先以右足安左䏶上 左足安右䏶上 或半跏趺坐亦可 但以左足壓右足而已 次以
右手安左手上 左掌安右掌上 以兩手大拇指面相拄 徐徐擧身前欠 復左右搖振 乃
正身端坐 不得左傾右側前躬後仰 令腰脊頭項骨節相拄 狀如浮屠

4) 又不得聳身太過 令人氣急不安 要令耳與肩對 鼻與臍對 舌拄上齶 脣齒相著 目
須微開 免致昏睡 若得禪定 其力最勝

옛날 선정 익히던 높은 스님도
앉아 선정 닦되 늘 눈을 떴으며
요즈음 법운원통선사도
눈 감고 좌선하는 이 꾸중하여
검은 산 귀신굴이라 말하였도다.
말씀에 깊은 뜻이 담겨 있으니
통달한 자는 그 뜻을 알리라.
몸의 모습이 이미 안정되고
기와 숨이 잘 조절된 뒤에
배와 배꼽 느슨하게 풀어놓고
온갖 선과 악 모두 생각지 말라.5)

○ 바른 살핌이 좌선의 요점이니

생각이 나면 곧 살펴야 하니
살피면 곧 생각 사라지리라.
오래 하여 생각함을 잊게 되면
저절로 한 조각을 이루게 되니
이것이 좌선의 요점이 되네.
좌선이 큰 안락의 법문이라
가만히 사람들께 말해주지만
많이들 수행하며 병 이루는 것은
마음을 잘 쓰지 못한 까닭이네.6)

---

5) 古有習定高僧坐常開目 向法雲圓通禪師 亦訶人閉目坐禪 以謂黑山鬼窟 蓋有
深旨 達者知焉 身相既定 氣息既調 然後寬放臍腹 一切善惡都莫思量

6) 念起卽覺 覺之卽失 久久忘緣 自成一片 此坐禪之要術也 竊謂坐禪乃安樂法門

만약 이 뜻을 잘 알아 얻으면
저절로 사대가 가볍고 편안해지고
그 정신이 시원하고 날카로우며
바른 생각 또렷하고 밝아서
법의 맛이 그 마음을 도와주어
고요하여 맑아 즐거우리라.
만약 이미 밝혀낸 이라면
용이 물을 얻음과 같고
범이 산을 의지함과 같다고
말할 수 있으며
만약 아직 밝히지 못했다 해도
또한 바람 따라 불을 부르는 것과 같아
억지로 많은 힘을 쓰지 않으리니
다만 인정하는 마음만 뚜렷하면
반드시 서로 속이지 아니하리라.7)

○ 마의 일을 잘 가려 알아야

그러나 도가 높으면 마가 많아서
거스르고 따르는 마 만갈래이나
다만 바른 생각이 앞에 드러나면
온갖 마가 걸리게 하지 못하니

而人多致疾者 蓋不善用心故也

7) 若善得此意 則自然四大輕安 精神爽利 正念分明 法味資神 寂然淸樂 若已有發明者 可謂如龍得水 似虎奔山 若未有發明者 亦乃因風吹火用力不多 但辨肯心必不相賺

『능엄경』과 천태선사 『마하지관』과
규봉의 『원각경대소수증의』에
마의 일을 갖추어 밝힘 같으니
미리 갖춰 잘못되지 않으려는 이는
이를 알지 않을 수가 없도다.8)

○ 반드시 선정으로 몸의 안락행을 이루어야

만약 선정에서 나오려 하면
천천히 몸을 움직여 편히 일어나
급하게 서둘지 말아야 하니
선정을 나온 뒤에도 온갖 때에
늘 방편 지어 선정의 힘 보살핌을
어린 아이 보살피듯 하면
선정의 힘을 쉽게 이루리라.
대저 이 선정의 한 문이
가장 급한 수행의 일이 되니
선정으로 생각 고요히 않으면
이 속에 이르러 모두 아득해지리.
그러므로 구슬을 찾는 것은
물결을 마땅히 고요히 해야 하니
물을 움직이면 구슬 찾기 어려우며
선정의 물이 맑고 깨끗하면
마음구슬 스스로 드러나리라9).

---

8) 然而道高魔盛 逆順萬端 但能正念 現前一切不能留礙 如楞嚴經 天台止觀 圭峰
修證儀具明魔事 預備不虞者不可不知也

그러므로 『원각경』은 말씀하시되
걸림없는 청정한 지혜가 모두
선정을 의지해 난다 했으며
『법화경』은 몸의 안락행 가르치시며
한가한 곳에 있으면서 그 마음 닦아 거두어
편히 머물러 움직이지 않음을
수미산처럼 하라고 말씀하셨네.10)

그러므로 마땅히 알아야 하니
범부를 넘고 성인을 넘는 것은
반드시 고요함의 수행조건 빌어야 하고
앉아서 벗고 서서 죽는 것은
반드시 선정의 힘을 의지해야 하네.11)

한 생에 반야를 이룬다 해도
오히려 헛디디어 넘어질까 걱정되는데
하물며 수행이 더디고 느리면
무엇으로 업을 맞설 것인가.12)

---

9) 若欲出定 徐徐動身安詳而起 不得卒暴 出定之後一切時中常作方便護持定力 如護嬰兒 卽定力易成矣 夫禪定一門最爲急務 若不安禪靜慮 到這裏總須茫然 所以探珠宜靜浪 動水取應難 定水澄淸心珠自現

10) 故圓覺經云 無礙淸淨慧 皆依禪定生 法華經云 在於閑處 修攝其心 安住不動 如須彌山

11) 是知超凡越聖 必假靜緣 坐脫立亡須憑定力

12) 一生取辨 尙恐蹉跎 況乃遷延 將何敵業

그러므로 옛 사람은 말씀하시되
만약 선정의 힘이 없으면
죽음의 문에 달게 항복하며
눈 가리고 헛되이 돌아가
또렷이 윤회에 흘러 떠돈다 했네.13)

○ 깨우쳐 당부함

바라건대 참선하는 모든 벗들은
이 글을 세 번 거듭 읽고서
스스로와 남을 모두 이익되게 해
함께 같이 바른 깨침 이뤄지이다.14)

---

13) 故古人云 若無定力 甘伏死門 掩目空歸 宛然流浪
14) 幸諸禪友三復斯文 自利利他同成正覺

2. 휴휴암주 좌선문(休休庵主 坐禪文)

> 휴휴암주(休休庵主)는 고려선사 설산천희(雪山千熙)를 말한다. 선사는 경상도 경주(慶州) 사람으로 열세 살에 화엄용사주(華嚴龍社主)인 비일(非一)에게 의지해 출가해 열 아홉에 선지를 참구했다.
>
> 공민왕 13년(1364) 원(元)에 이르러 항주 휴휴암(抗州 休休庵)에 머무르다 지정(至正) 26년 성안사 만봉시울(萬峯時蔚)의 법을 받아 귀국해 치악산에 머물렀다. 국사(國師)에 책봉되어 널리 법문을 전하다 우왕 8년 입적하니 진각국사(眞覺國師)라 시호하였다.
>
> 선사의 좌선문(坐禪文)은 좌선의 이름풀이로 선의 대의를 밝혀, 선수행자에게 고요하고 움직임이 없고 공함과 있음이 둘이 아닌 나가의 큰 선정(那伽大定)에 나아가게 하고 있다.

○ 앉음(坐)과 선(禪)이란

대저 좌선(坐禪)이란 반드시 지극한 선(至善)에 통달함이니
우뚝하고 밝고 밝아 온갖 생각 잘라 끊어버리네.
어둡게 가라앉음에 떨어지지 않음을 '앉는다(坐)' 하고
탐욕에 있어도 탐욕 없고 티끌 속에 티끌 없음 '선(禪)'이라 하며
밖이 들지 않고 안이 나가지 않음 '앉는다(坐)' 하고
집착 없고 의지함 없고 항상한 빛 드러남을 '선(禪)'이라 하며
밖의 흔듦에 움직이지 아니하고
가운데 고요함에 흔들리지 않음 '앉는다(坐)' 하고

빛을 돌려 돌이켜 비추고
법의 근원 사무침을 '선(禪)'이라 하며
거르스고 따름에 시달리지 않고
소리와 빛깔에 구르지 않음 '앉는다〔坐〕' 하고
어두움을 비추면 밝음이 해와 달을 넘고
사물을 교화하면 힘이 하늘 땅 뛰어남을 '선(禪)'이라 하며
차별 있는 경계에서 차별 없는 선정에 듦을 '앉는다〔坐〕' 하고
차별 없는 지혜에서 차별 있는 지혜 보임을 '선(禪)'이라 한다.15)

○ 늘 쓰되 한결같음이 좌선(坐禪)이니

앉음〔坐〕과 선(禪)을 합해서 말해 본다면
불꽃일 듯 작용하되 바른 바탕 한결같아
가로로나 세로로나 묘함을 얻고
일과 일이 걸림 없음 좌선이라 말하네.
간략히 말하면 이와 같으나 자세히 들면
종이와 먹으로 사무쳐 다할 수 없네.16)

○ 고요함과 움직임이 둘이 아닌 나가의 큰 선정

---

15) 夫坐禪者 須達乎至善 當當惺惺 截斷思想 不落昏沈 謂之坐 在欲無欲 居塵離塵 謂之禪 外不放入 內不放出 謂之坐 無着無依 常光現前 謂之禪 外撼不動 中寂不搖 謂之坐 廻光返照 徹法根源 謂之禪 不爲逆順惱 不爲聲色轉 謂之坐 燭幽則明愈日月 化物則力勝乾坤 謂之禪 於有差別境 入無差別定 謂之坐 於無差別智 示有差別智 謂之禪

16) 合而言之 熾然作用 正體如如 縱橫得妙 事事無礙 謂之坐禪 略言如是 詳擧非紙墨能窮

나가의 큰 선정은 고요함 없고 움직임 없으며
진여의 묘한 바탕 사라지지 않고 생기지 않아
보지만 볼 수 없고 듣지만 들을 수 없으며
공하나 공하지 않고 있지만 있지 않고
크고 커 밖이 없음을 싸고
작고 작아 안 없음에 드네.
신통과 지혜 밝은 빛과 목숨의 양
큰 기틀과 큰 작용 다함 없고 끝이 없으니
뜻이 있는 수행자는 마땅히 잘 참구하라.17)

○ 큰 깨침으로 드는 문 삼아

눈빛을 급히 붙여 큰 깨침으로 드는 문 삼아
'와' 하며 한 소리 크게 외친 뒤에는
여러 많은 신령하고 묘함이
모두 다 저절로 갖추어지니
삿된 마와 바깥길 걷는 자들이
실로 전해줌으로 스승과 제자가 되고
얻을 바 있음으로 맨끝 완성을 삼는 것과 어찌 같으리.18)

---

17) 那伽大定 無靜無動 眞如妙體 不滅不生 視之不見 聽之不聞 空而不空 有而非有 大包無外 細入無內 神通智慧光明壽量 大機大用 無盡無窮 有志之士 宜善參究

18) 急着精彩 以大悟 爲入門 囧地一聲後 許多靈妙 皆自具足 豈同邪魔外道 以傳授 爲師資 以有所得 爲究竟者哉

3. 불심재선사(佛心才禪師) 좌선의(坐禪儀)

> 불심본재선사(佛心本才禪師)는 송대 임제종(臨濟宗) 황룡파(黃龍派) 승려로 복주(福州) 사람이다.
> 생몰년대는 알 수 없으며 구족계를 받은 뒤 여러 곳을 다니며 동림상총(東林常總) 영원유청(靈源惟淸) 등 여러 선사들을 참방하고 영원청선사의 법을 이었다.
> 뒤에 도림사(道林寺)에 머물다 복건(福建)에 돌아와 대법(大法)을 선양하다 소흥(紹興)의 해 사이에 입적하였다.
> 『불심재화상어요(佛心才和尙語要)』 1권이 있으니, 본 좌선의(坐禪儀)도 『어요』 속에 수록되어 있다. 선사는 도 닦음[修道]은 좌선을 요점으로 해야 하되 그 좌선의 앉음은 움직임과 고요함이 둘이 아닌 참된 앉음이 되어야 한다고 말한다.

○ 어두움과 어지러움 떠난 좌선

대저 좌선이란 마음을 바로 하고 뜻을 바로함이니
자기를 깨끗이 하고 마음을 비워 발을 겹쳐 엮어 앉아
봄을 거두고 들음을 돌이켜 또렷 밝아 어둡지 않으면
가라앉아 어두움과 들떠 어지러움 길이 떠나리.[19]

설사 기억할 일이 와도 뜻을 다해 버려버리고

---

19) 夫坐禪者 端心正意 潔己虛心 疊足加趺 收視反聽 惺惺不昧 沈掉永離

고요한 곳에서 바른 생각으로 자세히 살피라.
앉음을 아는 것이 마음이니 이 마음을 돌이켜 비추면
있음과 없음, 가운데와 갓, 안과 밖 아는 것이 마음이네.20)

이 마음은 비었지만 알고
고요하되 비추어 두렷이 밝고 또렷하여
끊어져 없어짐과 늘 있음에 떨어지지 아니하여
신령한 깨침이 밝고 밝아, 그릇됨과 허망함을 가려내네.
지금 배우는 이들 살펴보니 앉음에 힘쓰되 깨치지 못하는 것은
그 병이 잘못된 헤아림을 의지하기 때문이네.
뜻이 치우침과 삿됨에 붙어, 진리의 바른 원인 등지고
그릇되게 번뇌 그침과 억지로 지음을 따르니
깨치지 못하는 허물 그것이 여기에 있네.21)

○ 깨달음과 닦음 증득함이 다름 없나니

만약 한 생각을 거두어 맑혀, 가만히 남이 없음에 계합하면
지혜의 살핌이 환히 밝아져 마음빛이 단박 드러나고
끝없는 헤아림과 집착이 곧바로 녹아 사라지리라.
오랜 겁에 밝히지 못함이 한 때에 환히 드러나니
마치 잊었다가 문득 기억함 같고, 병들었다 단박 나음 같도다.22)

---

20) 縱憶事來 盡情拋棄 向靜定處 正念諦觀 知坐是心 及返照是心 知有無中邊內外者心也

21) 此心虛而知 寂而照 圓明了了 不墮斷常 靈覺昭昭 揀非虛妄 今見學家 力坐不悟者 病由依計 情附偏邪 迷背正因 枉隨止作 不悟之失 其在斯焉

22) 若也斂澄一念 密契無生 智鑑廓然 心華頓發 無邊計執 直下消磨 積劫不明 一

안으로 기쁜 마음이 일어나 부처 이룰 것 저절로 알게 되고
자기 마음 밖에 따로 부처 없는 줄 알게 되리.
그런 뒤에야 깨달음을 따라 닦음 늘리고 닦음 인해 증득하나
증득해 깨침의 근원에서는 깨달음·닦음·증득함 셋이 다름 없네.23)

○ 일행삼매의 참된 좌선

이를 하나인 앎, 일행삼매라 하고
공을 씀이 없는 도라 말하니
이 도는 곧바로 사물을 돌릴 수 있으나 육근 육진 여의지 않네.
손 닿는대로 잡아 오면 주인과 손님 서로 나뉘어
하늘 땅을 사무친 눈은 깨끗해, 옛과 지금을 다시 말하되
바탕의 신묘한 기틀을 보아 저절로 꼭 맞아 하나 되네.24)

그러므로 유마힐은 고요한 선정에서 일어나지 않고
모든 몸가짐을 나타냄이 좌선이라 말했으니
그렇게 하면 마치 물 맑으면 달이 나타남과 같고
거울이 깨끗하면 빛이 온전함과 같게 되리라.25)

時豁現 如忘忽記 如病頓瘳

23) 內生歡喜心 自知當作佛 卽知自心外無別佛 然後順悟增修 因修而證 證悟之源 是三無別

24) 名爲一解一行三昧 亦云無功用道 便能轉物 不離根塵 信手拈來 互分主伴 乾坤眼淨 今古更陳 覰體神機 自然符契

25) 所以維摩詰曰 不起寂滅定而現諸威儀 是爲宴坐也 然當如水澄月現 鏡淨光全

도 배우는 사람은 좌선으로 요점을 삼아야 하니
참으로 그렇지 않은 사람은 도를 닦되 돌아 굴러서
네 가지 삶의 굴레 빠져 헤매며
극심한 아픔으로 가슴 찢기리.
스스로 잠자코 말하지 않기 어려워 큰 줄기만 겨우 써서
참된 근원 밝힘을 돕고자 하니
참으로 바른 닦음 없애지 않으면
곧바로 모두 같이 깨달아 계합하리라.26)

---

26) 學道之人 坐禪爲要 苟不爾者 脩途輪轉 汨沒四生 酸鼻痛心 難以自默 聊書大槪 助發眞源 果不廢修 卽同參契

4. 감산선사(憨山禪師)가 불심재선사 좌선의에 붙인 글

> 감산선사(憨山禪師)는 이름이 덕청(德淸)이고 감산은 호(號)이다. 주굉(袾宏)·진가(眞可)·지욱(智旭)선사와 함께 명대(明代) 말엽 사대고승으로 일컬어지는 대선사이다. 승조의 『조론(肇論)』을 읽다 크게 깨쳤으며, 만력(萬曆) 28년 조계(曹溪)에 머물며 조정(祖庭)을 거듭 열었다. 천계(天啓) 31년 10월 입적하니 나라에서 홍각선사(弘覺禪師)라 시호하였다.
> 본 글은 스스로 처음 좌선 배우는 이들에게 '망념 끊도록 가르친 것'은 '한 푼 돈이 없어 찬밥 먹는 꼴'이며, 본재선사의 좌선의는 '장원한 젊은이가 어린 아이 가르침 같다'고 찬탄하고 본재선사의 좌선의에 의지해 정진하길 당부하고 있다.

○ 이 늙은이가 나날로 쓰는 살림살이는

내가 매번 배우는 이들에게 수행법을 말하면서
오직 가르치기를 망념을 놓아버려서 뜻뿌리 빼내야
나고 사라지는 마음을 따라 구르지 않는다고 하였다.27)

이와 같이 열두 때 가운데 온갖 경계 만나고 알 것 만나
거스르고 따름이 앞길 가로막고, 미움과 사랑
탐냄과 성냄의 악한 번뇌 기운이 일어날 때에

---
27) 余每向學人說修行法 唯教以放下妄念 撒脫情根 不隨生滅心轉

제1장 좌선의 바른 몸가짐과 마음가짐〔坐禪儀〕 43

곧바로 한 생각 빛을 돌려 돌이켜 비추어보면
반드시 그 번뇌에 가로 막혀 옮겨 흘러가지 않게 되리라.28)

한 입으로 선정을 바로 잡으면
마치 쇠못을 깨무는 것과 같으리니
이와 같으면 이것을 금강의 마음이라 말하고
제멋대로 할 수 있는 사람이라 이름하니
이렇게 되어야 참선하는 사람의 솜씨라 할 수 있다.
마치 힘센 장사가 주먹을 치되 온몸으로 위 아래 좌우를
모두 비춰 보아 하나라도 빠뜨려 헛되이 놓지 않게 됨과 같다.
이와 같아야 그 마음을 잘 쓴다 말할 수 있고
이것을 용맹하고 영리한 납승이라 말하니
이것이 바로 이 늙은이의 나날로 쓰는 살림살이다.29)

○ 불심의 좌선의는 장원한 젊은이가 어린아이 가르침 같나니
이 한덩이 말로 사람들에게 보여 온 것이
마치 십자 길머리에서 위가 평평한 관을 파는 것과 한 가지라
몇 십년이 되도록 일찍 일어나고 늦게 자는 것을
헛되이 많이 했어도, 일찍이 한 푼 돈을 얻지 못해
겨우 찬밥을 사먹고 있는 것이다.

---

28) 如此二六時中 一切遇境逢緣 逆順關頭 愛惡貪瞋習氣發時 當下一念回光返照 不爲他遮障遷流

29) 一口咬定 如咬鐵釘相似 如此是謂具金剛心 名爲狠心漢 卽此可名參禪人手段 如力士打拳 渾身上下 左右都照管到 一些滲漏不放空 如此 乃可謂善用其心 是謂勇猛伶俐衲僧 此老人尋常

오늘 이를 살펴보니 재노인 불심선사가 좌선의 말함만 같지 못하니
불심의 좌선의는 장원한 젊은이가 어린 아이 가르치고
높은 대인(大人)이 동네 사람들을 가르치는 것과 같다.
이와 같은 공부는 밝은 길이 적지 않아서 참으로 배워 얻으면
장원의 지위에 이르지 못할까 적정할 것이 없다.30)

○ 불심의 좌선의에 의지해 시원하게 참구해보라

이 늙은 감산을 돌아보니 옛과 다름없이
도로 이는 한 노인의 고물일 뿐이다.
세간 벗어날 뜻을 갖춘 이라면, 바로 잘 심장을 놓아버려
이 재노인의 모습에 의지해 죽도록 한번 지어보라.
그러면 어찌 오늘 이 한쪽 글로 마군을 깨뜨려
나고 죽음을 벗어나, 한 길로 부합해 증험하지 못할 것인가.
마음 시원하게 참구하고 마음 시원하게 참구해보라.31)

---

30) 以此一段說話示人 恰似十字街頭 賣平頂冠一般 數十年來 空受了許多起早睡晚 不曾博得一文錢 買冷飯喫 今日看來 不如才老佛心禪師 說坐禪儀 大似狀元郎教童蒙 上大人 丘乙己相似 如此工夫 東道不少 果能學得 不怕不到狀元地位

31) 回看老憨 依舊還是一老骨董也 具出世志 正好放下心腸 依此老榜樣 死做一番 豈不以今日此一片紙 作破魔軍 出生死 一道符驗耶 快參快參

5. 천태선사(天台禪師) 선문요략(禪門要略)

천태지자선사(天台智者禪師)는 당조 이전 선문(禪門)의 중심을 이루었던 선사로 스승 혜사선사(慧思禪師)로부터 세 가지 지관〔三種止觀〕과 네 가지 삼매〔四種三昧〕를 이어받아 이를 『마하지관(摩訶止觀)』, 『차제선문(次第禪門)』으로 크게 집성〔集大成〕하였다. 그리고 기존 남삼북칠(南三北七)의 교판을 종합하여 오시팔교(五時八敎)의 교판을 완성하여 천태종교(天台宗敎)를 수립하였다.

본 선문요략(禪門要略)은 『마하지관(摩訶止觀)』, 『소지관(小止觀)』에 실린 좌선의 방편행(方便行)과 정수행(正修行)의 요점만을 간추려 초학자에게 수행의 지침으로 준 것이다.

관행에 있어서도 대치관(對治觀)과 실상관(實相觀)을 모두 요약하고 있으며, 실상관에 있어서도 좌선수행의 관행과 경계 마주함〔對境〕 속에서의 관행을 모두 간추려 보이고 있으니, 간화선(看話禪)의 수행자 또한 이 선문요략의 가르침을 엄정히 행할 때 향상일로(向上一路)를 밟아갈 수 있을 것이다.

○ 이끎

대저 사람이 선(禪)을 닦고 지혜〔慧〕를 배우는 법문은 먼저 방편(方便)을 밝히고 다음 바른 살핌〔正觀〕을 밝힌다.[32]

---

32) 夫人修禪學慧法門 先明方便 後明正觀

○ 선 수행의 다섯 방편을 밝힘

방편(方便)이란 무릇 다섯 가지가 있다.
다섯 가지의 처음은 다섯 수행의 조건 갖춤〔初具五緣〕이요,
둘째는 다섯 가지 탐욕을 꾸짖음〔呵五欲〕이요,
셋째는 다섯 덮개를 버림〔棄五蓋〕이요,
넷째는 다섯 가지 일을 고룸〔調五事〕이요,
다섯째는 다섯 가지 법을 행함〔行五法〕이다.

첫째, 다섯 수행의 조건 갖춤〔初具五緣〕
처음 다섯 수행의 조건 갖춤〔初具五緣〕이란 다음과 같다.
첫째, 입을거리와 먹을거리를 갖춤〔衣食具足〕이요,
둘째, 계 지님이 청정함〔持戒淸淨〕이요,
셋째, 고요한 곳에 한가히 머뭄〔閑居靜處〕이요,
넷째, 모든 생각할 일을 쉼〔息諸緣務〕이요,
다섯째, 선지식을 가까이 함〔親近善知識〕이다.
 다섯 가지 수행의 조건이 만약 빠뜨려지면 마음 편안히 함을 방해하게 되고, 특히 만약 선지식이 없으면 '가려 막음〔遮障〕'을 알지 못한다. 이런 뜻 때문에 반드시 다섯 가지 조건을 갖춰야 한다.33)

둘째, 다섯 가지 탐욕을 꾸짖음〔呵五欲〕
 둘째 다섯 가지 탐욕을 꾸짖음〔呵五欲〕이란 곧 빛깔·소리·냄새·맛·감촉을 말한다. 이 다섯 가지가 수행하는 사람이 즐기고 싶

---

33) 方便者凡有五種 初具五緣 一者衣食具足 二者持戒淸淨 三者閑居靜處 四者息諸緣務 五者親近善知識 五緣若闕則妨安心 若無善知識則不知遮障 爲此義故須具五緣也

은 마음을 내게 할 수 있어, 탐착해 사랑함에 만족할 줄 모르게 되니, 만약 꾸짖어 물리치지 않으면 바른 수행의 업〔正業〕을 방해하므로 반드시 꾸짖어 버려야 한다.34)

셋째, 다섯 덮개를 버림〔棄五蓋〕

셋째 다섯 덮개를 버림〔棄五蓋〕이다. 다섯 덮개란 첫째 탐욕의 덮개, 둘째 성냄의 덮개, 셋째 잠의 덮개, 넷째 들뜸의 덮개, 다섯째 의심의 덮개이다.

이 다섯 가지를 버리면 마음이 곧 편안해질 수 있고, 이 다섯이 마음에 있으면 지혜를 얽매어 덮어 밝지 못하게 된다.35)

넷째, 다섯 가지 일을 고룸〔調五事〕

넷째 다섯 가지 일을 고룸〔調五事〕이란 다음과 같다.

첫째 먹음을 고루어〔調食〕 너무 배고프지도 않고 너무 배부르지도 않음이다.

둘째 잠을 고루어〔調眠〕 너무 적게 자지도 않고 너무 함부로 자지도 않음이다. 이 두 가지는 선정 밖에서 고룸이다.

셋째 몸을 고룸〔調身〕, 넷째 숨을 고룸〔調息〕, 다섯째 마음을 고룸〔調心〕 이 셋은 선정 안에 나아가 이를 고룬다.

몸을 고룸〔調身〕이란 너무 느긋이 풀어놓지 않고 너무 급하게 다그치지 않음이 몸을 고루는 모습이다.

---

34) 二呵五欲者 謂色聲香味觸也 此五種能生行人欲樂之心 貪愛無足 若不呵卻則 妨正業 故須呵卻

35) 三棄五蓋 此五蓋者 一貪欲蓋 二瞋恚蓋 三睡眠蓋 四掉悔蓋 五疑蓋 此五若棄捨 心則得安也 此五在心則纏覆不明

다음 숨을 고룸〔調息〕이란 다음과 같다. 숨의 들고 나옴이 끊어지지 않고 고요하고 가늘어 있는 듯 없는 듯하면 정신을 도와 편안히 선정에 있도록 하니, 이를 지키면 마음이 쉽게 선정을 얻는다. 요점을 들어 말하면 껄끄럽지 않고 미끄럽지 않은 것이 숨 고루는 모습이다.

다음 마음을 고룸〔調心〕이란 다음과 같다.

만약 느끼어 살핌과 들떠 움직임이 많으면 반드시 생각을 배꼽 가운데 묶어 여러 어지러운 생각을 누르고, 만약 마음이 가라앉아 어둡고 머리만 숙여도 잠이 깊어져 무기(無記)에 떨어지는 자는, 코 끝에 묶어 마음이 경계에 있도록 해 뜻을 흩어지지 않게 하는 것이다. 요점을 말하면 가라앉지 않고 들뜨지 않음이 바로 마음 고루는 모습이다.

다음 다시 바로 앉음〔坐〕 가운데서 만약 몸〔身〕과 숨〔息〕, 마음〔心〕 이 세 가지 일이 고루어지지 않음을 느끼는 자는 곧 반드시 앞의 법으로 이를 고루어야 한다. 세 가지 일이 만약 고루어지면 선정(禪定)을 얻을 수 있다.

다음 선정에서 나오려 할 때 마땅히 앞서 마음의 다른 생각함〔心異緣〕을 놓아버리고, 다음 입을 열어 기(氣)를 내품으면서 몸의 백맥(百脈)을 좇아 뜻을 따라〔隨意〕 흩어짐이 있다고 생각하라.

그 다음 천천히 몸을 움직이고 다음 어깨, 넓적다리, 손과 머리, 목 등을 움직이며, 다음 두 발과 무릎 등을 움직이고 다음 손으로 여러 털구멍을 두루 비비고, 다음 두 손바닥을 비비고 두 눈을 따뜻하게 덮어주고 그런 뒤에 눈을 뜨라.

그리고 몸의 땀이 마름을 기다려 바야흐로 뜻을 따라 움직이라.

만약 이렇게 하지 않으면 사람이 병이 들게 할 수 있다.36)

다섯째, 다섯 가지 법을 행함[行五法]

다섯째 다섯 가지 법을 행함[行五法]이다. 다섯 가지 법은 곧 하고자 함[欲], 정진(精進), 생각함[念], 교묘한 지혜[巧慧], 한마음[一心]이 이것이다. 풀이해 말해보자.

하고자 함[欲]은 세간의 온갖 망상으로 '뒤바뀌어 넘어짐'을 떠나려 하고, '온갖 선정과 지혜'의 모든 법문을 얻고자 함이다.

정진(精進)은 계 지님이 청정하여, 초저녁 한밤 새벽녘 동안[初中後夜] 오로지 정진하여 위없는 도법을 닦아 익힘이다.

생각함[念]이란 세간법의 살림살이와 산업, 한 빛, 한 냄새도 불법 아님이 없음을 생각함이다.

교묘한 지혜[巧慧]란 세간의 오음·십팔계·십이입 등 낱낱이 다 진여실상[如實]에 들어감을 사유하여, 마의 세계[魔界]를 붇다의 세계[佛界]가 되게 하여 '살타파륜(薩陀波倫)'처럼 불사(佛事)를 하는 것이다.

한마음[一心]이란 세간법이 곧 출세간법임을 이미 알고 마땅히 선정과 지혜 두 법을 오로지 닦아서 법성으로 서로 응하게 하면, 마음이 금강과 같아져 깨뜨릴 수가 없으므로 한마음이라 이름한다.37)

---

36) 四調五事者 一調食不飢不飽 二調眼令不節不恣 此二就定外調之 三調身 四調息 五調心 此三就定內調之 調身者 令不寬不急是調身相 次調息者 令息出入綿靜細 如有如無 資神安禪 守之心易得定 舉要言之 不澀不滑是調息相 次調心者 若多覺觀浮動 須繫念在齊中 制諸亂想 若心沈惛 頭低睡熟無記者 當繫鼻端 令心在緣無分散意 舉要言之 不沈不浮是調心相

次復正於坐中 若覺身息心三事不調者 卽須用前法調之 三事若調禪定可獲 次欲出定時 應前放心異緣 次開口放氣 想從百脈隨意有散 次微微動身 次動肩脾手頭頸等 次動兩足膝等 次以手遍摩諸毛孔 次按兩掌令暖掩兩眼 然後開眼 待身汗燥方可隨意 若不爾者令人作病

○ 좌선 가운데 통하고 막힘을 가려 보임

이 위의 법들은 모두 좌선(坐禪)이니 선정에 들고 남을 잡아 이 법을 간략히 보이겠다.

대저 보리의 마음을 내 도를 배우려는 사람은 먼저 반드시 길을 물어야 한다.

길(路)에는 통함과 막힘(通塞)이 있고, 법(法)에는 옳고 그름(是非)이 있으며, 마음(心)에는 삿됨과 바름(邪正)이 있다.38)

통하고 막힘을 앎(識通塞)

지금 또 좌선(坐禪)을 잡아 그 모습을 보이겠다.

나머지는 알 수 있을 것이다.

통하고 막힌 길(通塞路)이란, 고제와 집제는 막힘이 되고 도제와 멸제는 통함이 되며, 무명의 십이인연은 막힘이 되고 무명이 사라짐은 통함이 되며, 여섯 가림(六蔽)은 막힘이 되고 여섯 바라밀은 통함이 된다. 만약 세 가지 막힘이 있으면 이를 깨뜨려 통하게 하는 것이다.39)

---

37) 第五行五法者 謂欲精進念巧慧一心是也 釋云 欲者 欲離世間一切妄想顚倒 欲得一切禪定智慧諸法門也 精進者 持戒淸淨 初中後夜專精進修習無上道法 玆念者 念世間法治生産業 一色一香無非佛法也 巧慧者 思惟世間陰界入等 一一皆入如實 令魔界卽佛界 爲佛事如薩陀波倫也 一心者 旣知世法卽是出世法 應當專修定慧二法 令與法性相應 心如金剛無能壞者 故名一心也

38) 此上竝是坐禪 約出入略示此法
夫欲發心學道 先須問路 路有通塞 法有是非 心有邪正

39) 今且約坐禪示其相 餘則可解 塞路者 苦集爲塞 道滅爲通 無明十二因緣爲塞 無明滅爲通 六蔽爲塞 六度爲通 若有三塞 破之令通也

삿됨과 바름을 가림〔簡邪正〕

다음 삿됨과 바름을 가림〔簡邪正〕이란 다음과 같다.

첫째 만약 이양(利養)과 계 깨뜨림 등의 일을 위해 마음을 내 선(禪)을 배우는 자, 이는 '니라카의 마음〔泥梨心 : 地獄〕'을 내는 것이고 '지옥의 도'를 행하는 것이다.

둘째 만약 이름 들음과 남이 칭찬해줌을 구해 선(禪)을 배우는 자, 이는 '아첨하고 굽은 마음〔諂曲心〕'을 내는 것이고 '아귀의 도'를 행하는 것이다.

셋째 만약 권속과 따르는 무리 많은 단월 등을 위해 선(禪)을 배우는 자, 이는 '날아다니는 마음〔飛起心〕'을 내는 것이고 '축생의 도'를 행하는 것이다.

넷째 만약 남을 이겨 투기하기 위해 선(禪)을 배우는 자, 이는 '못생긴 마음〔醜陋心〕'을 내는 것이고 '수라의 도'를 행하는 것이다.

다섯째 만약 이 생이 사라진 뒤 미래 사람의 몸 잃을까 걱정하기 때문에 계를 지니고 마음을 내 선(禪)을 배우는 자, 이는 '욕계의 낮은 마음〔欲界下心〕'을 내는 것이고 '사람의 도'를 행하는 것이다.

여섯째 만약 지금 세상과 뒤의 세상 스스로 그러한 과보를 구하기 위해 열 가지 선〔十善〕을 겸해 닦으면, 이는 '욕계의 높은 마음〔欲界上心〕'을 내는 것이고 '하늘의 도'를 행하는 것이다.

일곱째 남을 사납게 누르고 다시 한층 스스로를 높이기 위해 어지럽게 걸터앉아 함부로 바라보아 중생이 돌아와 우러르게 하는 자, 이는 '마라의 마음〔魔羅心〕'을 내는 것이고 '여섯 번째 욕계 하늘의 도'를 행하는 것이다.

여덟째 만약 지금 세상과 뒤의 세상 선정의 고요한 즐거움을 위해 선(禪)을 배우는 자, 이는 부라흐만의 마음〔梵心〕'을 내는 것이고 '색계하늘의 도'를 행하는 것이다.

　아홉째 만약 세간 지혜가 총명하여 알지 못하는 일이 없기를 구하여 이 때문에 선(禪)을 배우는 자, 이는 '바깥 길의 마음〔外道心〕'을 내는 것이고 '생각 없는 행의 하늘의 도'를 행하는 것이다.

　열째 만약 세간 나고 죽음〔世間生死〕의 지옥은 매우 싫어해 걱정할 것이고, 출세간의 열반〔出世間涅槃〕은 청정하고 고요해 매우 기뻐하고 즐거워할 것이라 생각하기 때문에, 마음을 내 삼계를 벗어나려고 하는 자, 이는 '샘이 없는 마음〔無漏心〕'을 내는 것이고 '이승의 도〔二乘道〕'를 행하는 것이다.

　이렇게 그릇된 마음은 한량없으나 간략히 열 가지 그릇된 마음〔十種非心〕을 보일 따름이다.40)

　앞의 아홉은 세간의 마음〔世間心〕이고 나고 죽음의 마음〔生死心〕이다.

　뒤의 하나는 출세간의 마음〔出世心〕이고 열반의 마음〔涅槃心〕이며,

---

40) 次簡邪正者 一若爲利養破戒等事發心學禪者 此發泥梨心 行地獄道
　二若求名聞望他稱譽而學禪者 是發諂曲心 行鬼道
　三若爲眷屬徒衆多檀越等 是發飛走心 行畜生道
　四若爲勝他妒忌者 是發醜陋心 行修羅道
　五若爲此生謝後恐失未來人身 兼持戒而發心學禪者 是發欲界下心 行人道
　六若爲求今世後世自然果報 兼修十善 是發欲界上心 行天道
　七若爲捍伏於他復層自擧 狼踞唐視令物歸仰者 是發魔羅心 行第六天道
　八若爲求今世後世禪定靜樂者 是發梵心 行色天道
　九若爲求世智辨聰無事不知者 爲此學禪者 是發外道心 行無想行天道
　十若爲思惟世間生死牢獄甚可猒患 出世涅槃淸淨寂滅甚可欣樂 爲此發心欲速出三界者 是發無漏心 行二乘道
　非心無量 略示十種非心耳

성인의 마음〔聖人心〕이고 해탈의 마음〔解脫心〕이다.

수행자여, 그대는 도 닦음을 배워 마땅히 삿됨과 바름을 잘 알아 함부로 마음을 내지 말라.

이승의 출세간도 오히려 옳고 그름을 가리는데 하물며 앞의 여러 마음의 허망함을 옳다고 말함이겠는가.

만약 진리와 서로 응하려는 자는 다만 먼저 사람의 일〔人事〕을 짓고 억지로 다른 일 알려하지 마라.

그러면 곧 다시 서로 미워하고 원망하여, 나는 세상마다 서로 미워할 것이다.

다만 이 생만 도(道)가 없고 열반의 과(果)가 없을 뿐 아니라, 허물이 뒤의 생에까지 미칠 것이다.

입을 닫고 손을 모으고 귀를 막고 바로 앉아 마음을 닦는 이〔端坐修心者〕는, 바로 세간 벗어난 성인〔出世聖人〕이다.

만약 그렇지 않는 자는 아귀 축생의 길마저 면해 떠나기 어려울 것이다.41)

○ 지관 닦음을 밝힘

앉아서 닦음〔坐中修〕

다음은 지관 닦음〔修止觀〕을 밝히니, 먼저 앉아서 닦음〔坐中修〕을 잡아 보이면 다음과 같다.

---

41) 前九是世間心 是生死心 後一是出世心 是涅槃心 是聖人心 是解脫心行者 汝學修道應善識邪正 莫浪發心 二乘出世間尙簡是非 況前諸心妄謂爲是 若欲與理相應者 但首作人事 莫强知他事 卽是更相憎恨世世相憎 非但此生無道無果 累及後生 能閉口合掌塞耳端坐修心者 是出世聖人 若不爾者 餓鬼畜生之道難得免離也

수행자는 앉음〔坐〕 가운데서 어지러운 생각〔亂想〕과 느끼어 살핌〔覺觀〕때문에 '세 가지 그침〔三止〕'을 닦으니 세 가지 그침은 다음과 같다.

첫째 '생각을 묶어 그침〔繫緣止〕'이라 이름하는 그침은, 곧 마음을 코끝이나 배꼽 사이 같은 곳에 묶는 것이니, 생각을 묶어 경계를 지키어〔繫緣守境〕 생각하는 마음이 흩어지지 않게 함이다.

둘째 '마음을 눌러 그침〔制心止〕'이라 이름하는 그침은, 마음이 일어남을 따라 곧 반드시 이를 눌러 달아나 흩어지지 않게 함이다. 이 둘은 '사법으로 그침〔事止〕'일 뿐이다.42)

셋째 '진제를 체달하여 그침〔體眞止〕'이라 이름하는 그침은, 마음이 생각하는 온갖 모든 법을 따라 곧 이를 다음처럼 반드시 체달하는 것이다.

곧 온갖 법이 연(緣)을 좇아 생겨남을 알면, 연을 좇아 나는 법은 자기 성품이 없다. 이미 자기 성품이 없음을 알면 곧 취해 집착하지 않고 취하지 않으므로 망념의 마음이 쉬게 되니, 이것을 그침〔止〕이라 한다.

마음을 그쳐 움직이지 않음〔止心不動〕을 함이 없음〔無爲〕이라 이름하니, 함이 없는 것이 모든 법의 본원〔諸法本源〕이다.

만약 본원에 편안히 할 수 있으면 온갖 망상과 나고 죽음의 업행이 모두 비어 고요하니, 곧 니르바나의 도이고 참된 법의 실상이다.

간략히 세 가지 그침을 밝혔다.43)

---

42) 次明修止觀者 先約坐中修者 行人於坐中爲亂想覺觀修三止 一名繫緣止止者 謂繫心鼻端隔齊間等處 繫緣守境 令念心不散 二名制心止止者 隨心不起 卽須制 之不馳散也 此二是事止耳

43) 三體眞止止者 隨心所念 一切諸法卽須體之 知悉從緣生 從緣生之法無有自性

다음 살핌을 지음〔作觀〕이니 곧 '중도인 모든 법의 실상〔中道諸法實相〕'을 바로 살피는 지혜이다.

수행자가 좌선(坐禪)하는 가운데, 마음이 생각하는 온갖 모든 법을 따라 선법이든 악법이든 무기법이든 생각하는 바를 따라〔隨所緣〕생각 생각이 멈추지 않으면, 이는 비록 위에서와 같이 진제를 체달해도 그치지 않은 것이다.

그러면 곧 마땅히 '일어난바 마음이 어디서 생겼는가, 과거에서 생겼는가 현재인가 미래인가'를 돌이켜 살피라.

만약 과거에서 생겼다면 과거는 이미 사라졌으니 어떻게 낼 수 있겠는가.

만약 현재에서 생겼다면 현재는 생각 생각 머물지 않으니 어떻게 낼 수 있겠는가.

만약 미래에서 생겼다면 미래는 아직 이르지 않았는데 어떻게 낼 수 있겠는가.

삼세에서 생겨남을 구해도 끝내 얻을 수 없으니 이 마음이 다만 이름자만 있는 줄 마땅히 알아야 한다.

이름자의 법은 본디 스스로 남이 없고, 남이 없으므로 사라짐이 없다. 그러므로 사라짐이 없음이 곧 중도제일의제를 살핌〔中道第一義諦觀〕인 것이다.

또 이 마음이 있는가 없는가를 살핌이니, 만약 없는 것이라면 어떻게 생각이 있는가. 마음이 만약 있는 것이라면 마땅히 스스로 있는데 어찌 반드시 경계가 일어나야 비로소 마음이 나는가.

旣知無性卽不取著 以不取故妄念心息 是名爲止
　止心不動名爲無爲 無爲者卽諸法本源 若能安本源則一切妄想生死業行卽皆空寂 卽泥洹道 眞法實也 略明三止竟

그러므로 이 마음이 있음도 아니고 없음도 아님을 알아야 하니, 이것이 곧 중도의 바른 살핌〔中道正觀〕이다.44)

다시 좌선하는 가운데 가라앉아 어둡고 잠이 깊어져 머리를 숙여 기억이 없는 자는, 반드시 살핌을 닦아〔修觀〕법의 모습을 분별하여 가라앉음의 병〔沈病〕을 상대해 다스려야 한다.

만약 좌선하는 가운데 마음이 흩어져 움직여 만 가지 경계에 달려 나가 붙잡아 생각하면, 곧 반드시 그침〔止〕을 써서 어지러운 생각을 없애 한마음으로 이를 생각하라.

만약 그침을 닦을 때 마음이 편안하고 시원하고 즐거우면, 곧 마땅히 그침을 닦으라. 또 그침을 닦을 때 졸음과 흩어짐을 깰 수 있으면, 곧 마땅히 그침을 닦으라. 또 그침을 닦을 때 환히 밝아져 욕망의 생각이 깨끗해지면, 곧 마땅히 그침을 닦으라. 또 살핌을 닦을 때 마음 땅이 고요하고 즐거우면, 곧 마땅히 살핌을 닦으라. 또 살핌을 닦을 때 도의 마음이 솟구쳐 일어나면, 곧 마땅히 살핌을 닦으라. 또 살핌을 닦을 때 번뇌의 악한 견해를 깰 수 있으면, 곧 마땅히 살핌을 닦으라.

살핌〔觀〕이 만약 이익됨이 있으면 늘 살핌을 닦고, 그침〔止〕이 만약 이익됨이 있으면 늘 그침을 닦으라.

---

44) 次作觀者 謂正觀中道諸法實相智慧也 行者於坐禪中 隨心所緣一切諸法 若善法 若惡法 若無記法等 隨所緣念念不住 雖如上體眞而不止者 卽當反觀所起之心 從何處生 從過去生耶 現耶 未來耶

若從過去生者 過去已滅云何能生 若從現在生者 現在念念不住云何能生 若從未來生者 未來未至云何能生 三世求生畢竟不可得 當知此心但有名字

名字之法本自無生 無生故無滅故無滅卽是中道第一義諦觀也 又撿此心爲有爲無 若心無者 云何有念 心若是有者 應當自有 何須緣發始有心生 當知此心非有非無 卽是中道正觀也

제1장 좌선의 바른 몸가짐과 마음가짐〔坐禪儀〕 57

수행자가 반드시 잘 짐작하여 그침과 살핌을 교묘히 써서〔巧用止觀〕 마음을 고루어 망념이 나지 않게 해야 한다.
곧 이렇게 잘 마음을 쓰면 적은 도리가 있게 될 것이다.45)

경계를 마주해 닦음〔歷緣對境修〕
다음은 '일〔緣〕을 거치고 경계를 마주해 닦음〔歷緣對境修〕'을 밝힌다.
행위의 조건을 거침〔歷緣〕에는 여섯 가지가 있으니, 곧 감〔行〕 머뭄〔住〕 앉음〔坐〕 누움〔臥〕 말함〔言語〕 일을 지음〔作務〕이다.
경계를 마주함〔對境〕에도 또한 여섯이 있으니 곧 여섯 아는 뿌리〔六根〕가 여섯 티끌경계〔六塵〕를 마주함이다.
행위의 조건〔緣〕이 경계〔境〕와 합해 열두 가지 일〔十二事〕이 있다.46)

처음 걸어감〔行〕 가운데서 지관(止觀)을 닦는 것은 다음과 같다.
수행자가 가려고 할 때 마땅히 이렇게 사유해야 한다.
'나는 지금 무슨 일 때문에 가는가. 만약 악한 일, 이익 없는 등의 일 때문이라면 곧 가지 않아야 할 것이고, 만약 착한 일, 이익되는

---

45) 復次 於禪中沈惛睡熟頭低無記者 卽須修觀 分別法相 對治沈病 若於坐禪中 心散動越逸攀緣萬境 卽須用止除亂想 一心念之 若修止時心安快樂 卽應修止 又修止時能破睡散 卽應修止 又修止時豁豁欲想淸淨 卽應修止 又修觀時心地靜樂 卽宜修觀 又修觀時道心鬱起 卽宜修觀 又修觀時能破煩惱惡見 卽宜修觀 觀若有益卽常修觀 止若有益卽常修止 行者善須甚酌 巧用止觀調心 令妄念不起 卽是善能用心 有少道理也

46) 次明歷緣對境 修止觀者歷緣有六 謂行住坐臥言語作務也
對境亦有六 謂六根對六塵也 緣與境合有十二事

등의 일 때문이라면 곧 가야할 것이다.'

걸어감〔行〕 가운데 지관을 닦는 자는 곧 걸어감을 인하여 온갖 선악 등의 법이 있게 됨을 마땅히 알아야 한다.

이 걸어감과 모든 법이 다 허망한 줄 미루어 살펴, 실다움을 구하되 얻을 수 없으면 망념이 일어나지 않으니 이것을 그침〔止〕이라 한다.

다시 이렇게 생각한다.

'마음으로 말미암아 몸을 움직인다. 그러므로 가고 옴과 걸어감 가운데 온갖 법이 있다. 마땅히 걸어감 가운데 마음을 살피게 되면 모습과 오는 곳 가는 곳을 볼 수 없어서 남이 없고 사라짐이 없다.'

마땅히 걸어가는 것과 온갖 법이 끝내 비어 고요한 줄 알면 이것을 살핌〔觀〕이라 이름한다.

걸어가는 행위〔行緣〕 가운데서 지관을 닦음이 이미 그러하니 나머지 다섯 가지 행위〔五緣〕의 보기도 그러하다.47)

다음 경계를 마주하며 지관을 닦음〔對境修止觀〕이다.

빛깔 볼 때〔見色之時〕 곧 허깨비 같고 변화와 같은 줄 알아 탐내 물듦을 일으키지 않고 마음이 편안하고 고요하면 이것을 그침〔止〕이라 한다.

마땅히 '빛깔 보는 마음이 어디서 생기는가, 눈을 좇아 생기는가,

---

47) 初就行中修止觀者 行者欲行之時 卽應思惟 我今爲何事故行 若爲惡事無益等事 卽不應行 若爲善事利益等事 卽應行 行中修止觀者 卽應知因於行故 則有一切善惡等法

今推此行及諸法悉是虛妄 求實叵得 妄念不起 是名爲止 復作是念 由心運身 故有去來及行中一切法 令及觀此行中之心 不見相貌來處去處 無生無滅 當知行者及一切法畢竟空寂 是名爲觀 於行緣中修止觀既然 餘五緣例爾

빛깔 경계를 좇아 생기는가, 눈과 빛깔이 합함을 좇아 생기는가, 보는 근과 빛깔 경계를 떠나서 생기는가를 살피라.

만약 빛깔 봄이 눈에서 생긴다면 아직 빛깔을 보지 않았을 때에도 마음은 마땅히 이미 생겼으며, 만약 빛깔 경계에서 생긴다면 너에게 무슨 관계가 있겠는가.

만약 눈과 빛깔이 합함을 좇아 생긴다면 이 눈과 빛깔 경계를 미루어 보아 각기 마음이 있는가 각기 마음이 없는가.

만약 각기 마음이 있어 마음을 낼 수 있는 것이라면 합할 때는 마땅히 두 마음이 있어야 할 것이다.

만약 각기 마음이 없이 마음을 낼 수 있는 것이라면 그럴 수가 없는 것이다.

만약 보는 눈과 보여지는 빛깔을 떠나 마음이 나는 것이라면 또한 그럴 수가 없는 것이다.

마땅히 이 빛깔 보는 마음이 본래 스스로 남이 없어〔本自無生〕 다만 이름자만 있고 이름자의 성품이 공하여 끝내 실다움이 없음을 알아야 하니, 이것을 살핌〔觀〕이라 이름한다.

눈이 빛깔 볼 때 지관을 닦음이 이미 그러하다면 나머지 다섯 근〔五根〕이 다섯 티끌경계 마주함도 보기가 그러하다.48)

---

48) 次對境修止觀者 見色之時 卽知如幻如化 不起貪染 心安寂然 是名爲止 當及觀見色之心從何而生 爲從眼根生 爲從色塵生 爲根塵合生 爲離根塵生 若見色從眼生者 未見色時心應已生 若從色塵生者 何關我耶 若從合生者 撿此根塵爲各有心 爲各無心

若有心能生心者 合時應有兩心 若各無心能生心者 無有是處 若離根塵有心生 亦無有是處

當知見色之心本自無生 但有名字 名字性空 畢竟無實 是名爲觀 於眼見色時修止觀旣然 餘五根對五塵例爾

예불을 잡아 한 마음의 세 가지 살핌〔一心三觀〕을 보임

다음 부처님께 절함〔禮佛〕 가운데서 '한 마음의 세 가지 살핌〔一心三觀〕'을 닦는 것이니, 한 생각 부처님께 절하는 마음이 곧 공함〔卽空〕이고 거짓 있음〔卽假〕이며 곧 중도임〔卽中〕을 살피는 것이다.

마음이 곧 공함을 살피면 이것은 보신부처님〔報佛〕께 절함이다.

마음이 곧 거짓 있음을 살피면 이것은 응신부처님〔應佛〕께 절함이다.

마음이 곧 중도임을 살피면 이것은 법신부처님〔法佛〕께 절함이다.

한 부처님께 절함이 곧 세 부처님께 절함이고 한 부처님이 곧 세 부처님이다.

비록 셋이지만 하나이고 곧 하나지만 셋이니 이것을 '두렷이 절함〔圓禮〕'이라 이름하고, '부사의하게 부처님께 절함〔不思議禮佛〕'이라 이름한다.

또 경을 외움, 법좌를 돌아 걸음 등 행위의 조건을 거치고 경계를 마주하여, 마음의 생각 움직임과 함께하여 닦음도 모두 보기가 이와 같아 세 가지 살핌을 쓰는 것이다.49)

한 마음의 세 가지 살핌의 공용을 말함

묻는다. 한 마음의 세 가지 살핌이 무슨 공덕의 작용〔功用〕이 있습니까.

답한다. 곧 공함 살핌〔空觀〕은 '네 가지 있음에 머무는 미혹〔四住惑〕'50)을 깨뜨리고, 곧 거짓 있음 살핌〔假觀〕은 '티끌 수 작용을 잃

---

49) 次於禮佛中修一心三觀者 觀一念禮佛之心 卽空卽假卽中 觀心卽空是禮報佛 觀心卽假是禮應佛 觀心卽中是禮法佛 一禮卽三禮 一佛卽三佛 雖三而一 卽一而三 是名圓禮 亦名不思議禮佛 又誦經旋遶歷緣對境與心動念皆例如此 用三觀也

는 미혹〔塵沙惑〕'을 깨뜨리고, 곧 중도임을 살핌〔中觀〕은 '무명의 미혹〔無明惑〕'을 깨뜨린다.

한 마음의 세 가지 살핌으로 삼제가 원융〔三諦圓融〕하면 오주(五住)51)를 깨뜨리고, 오주의 번뇌가 깨뜨려지면 곧 세 가지 진리의 몸이 드러난다.

네 가지 있음에 머묾이 깨뜨려지면 보신이 드러나고, 티끌 수 작용 잃는 미혹이 깨뜨려지면 응신이 드러나고, 무명의 미혹이 깨뜨려지면 법신이 드러난다.

또 세 가지 살핌이 이루어지므로 세 가지 덕이 원만해진다.

중도의 살핌이 이루어지면 법신의 덕〔法身德〕이 원만해지고, 거짓 있음의 살핌이 이루어지면 반야의 덕〔般若德〕이 원만해지고, 공함의 살핌이 이루어지면 해탈의 덕〔解脫德〕이 원만해진다.

세 가지 덕이 원만하므로 비밀장(秘密藏)이라 이름하니 부처님과 중생이 다 그 가운데 들어가 끝내 있는 바가 없어서 길이 고요함이 허공과 같다.

만약 그렇다면 어떻게 다시 '온갖 법이 있어서 부처님이 거짓 이름 자로 모든 중생을 이끌어준다'고 말할 것이며, 다시 '니르바나의 참된 법에 실다운 중생이 갖가지 문을 따라 들어간다'고 말할 수 있겠는가.52)

---

50) 사주혹(四住惑) : 중생의 감성적 미혹은 견혹(見惑), 이성적 미혹은 사혹(思惑)인데, 이를 다시 온갖 견혹을 견일체주지(見一切住地)라 하고, 사혹을 다시 삼계로 나누어 욕계의 욕애주지(欲愛住地), 색계의 색애주지(色愛住地), 무색계의 유애주지(有愛住地)로 나눈 것을 말한다.

51) 오주(五住) : 사주의 번뇌에 무명혹(無明惑)을 더해 오주번뇌라 한다.

52) 問 一心三觀有何功用
答 卽空觀破四住惑 卽假觀破塵沙惑 卽中觀破無明惑 一心三觀 三諦圓破五住

○ 진리의 바다에 함께 돌아가길 당부함

거칠게나마 한 진리에 의지하도록 하려고 간략히 이 법을 내어 처음 마음 낸 수행자들에게 보이니, 이것을 집착하여 옳다고 하고 다른 것은 그르다고 해서는 안 된다.

만약 이 뜻을 얻은 자는, 천 수레가 바퀴자국을 같이 하고〔千車同轍〕만 가지 흐름이 함께 모이는 것〔萬流咸會〕이다.

온갖 모든 법의 바탕성품이 평등하니, 중생의 몸 안의 법신부처님이 온 허공을 다하고 법계에 두루한 것이다.

온갖 수행자들이 늘 마음을 거두어 사대와 오음이 공하여 있는 바가 없음을 살피면, 이것을 도(道)라 이름한다.53)

　五住煩惱破卽三身顯 四住破卽報身顯 塵沙破卽應身顯 無明破卽法身顯
　又三觀成故卽三德滿 中觀成卽法身滿 假觀成般若滿 空觀成卽解脫滿 三德滿故名秘密藏 佛及衆生悉入其中 畢竟無所有 永寂如虛空
　若然者 云何復言有一切法佛以假名字引導諸衆生 復次泥洹眞法實衆生從種種門入

53) 令粗依一理 略出此法 示初心行人 不可執此爲是餘者爲非 若得此意者 則千車同轍萬流咸會也 一切諸法體性平等 衆生身內法身佛盡虛空遍法界
　一切行人常斂念 觀四大五陰空無所有 名爲道

6. 달마선사(達摩禪師) 오성론 야좌게(悟性論 夜坐偈)

> 본 게송은 달마선사의 오성론(悟性論)의 끝에 실린 야좌게(夜坐偈)와 진성송(眞性頌)이다. 야좌게는 오경의 시간을 통해 진여법계에 하나된 선정의 차제 아닌 차제를 보이고 있고, 진성송(眞性頌)은 법신(法身) 반야(般若) 해탈(解脫)이 하나되고 능히 살핌[能觀]과 살펴지는 바[所觀] 자취가 끊어진 참된 관행을 말하고 있다.
> 그러나 오성론(悟性論)이 비록 『소실육문(少室六門)』에 포함되어 있으나, 오성론 가운데 달마선사가 소의로 했던 『능가경』이 아닌 『반야경』이 주로 인용되고 있으며, 천태선사의 『오방편염불문』 가운데 응심선(凝心禪) 체진선(體眞禪)과 야좌게의 문의(文義)가 겹치고, 천태가의 표현에 가까운 불기일념력삼천(不起一念歷三千)이 나온 점, 하택선사의 오경송과 편제가 유사한 점을 들어 달마 친작설에 의문을 제기하는 학설이 있다.

○ 밤에 좌선함을 노래함[夜坐偈]

일경의 노래

일경에 바로 앉아 발을 얽어매 선정 드니
마음은 기쁨 넘쳐 고요하게 비추며
가슴은 저 허공에 툭 열려 통하였네.
멀고 먼 겁 내려오며 나고 사라짐이 아닌데
어찌 꼭 사라짐을 다시 나게 할 것이며

생겨남을 또 다시 사라지게 할 것인가.
온갖 모든 법은 다 허깨비와 같아서
본 성품이 절로 공한데 어찌 없앨 것인가.
만약 마음의 성품이 모습 아닌 줄 알면
맑아 움직이지 않고 스스로 한결같으리.

一更端坐結跏趺　怡神寂照胸同虛
曠劫由來不生滅　何須生滅滅生渠
一切諸法皆如幻　本性自空那用除
若識心性非形像　湛然不動自如如

이경의 노래

이경에 마음 엉겨 더욱 밝고 깨끗한데
생각 일으키지 않으니 진여의 성품이네.
벌려 있는 온갖 사물 공에 모두 돌아가는데
다시 공함 있다 집착하면 도로 병 되네.
모든 법은 본래 절로 공함과 있음 아닌데
범부가 망상으로 삿됨과 바름 설하네.
만약 둘이 아님을 늘 생각할 수 있으면
범부가 곧 성인 아니라 누가 말할 것인가.

二更凝神轉明淨　不起憶想眞如性
森羅萬像併歸空　更執有空還是病
諸法本自非空有　凡夫妄想論邪正
若能不二其居懷　誰道卽凡非是聖

삼경의 노래

삼경에 마음 깨끗해 허공과 평등하여
시방에 두루 가득해 통하지 않음 없어라.
산과 내와 석벽도 막을 수가 없으니
강가강 모래수 세계 그 가운데 있도다.
세계의 본 성품은 진여의 성품이나
본 성품 또한 없어 머금어 융통하니
다만 모든 부처님만 이와 같음 아니라
중생 무리 모두 다 똑같이 이러하네.

三更心淨等虛空　遍滿十方無不通
山河石壁無能障　恒沙世界在其中
世界本性眞如性　亦無本性卽含融
非但諸佛能如此　有情之類並皆同

사경의 노래

사경에 사라짐 없고 또한 남이 없으니
그 크기가 허공 법계와 평등하여라.
옴이 없고 감 없으며 일어나 사라짐 없고
있음과 없음 아니고 어두움과 밝음 아니니
모든 견해 일으키지 않음 곧 여래의 견해이고
이름할 이름 없음 참 부처님 이름이네.
오직 바로 깨친 이만 마땅히 알 수 있고
못 깨친 저 중생은 봉사와도 같아라.

四更無滅亦無生　量與虛空法界平
無去無來無起滅　非有非無非暗明
不起諸見如來見　無名可名眞佛名
唯有悟者應能識　未會衆生猶若盲

오경의 노래

오경에 반야의 밝은 비춤 끝이 없으니
한 생각 일으킴 없이 삼천계 두루하네.
진여의 평등한 성품을 보려고 한다면
삼가 마음을 내서 보려 하지 말지니
마음 나지 않으면 곧 눈앞에 드러나리.
묘한 진리 깊고 깊음 헤아릴 수 없으니
생각으로 찾고 좇아 피곤토록 하지 말라.
만약 생각 없게 되면 곧 참으로 구함 되나
다시 만약 구한다면 도로 알지 못하리.

五更般若照無邊　不起一念歷三千
欲見眞如平等性　愼勿生心卽目前
妙理玄奧非心測　不用尋逐令疲極
若能無念卽眞求　更若有求還不識

○ 참성품의 노래〔眞性頌〕

두렷 밝아 깨끗하고 지극한 몸은
비춤을 없애고 공한 진리 잊었네.
뜻 때문에 성품이 참됨 떠나니

제1장 좌선의 바른 몸가짐과 마음가짐〔坐禪儀〕 67

뜻을 떠나 지극히 묘하게 되면
묘한 작용 늘 마치고 또 비롯하리.

圓明淨至身　滅照忘空理
緣情性離眞　極妙常終始

제2장

믿음과 큰 의단, 큰 분심
[大信心, 大疑心, 大憤心]

1. 믿느냐, 믿을 수 있으면 이 '없다'는 말귀만을 보아 정진하라
   - 완산정응선사가 몽산에게 준 법어 [皖山正凝禪師示蒙山法語]

2. 큰 의심 아래 큰 깨침 있으니
   - 몽산화상이 각원상인에게 보임 [蒙山和尙示覺圓上人]

3. '불성 없다'는 말귀 봄의 여러 병통을 가림
   - 몽산화상이 '없다는 화두 [無字話頭]' 보는 법에 보인 열 가지 대목의 경계 [蒙山和尙無字十節目]

산 말귀 봄〔看話〕의 바로 끊어드는 문〔徑截門〕은 교리관행(敎理觀行)을 세우지 않고 다만 '맛없고 뜻 없는 말귀만'을 보아, 곧장 여래의 땅에 들어가게 하는 선법(禪法)이다.

그러나 보는바 말귀는 뜻 없되 뜻 없음도 없어서 대치실단(對治悉壇)과 제일의실단(第一義悉壇)을 갖춘 말 없는 말이니, 말귀 보는 한 생각〔話頭一念〕이 홀연히 무념처(無念處)에 이르면, 보는바 말귀는 부사의법계(不思議法界)인 말귀가 되고, 말귀 보는 한 생각은 법계인 한 생각〔法界一念〕이 된다.

이 뜻을 몽산화상은 '들기 이전에 눈을 대고 홀연히 다시 살아나라〔未擧以前着眼忽然再甦〕'고 가르치고 있으니, 어찌 이 부사의간화법(不思議看話法)과 말귀를 붙잡고 깨달음을 구하고 기다리는 생멸간화법(生滅看話法)이 같다 할 것인가.

1. 믿느냐, 믿을 수 있으면 이 '없다'는 말귀만을 보아 정진하라
― 완산정응선사(皖山正凝禪師)가 몽산(蒙山)에게 준 법어
〔皖山正凝禪師示蒙山法語〕

> 정응(正凝)선사는 남송 때 스님으로 서주(舒州) 태호(太湖) 사람이다.
> 열일곱 살에 아버지를 여의고 황주(黃州)의 쌍천영(雙泉瑛)화상에게 의지해 머리를 깎고 개원사(開元寺)에서 구족계를 받았다.
> 무명성(無明性)을 찾아뵙고 문답하다 무명성선사가 주먹으로 가슴을 한 번 치자 홀연히 깨닫고 말했다.
> "평생 쓰던 것이 이 노인의 한 주먹을 맞고 기와 깨지듯 얼음 녹듯 하였다〔生平用底 遭這老漢一拳 瓦解冰銷了也〕."
> 그 뒤 고봉수(孤峯秀)선사를 찾아 힘써 다시 참구하다 반 년이 넘어 종지(宗旨)를 얻고 그 법을 받았다. 84세에 입적하였으니, 법을 이은 이는 몽산덕이(蒙山德異)선사다.
> 이 법어는 처음 선사를 찾아온 몽산덕이에게 조주(趙州)의 '개에게 불성 없다'는 화두를 내리면서 보인 법어다.

○ 믿고 계를 지키느냐

선사가 몽산이 와서 절하는 것을 먼저 스스로 물었다.
"너는 믿을 수 있느냐."
몽산이 말했다.

"만약 믿지 않았다면 이곳에 오지 않았습니다."
선사가 말했다.
"충분히 믿는다면 다시 계를 지켜야 한다. 계를 지키면 쉽게 영험을 얻을 수 있고, 만약 계행이 없으면 허공 가운데 누각을 걸어놓은 것과 같다. 계를 지키느냐."
몽산이 말했다.
"굳게 오계를 지킵니다."54)

○ 온갖 헤아림을 버리고 다만 '없다〔無〕'는 말귀만을 보아가라

선사가 말했다.
"이 뒤에 다만 없다〔無〕는 글자만을 보되 사량으로 헤아리지 말고, 있고 없음의 알음알이를 지어 알지 말며, 경전의 가르침과 어록들을 보지 말고, 다만 홀로 이 없다〔無〕는 글자만을 들어, 열두 때 네 몸가짐 안에 반드시 또렷이 밝게 하여〔惺惺〕, 고양이가 쥐를 잡듯 닭이 알을 품듯이 끊어짐이 없게 하라.
꿰뚫어 사무치지 못할 때에는 마땅히 늙은 쥐가 나무 관을 쏠듯이 해 고쳐 옮기지 마라.
때로 다시 채찍질해 이렇게 의심을 일으키라.
"온갖 중생이 모두 불성이 있는데 조주는 왜 없다〔無〕고 말했는가. 뜻은 어떠한가."
이미 의심이 있을 때 말없이 이 '없다〔無〕'는 글자를 들어 빛을 돌

---

54) 師見蒙山來禮 先自問云 爾還信得及麼
　　 山云 若信不及不到這裏
　　 師云 十分信得更要持戒 持戒易得靈驗 若無戒行如空中架樓閣 還持戒麼
　　 山云 堅持五戒

이켜 스스로 보라.55)

○ 없다〔無〕는 말귀로 자기를 알고 조주를 알아야

다만 이 '없다〔無〕'는 글자로 자기(自己)를 알아야 하고 조주(趙州)를 알아야 하며, '부처님과 조사가 사람들의 미움 받는 곳〔佛祖得人憎處〕'을 붙잡아 내야〔捉敗〕 한다.
다만 나의 이와 같은 말을 믿어 곧장 지어가면 반드시 밝혀낼 때가 있으리니, 결단코 너를 그릇되게 하지 않을 것이다.56)

---

55) 師云 此後只看箇無字 不要思量卜度 不得作有無解會 且莫看經敎語錄之類 只單單提箇無字 於十二時中四威儀內 須要惺惺如貓捕鼠如雞抱卵無令斷續 未得透徹時 當如老鼠咬棺材相似不可改移 時復鞭起疑云 一切含靈皆有佛性 趙州因甚道無意作麼生 旣有疑時默默提箇無字迴光自看

56) 只這箇無字要識得自己 要識得趙州 要捉敗佛祖得人憎處
　　但信我如此說話 驀直做將去 決定有發明時節 斷不誤爾 云云

2. 큰 의심 아래 큰 깨침 있으니
- 몽산화상이 각원상인에게 보임〔蒙山和尙示覺圓上人〕

> 덕이(德異)선사는 호(號)가 몽산(蒙山)으로 원래 임제종(臨濟宗) 양기파 스님이다. 세상에서는 선사를 고균(古筠)비구라 불렀다.
> 일찍이 소주 승천사(承天寺) 고섬여형(孤蟾如瑩), 경산의 허당지우(虛堂智愚) 등을 참방하고 뒤에 복주(福州) 고산(鼓山)의 완산정응(皖山正凝)을 의지해 배우고 그 법을 받았다.
> 지원(至元) 27년 『육조단경(六祖壇經)』을 재편하고 힘써 유포하였다.
> 본 법어는 제자 각원상인(覺圓上人)에게 큰 의심 일으키는 곳에 간화선법(看話禪法)의 방법론적 특장(特長)이 있음을 강조하고, 산 말귀에 큰 의심 일으켜 큰 깨침 이루도록 당부한 법문이다.

○ 참선의 깨침은 마음길이 끊어져야

참선(參禪)은 반드시 조사의 빗장을 뚫어야 하고, 묘한 깨침〔妙悟〕은 마음을 사무쳐 마음길이 끊어져야 한다.
조사의 빗장을 뚫지 못하면 마음길이 끊어지지 못하니 다 '풀에 의지하고 나무에 붙은 넋〔依草附木精靈〕'이다.57)

○ '없다'는 말귀에 큰 의심을 내야

---

57) 參禪 須透祖師關 妙悟 要窮心路絶 祖關不透 心路不絶 盡是依草附木精靈

제2장 믿음과 큰 의단, 큰 분심〔大信心, 大疑心, 大憤心〕 75

어떤 승려가 조주(趙州)에게 물었다.
"개도 불성이 있습니까."
조주가 말했다.
"없다〔無〕."
다만 이 없다〔無〕는 글자가 바로 '종문의 한 빗장〔宗門一關〕'이라 마음 있음으로 뚫을 수 없고 마음 없음으로도 뚫을 수 없다.
밝고 밝으며 신령하고 날카롭게 곧바로 둘러엎어, 조주를 붙잡아 내 나에게 말귀〔話頭〕를 가져오라.
만약 한 털끝이라도 있으면 또 문밖에 있는 것이다.
각원상좌(覺圓上座)는 깨쳤는가.
묘한 깨침이 두렷 밝았으니 마땅히 조주가 이 무슨 얼굴인가 알아야 한다. 이 없다〔無〕고 말한 뜻은 어떠한가.
꿈틀대며 움직이는 중생이 모두 불성이 있는데 조주는 왜 '없다〔無〕'고 했는가.
끝내 이 없다〔無〕는 글자는 어느 곳에 떨어지는가.
본디 깨침〔本覺〕을 아직 밝히지 못했으면 낱낱이 의심이 있게 되니 큰 의심이면 큰 깨침이 있게 된다.58)

○ 온갖 분별 내지 말고 다만 의심하고 의심해가야

그러나 다시 마음을 가지고 깨달음을 기다리지 말고, 또 뜻으로 깨

---

58) 僧問趙州 狗子 還有佛性也無 州云 無 只者箇無字 是宗門一關 有心透不得 無心透不得 惺惺靈利 直下掀飜 捉敗趙州 還我話頭來
　若有一毫末 且居門外 覺圓上座 覺也未 妙覺圓明 當識趙州是何面目 道箇無字意 作麽生 蠢動含靈 皆有佛性 趙州 因甚道無 畢竟者箇無字 落在甚處 本覺未明 一一有疑 大疑則有大悟

달음을 구하지 말며, 있고 없음의 알음알이로 알지 말며, 비어 없음의 알음알이로 알지 말고, '없다'는 글귀로 '쇠 빗자루'의 쓸거리를 짓지 말고 '나귀 매는 말뚝'의 쓸거리를 짓지 말라.

의심덩이가 날로 크게 일어남을 따라 열두 때 가운데와 네 가지 몸가짐 안에서, 홀으로 이 없다〔無〕는 글자를 들어 끊임없이 촘촘하게 빛을 돌이켜 스스로 보라.

보아오고 보아가며 의심해 오고 의심해 가, 백 가지 맛이 없을 때 적은 맛이라도 있어서 번뇌를 내게 하는 것은 옳지 못하다.

의심이 힘이 생겨 말귀를 들지 않아도 저절로 앞에 드러나게 되어도 기뻐하지 말며, 짙고 옅음을 저에게 맡기고 곧바로 늙은 쥐가 널판을 쏠듯이 다만 이 없다〔無〕는 글자를 들어보라.

만약 앉음〔坐〕 가운데서 묘함을 얻으면, 선정의 힘으로 도와 바로 잘 말귀를 잡아 끌어야 한다.59)

○ 선정 가운데서도 말귀 잊으면 안 되니

다만 힘 붙임〔着力〕으로 묘함을 삼지 말아야 하니, 만약 힘을 붙여 끌면 선정의 경계를 풀어 흩어버리게 된다.

잘 마음을 써서 홀연히 선정에 들 때에도 선정을 탐착해 말귀를 잊지 말아야 한다.

만약 말귀를 잊어버리면 공(空)에 떨어지게 되어 묘한 깨침이 있

---

59) 却不得將心待悟 又不得以意求悟 不得作有無會 不得作虛無會 不得作鐵掃箒用 不得作繫驢橛用

從敎疑團日盛 於二六時中 四威儀內 單單提箇無字 密密迴光自看 看來看去 疑來疑去 百無滋味時 有些滋味 却不可生煩惱 疑得重 話頭不提 自然現前 却不得歡喜 濃淡 任他 直如老鼠咬棺材 只管提箇無字看 若於坐中得妙 定力資 正好提撕

을 수 없게 된다.

선정에서 일어날 때 또 선정의 힘을 보살펴야 하니 '움직임과 고요함 가운데서 한결같아〔動靜中一如〕' 어둡게 가라앉음〔昏沈〕과 들떠 어지러움〔掉擧〕이 다 끊어져도 또한 기뻐하는 마음을 내지 말라.60)

○ 홀연히 '조주의 빗장' 뚫어 지나면

홀연히 '와'하는 한 소리에 '조주의 빗장〔趙州關〕'을 뚫어 지나면 낱낱이 말을 내림에 꼭 맞게 되어 화살과 화살이 날을 버팀과 같아 조주가 사람들의 미움 받는 곳을 알아내게 되리라.

법과 법이 두렷이 통해 차별된 기연들을 낱낱이 밝게 알았으면 바로 '깨친 뒤의 생애〔悟後生涯〕'를 구해야 한다.

만약 그렇지 않으면 어떻게 법의 그릇〔法器〕을 이룰 수 있겠는가.

마땅히 앞 성인의 모범〔標格〕을 살피고 잘못된 저술〔杜撰〕을 삼가야 한다.

알겠는가.61)

---

60) 但不用著力 爲妙 若著力提撕則解散定境 能善用心 忽然入得定時 却不可貪定而忘話頭 若忘却話頭則落空去 無有妙悟 起定時 亦要保護定力 於動靜中一如 昏沉掉擧悉絶 亦莫生喜心

61) 忽然団地一聲 透過趙州關已 一一下語諦當 箭箭柱鋒 勘破趙州得人憎處 法法圓通 差別機緣 一一明了 正要求悟後生涯 若不然 如何得成法器 宜觀先聖標格 切忌杜撰 會麽

3. '불성 없다'는 말귀 봄의 여러 병통을 가림
- 몽산화상이 '없다는 화두〔無字話頭〕' 보는 법에 보인 열 가지 대목의 경계〔蒙山和尙無字十節目〕

> 말귀 보는 한 생각〔話頭一念〕이 생각 없음〔無念〕이 되는 곳에 공부의 바른 길이 있다. 그러므로 뜻을 일으켜 말귀의 지취(旨趣)를 헤아려 알려거나 산 말귀를 '망상을 쓸어 없애는 쇠빗자루'라 하거나, '나귀 매는 말뚝'처럼 생각이 달아나지 않게 묶는 말뚝이라 하거나, '차별지를 여는 자물쇠'라고 하는 것은 공부의 바른 길을 가로막는 헛된 분별에 지나지 않는다.
> 그러므로 옛 선사는 '우리 왕의 곳간에는 이와 같은 칼이 없다'고 했으니, 다만 '목숨을 버리고 들기 이전에 눈을 대고 홀연히 다시 살아날 때' 산 말귀가 곧 자신의 참 면목으로 환히 밝게 드러나리라.

○ '없다〔無〕'는 글자는 온전히 붙잡을 끝 코가 없으니

어떤 승려가 조주(趙州)에게 물었다.
"개에게 불성이 있습니까."
조주가 말했다.
"없다."
꿈틀대며 움직이는 중생이 다 불성이 있는데 조주는 왜 '없다'고 했는가.
조주의 선〔趙州禪〕을 '입술 가죽으로 비추어 보는 것'이라 말한다

면, 다른 날 쇠몽둥이를 맞으리라.
 이는 조주가 '삼세 모든 부처님들의 골수'와 '대를 거친 여러 조사들의 눈'을 한 때에 번쩍 들어내, 너의 얼굴 앞에 갖다 두는 것을 아주 모르는 말이다.
 '성품 급한 사람'이 한 어깨에 짊어지고 갈 수 있으면, 산승의 주장자도 또 너를 때리지 않게 될 것이다.
 또 말하라. 끝내 어떠한가.
 다만 이 없다〔無〕는 글자는 '온전히 잡을 끝 코가 없는데〔全無把鼻〕' 적은 끝 코가 있다고들 한다.
 그리하여 어떤 이는 이것이 '목숨을 끊는 칼'이라고 하며, '차별된 지혜를 여는 자물쇠'라고 하니, 서른 방망이를 때려주어야 한다.
 이렇게 말함이 상을 줌인가 벌하는 것인가.
 설사 말하는 것이 꼭 맞는다 해도 너는 어느 곳에서 조주를 보는가.62)

 ○ 우리 왕의 곳간에는 이와 같은 칼이 없다

 다 말하기를 '조주는 옛 부처라 눈빛이 네 천하를 태워 깨뜨린다'고 한다. 이처럼 그가 '없다〔無〕'는 글자 말함을 살펴보니 그 목숨이 '본 빛깔 납자〔本色衲子〕'의 손 안에 떨어져 있다.

---

62) 僧問趙州 狗子還有佛性也無 州云 無
　 蠢動含靈 皆有佛性 趙州 因甚道無 若言趙州禪 口皮邊照顧 他日 喫鐵棒 殊不知三世諸佛骨髓 歷代祖師眼目 一期 掀出 在你面前 性燥漢 一肩擔荷得去 山僧柱杖子 亦未肯打你在 且道 畢竟如何
　 只者箇無字 全無把鼻 有些把鼻 或者 謂是斷命刀子 開差別智底鑰匙 好與三十棒
　 是賞耶罰耶 直饒道得諦當 你在甚處 見趙州

또 어떤 사람이 있어 다시 저 '없다'는 글자 위에서 좋은 맛〔滋味〕을 말하니 어찌 평생을 어둡고 무디게 살지 않겠는가.
비록 그러나 조주가 '없다'고 말함을 너는 어떻게 아는가.

조주의 드러난 그 칼날
찬 서리 같은 빛 활활 타네.
어떤가 헤아려 물으려 하면
몸을 두 조각 내게 되리라.

趙州露刀劍 寒霜光焰焰
擬議問如何 分身作兩段

악〔喝〕! 어리석은 사람 얼굴 앞에서 꿈을 말해서는 안 된다.
반드시 또 '우리 왕의 곳간 안에는 이와 같은 칼이 없다'고 하니 끝내 조주는 이 무슨 얼굴인가.63)

○ 목숨을 버리고 들기 이전에 눈을 대고 다시 살아나야

묘희(妙喜)는 말한다.
"있고 없음의 없음도 아니고 참으로 없음의 없음도 아니다."
다시 이 묘희를 알겠는가.
만약 눈을 갖추지 못했다면 동으로 갔다 다시 서로 갈까 헤아려 더욱 뜻의 알음알이를 더할 것이니 부디 삼가고 삼가라.

---

63) 盡道 趙州古佛 眼光爍破四天下 觀其道箇無字 性命落在本色衲子手裏 有一等人 更向他無字上 討滋味 豈不鈍置平生 雖然 趙州道無 你作麼生會
趙州露刀劍 寒霜光焰焰 擬議問如何 分身作兩段
喝癡人面前 不得說夢 要且我王庫內 無如是刀 必竟趙州 是何面目

영리한 사람은 또 말해보라.
조주의 뜻은 어떠한가.
요즈음 많이들 '없다[無]는 글자는 쇠 빗자루다'라고 말들 하니, 조주의 뜻이 참으로 이와 같은가.
남이 뒤에 한 말들을 이끌어다 증명을 삼는 자들이 있으니, 조사의 마음[祖師心]을 땅에 파묻는 것이다. 악[喝]!
어떤 이는 말하기를 '없다[無]는 글자는 나귀 매는 말뚝이다'라고 하니, 너는 어느 곳에서 꿈에라도 조주를 보겠는가.
무간지옥의 업을 불러들이지 않고자 하면 여래의 바른 법바퀴를 비방하지 말라.
여러 가지 폐단과 병을 집어내고 나면 끝내 이 없다[無]는 글자는 어느 곳에 떨어지는가.
이 '없다'는 글자는 마음 있음과 마음 없음으로 모두 꿰뚫을 수 없으니, 목숨을 버리고[棄命] 들기 이전에 눈을 대고 홀연히 다시 살아나[向未擧已前着眼忽然再甦], 환히 사무쳐 나머지가 없으면 천칠백칙 공안[一千七百則公案]을 누가 너의 얼굴 앞에 집어들 수 있겠는가.
모든 부처님과 조사의 큰 기틀 작용[大機用]과 신통삼매(神通三昧)와 세 가지 현묘함 세 가지 요점[三玄三要], 갖가지 차별지와 온갖 걸림 없는 지혜가 다 이를 좇아 나오리라.
비록 그러하나 어떤 것이 너의 자기인가.
한 큰 대장경의 가르침은 이것이 풀이해 붙인 것[切脚]이니, 이 없다[無]는 글자에 일찍이 풀이해 붙일 수 있겠는가.64)

---

64) 妙喜道 不是有無之無 不是眞無之無 還識妙喜麼
若不具眼 又去東卜西度 轉添意識 切忌切忌 靈利漢 且道 趙州意作麼生
近來多道 無字 是鐵掃箒 趙州意果如是否 有引他後語 爲證者 錯了也瞎漢

○ '없다'는 글자로 자기를 밝히고 조주를 붙잡아내야

　영리한 사람이 곧바로 흔들어 엎어 자기(自己)를 환히 밝히고, 조주(趙州)를 붙잡아내며, 부처님과 조사가 사람들의 미움 받는 곳을 알아 마치게 되면, 네가 '대장경의 가르침은 종기의 피고름 닦는 종이다'라고 말함을 허락하겠다.
　비록 그러함이 이와 같지만 이 '없다〔無〕'는 글자는 어느 곳에서 나왔는가.
　이와 같이 '없다〔無〕'는 글자를 주장하는 것은 무슨 기특함이 있는가.
　종문(宗門) 가운데 여러 가지 공안(公案)이 이 '없다〔無〕'는 글자를 지나는 요점과 묘함이 있는 것인가.
　만약 있다면 어찌 이와 같이 저 '없다〔無〕는 글자'를 으뜸 자리에 매기는 것이며, 만약 없다면 조주가 아직 없을 때 어찌 부처님과 조사가 없었겠는가.
　눈을 갖춘 납승이라면 한 티도 속일 수 없으니 빨리 말하라.65)

　　莫將閑學解 埋沒祖師心 喝 有云無字 是繫驢橛 你在何處 夢見趙州
　　欲得不招無間業 莫謗如來正法輪
　　許多弊病 都拈去也 畢竟這箇無字 落在甚處
　　這箇無字 有心無心 俱透不得 棄命 向未擧已前著眼 忽然再甦 了徹無餘 一千
　　七百則公案 誰敢向你面前拈出
　　諸佛祖大機用神通三昧 三玄三要 種種差別智 一切無碍慧 盡從此出
　　雖然 那箇是你自己 一大藏敎 是箇切脚 曾切著者箇無字否

65) 靈利漢 直下掀飜 洞明自己 捉破趙州 勘破佛祖得人憎處 許你道大藏敎 是拭瘡疣紙 雖然如是 者箇無字 從何處出 如是主張箇無字 有甚奇特 宗門中許多公案 還有要妙過此無者否 若有 何得如是品題他 若無 未有趙州時 豈無佛祖 具眼衲僧 一點難謾 速道

제3장

밝아 또렷함과 고요함을 평등히 지녀야 [惺寂等持]

1. 고요함 가운데 산 말귀를 잊어 어둡지 않아야
   - 보제존자 나옹선사가 각오선인에게 보임 [普濟尊者示覺悟禪人]

2. 산 말귀의 의정으로 어두움과 어지러움을 넘어서면
   - 몽산화상이 고원상인에게 보임 [蒙山和尙示古原上人]

3. 맑은 가을날 들물처럼 공부가 맑고 깨끗해야
   - 몽산화상이 유정상인에게 보임 [蒙山和尙示惟正上人]

있음〔有〕이 실로 있음이 아님을 짐짓 공함〔空〕이라 이름하였으므로, 공함〔空〕을 다시 공함으로 집착하면 실로 있음도 아니고 실로 없음도 아닌 중도의 진실에 나아갈 수 없다. 이렇듯 나고 사라지는 중생의 망념(妄念)은 본래 공하지만〔本空〕 공도 또한 공하여 반야의 지혜가 어둡지 않은데, 나고 사라짐을 떠나 고요함에 머물거나 번뇌를 끊고 지혜의 세계를 따로 얻으려 하면 고요함과 밝음을 함께 닦는 바른 공부길이 아니다.

그러므로 여러 조사들은 어둡게 가라앉음〔昏沈〕과 들떠 어지러움〔掉擧〕을 모두 뛰어넘어야 한다고 말하니, 고요함 가운데 산 말귀를 잊지 않아야 고요하되 밝고 밝되 고요해 '선정과 지혜 함께 닦는〔定慧雙修〕' 바른 수행이 열릴 것이다. 선정과 지혜 같이 닦는 도중사(途中事)가 분명하면 어찌 '선정과 지혜가 원래 둘이 없는 집안 소식'이 현전하지 않겠는가.

1. 고요함 가운데 산 말귀를 잊어 어둡지 않아야
- 보제존자 나옹선사가 각오선인에게 보임〔普濟尊者示覺悟禪人〕

> 보제존자(普濟尊者)는 우리 불교 고려조의 나옹혜근(懶翁慧勤)선사이다.
> 스무 살에 공덕산 묘적암(妙寂庵) 요연(了然)에 의지해 출가해 양주 회암사(檜巖寺)에서 좌선하여 깨달았다.
> 원 지정(至正) 8년에 원(元)에 들어가 서천지공(西天指空)선사를 만나고 항주 정자사(杭州 淨慈寺) 평산처림(平山處林)선사를 찾아 그 인가를 얻었다.
> 공민왕 7년 원 지정(至正) 18년 고려에 돌아와 널리 중생의 근기 따라 법을 설하고, 신광사 금강산 정양사 등 여러 곳에 가 옮겨 살다 공민왕 20년 왕사가 되었다. 우왕 2년 신륵사에서 입적하니 나라에서 선각(禪覺)이라 시호하였다.
> 각오선인(覺悟禪人)에게 보인 이 법어는 '나고 사라짐〔生滅〕'과 '기억함이 없음〔無記〕' 두 병통 떠난 수행의 진로를 간명한 언구로 바로 지시하고 있다.

○ 나고 죽음의 때에 산 말귀를 들어

생각 일어나고 생각 사라짐을
나고 죽음이라고 말하니
나고 죽음의 때를 맞아
반드시 힘을 다해 산 말귀를 잡아 들라.66)

○ 고요함 가운데서 산 말귀를 잊어먹지 않아야

산 말귀가 순수하게 한결 같으면
일어나고 사라짐이 곧 다하리라.
일어나고 사라짐이 다한 곳을
고요함〔寂〕이라 말하고
고요함 가운데 산 말귀가 없으면
이를 기억함이 없음〔無記〕이라 말한다.
고요함 가운데서 산 말귀를 잊어 어둡지 않으면
이를 신령함〔靈〕이라 한다.
곧 이 비어 고요하되 신령하게 앎은
무너짐이 없고 뒤섞임이 없으니
이와 같이 공부해 가면
날이 오래되지 않아 이루게 되리라.67)

---

66) 念起念滅 謂之生死 當生死之際 須盡力提起話頭
67) 話頭純一 起滅卽盡 起滅卽盡處 謂之寂 寂中無話頭 謂之無記 寂中不昧話頭 謂之靈 卽此空寂靈知 無壞無雜 如是用功 不日成之

2. 산 말귀의 의정으로 어두움과 어지러움을 넘어서면
– 몽산화상이 고원상인에게 보임〔蒙山和尙示古原上人〕

> 공부의 바른 길이 무엇인가. 고요하되 밝지 못함을 '어둡게 가라앉음〔昏沈〕'이라 말하고 밝되 고요하지 못함을 '들떠 어지러움〔掉擧〕'이라 말하니, 어두움과 어지러움의 병을 모두 뛰어넘어야 선수행의 바른 길이 열린다.
> 그러기 위해서는 바른 믿음이 토대가 되어 산 말귀에 참된 의심이 일어나야 되는 것이다. 산 말귀 위에 의심이 끊어지지 않으면 '어둡게 가라앉음'과 '들떠 어지러움'의 병이 그 틈을 얻을 수가 없게 되니, 홀연히 마음길이 끊어지면 곧 큰 깨침이 있게 된다. 깨친 뒤의 일은 깨친 뒤에 물어야 하니, 지금 망상을 가지고 깨달음을 구하거나 못 깨친 마음으로 깨친 뒤의 소식을 헤아리는 것은 공부의 가장 큰 병이 되기 때문이다.

○ 산 말귀 위의 참 의심으로 움직임과 고요함 가운데 한결같아야

산 말귀〔話頭〕 위에서 의심이 있어 끊어지지 않으면 이를 참된 의심〔眞疑〕이라 한다.

만약 의심이 한 번 올랐다가 잠깐 사이 또 의심이 없는 것은 참된 마음으로 의심을 내는 것이 아니고 억지로 의심을 지어내는 것에 속한다.

그러므로 어둡게 가라앉음〔昏沈〕과 들떠 어지러움〔掉擧〕이 모두 들어와 짬을 만들게 된다.

다시 반드시 앉음에는 곧고 바르게 해야 하며, 첫째 조름의 마〔睡魔〕가 오면 '이 무슨 경계인가' 마땅히 알아서, 눈 껍질이 무거워짐을 느끼자 바로 눈빛을 바짝 붙이고, 산 말귀 한 두 소리를 들면 조름의 마가 물러날 것이다.

늘 앉아 있음〔常坐〕과 같을 수 있어 물러서지 않게 되면, 곧 땅에 내려와 몇 십 걸음을 걷다 눈과 머리가 맑고 밝아지면 또 자리에 가, 천만 번 말귀를 비추어 보아 늘 채찍질해 의심을 일으키라.

오래 되면 공부가 한결 같이 익어가 바야흐로 힘을 덜게 된다.

공부 지어감이 마음을 써서 말귀를 듣지 않아도 저절로 앞에 드러날 때가 되면, 경계와 몸과 마음이 모두 앞에 이미 그러했던 것과 같지 않게 되어, 꿈속에서도 또한 말귀를 기억할 수 있게 된다.

이와 같은 때 큰 깨침이 가까워질 것이다.

그러나 도리어 마음을 가지고 깨달음을 기다리지 말고, 다만 움직임 가운데와 고요함 가운데서 공부가 틈이 나 끊어짐이 없게 해야 한다.

그렇게 하면 저절로 티끌경계가 들어오지 못하고 참된 경계가 날로 늘어나 점점 무명을 깨뜨릴 역량이 있게 되고, 역량이 채워지고 넓어지면 의심덩이가 깨뜨려지고 무명(無明)이 깨질 것이며, 무명이 깨뜨려지면 곧 묘한 도〔妙道〕를 볼 것이다.68)

---

68) 話頭上有疑不斷 是名眞疑 若疑一上 少時又無疑者 非眞心發疑 屬做作
是故 昏沉掉擧 皆入作得 更要坐得端正 一者睡魔來 當知是何境界 纔覺眼皮重 便著精彩 提話頭一二聲 睡魔退
可如常坐 若不退 便下地行數十步 眼頭淸明 又去坐 千萬照顧話頭 及常常鞭起疑 久久 工夫純熟 方能省力 做到不用心提話頭 自然現前時 境界及身心 皆不同 先已 夢中 亦記得話頭 如是時 大悟近矣
却不得將心待悟 但動中靜中 要工夫無間斷 自然塵境 不入 眞境日增 漸漸有破

제3장 밝아 또렷함과 고요함을 평등히 지녀야〔惺寂等持〕

○ 홀연히 마음길이 끊어지면 큰 깨침이 있게 되니

대저 참선(參禪)은 그 묘함이 밝고 밝아 또렷함〔惺惺〕에 있다.

신령하고 날카로운 사람은 공안을 먼저 자세히 살펴, 바른 의심이 있으면 너무 급하지 않게 하고 느리게도 하지 않게 하여, 말귀를 들어 서로 이어 촘촘하게 빛을 돌이켜 스스로 보면 쉽게 큰 깨침을 얻을 것이다.

몸과 마음을 편안하고 즐겁게 해야 하니 만약 마음을 급하게 쓰면 '살덩이 마음〔肉團心〕'을 움직여 피와 기가 고르지 못한 병 등이 생기게 되니, 바른 길이 아니다.

다만 참되고 바른 믿음의 마음을 일으켜 참마음 가운데 의심이 있으면 저절로 말귀가 앞에 드러나게 되리라.

만약 힘을 써서 말귀를 들 때는 공부가 힘을 얻을 수 없는 것이다.

만약 움직임 가운데나 고요함 가운데서 의심하는 공안(公案)이 흩어지지 않고 부딪히지 않으며, 말귀가 급하지 않고 느리지도 않아 저절로 앞에 드러나면 이와 같은 때 공부가 힘을 얻는다.

도리어 반드시 이것을 보살펴 지니고 머리에 두어 늘 서로 이어가며, 앉음 가운데서 다시 선정의 힘을 더하면 서로 도와 묘함이 된다.

홀연히 댓돌 맞듯 맷돌 맞듯 하여 마음길이 한 번 끊어지면, 곧 큰 깨침이 있게 된다. 깨치고 나서 다시 깨친 뒤의 일을 물으라.69)

無明力量 力量充廣 疑團破 無明破 無明破則見妙道

69) 夫叅禪 妙在惺惺 靈利者 先於公案 撿點 有正疑 却不急不緩 提話頭 密密迴光自看則易得大悟 身心安樂 若用心急則動肉團心 血氣不調等病生 非是正路 但發眞正信心 眞心中有疑則自然話頭現前
 若涉用力擧話時 工夫不得力在 若動中靜中 所疑公案 不散不衝 話頭不急不緩 自然現前 如是之時 工夫得力 却要護持此箇念頭 常常相續 於坐中 更加定力 相資爲妙 忽然築著磕著 心路一斷 便有大悟 悟了 更問悟後事件

3. 맑은 가을날 들물처럼 공부가 맑고 깨끗해야
– 몽산화상이 유정상인에게 보임〔蒙山和尙示惟正上人〕

> 큰 깨침이 도에 드는 문이고 큰 깨침은 참된 의심과 참된 믿음으로 이루어진다.
> 그러므로 공부인은 바른 믿음의 마음을 내, 산 말귀에 의정을 일으켜 밝고 밝게 서로 이어 촘촘히 공부를 지어가야 하니, 공부가 서로 이어 촘촘히 끊어짐이 없어져서 맑은 가을 들물처럼 밝고 깨끗해지면 큰 깨침이 있게 된다.
> 부디 여러 공안 위의 의심과 경전 위의 의심을 따라가며 의심하지 말고, 오직 본참공안(本參公案) 위에 천 의심 만 의심을 거두어 한 길로 나아가면, 한 의심 위에 뭇 의심이 함께 몰려 '와' 하는 한 소리에 바른 눈이 열릴 것이다.

○ 큰 깨침으로 들어가는 문을 삼아야

오조법연(五祖法演) 화상이 대중에게 이렇게 보여 말했다.
"석가와 미륵이 오히려 남의 노예이다. 남은 누구인가."
곧바로 깨달아 사무쳐서 말함이 꼭 맞게 되면 '덩이로 나뉘는 이 몸의 나고 죽음〔分段生死〕'을 벗어날 수 있지만, 다시 장대 끝에서 큰 걸음을 내디딜 수 있어야 대장부의 업을 마칠 것이다.
유정상좌(惟正上座)는 깨달아 사무칠 수 있는가.
아니라면 급하게 또렷이 밝게 하여 진실한 공부를 내려 법답게 참

제3장 밝아 또렷함과 고요함을 평등히 지녀야〔惺寂等持〕 91

구해 큰 깨침으로 들어가는 문을 삼아야 한다.
 이른바 참구함이란 마땅히 다음처럼 의심하는 것이다.
 '석가와 미륵은 부처님인데 무엇 때문에 남의 노예인가. 끝내 남이란 누구인가.'
 의심이 크게 일면 '남이 누구인가'를 다시 잡아 끌어 빛을 돌이켜 스스로 보되 반드시 마음을 너무 긴박하게 쓰지 말 것이니 긴박하게 하면 몸과 마음을 움직여 병을 내게 되고, 너무 느리게 쓰지 말 것이니 느리면 말귀를 잊어먹고 '어두워 가라앉음〔昏沈〕'과 '들떠 어지러움〔掉擧〕'에 들어가게 된다.70)

○ 공부가 한 조각을 이루어 맑은 가을 들물처럼 맑고 깨끗함을 얻으면

 묘함은 그 마음을 잘 쓰는 데 있으니, 참되고 바른 믿음의 마음을 내 온갖 세간의 마음을 버려 다하고, 또렷이 밝고 밝게 서로 이어 촘촘하게 잡아 끌어야 앉음 가운데 가장 잘 힘을 얻게 된다.
 처음 앉을 때 정신을 떨어내고〔抖擻〕 몸을 놓아 곧고 바르게 하며, 등이 굽지 않게 하고 머리가 우뚝 서도록 하며 눈 껍질이 움직이지 않게 해, 평소처럼 눈을 뜨되 눈동자가 움직이지 않으면 몸과 마음이 함께 고요해진다.
 고요하게 된 뒤에 선정〔定〕이니, 선정 가운데 말귀가 앞에 드러나

---

70) 五祖演和尚 示衆云 釋迦彌勒 猶是他奴 他是阿誰
  直下悟徹 道得諦當 可以超脫分段生死 更進竿頭闊步 了大丈夫事業
  惟正上座 能悟徹也未 否則急宜惺惺 下眞實工夫 如法叅究 以大悟 爲入門
  所謂叅究者 當疑釋迦彌勒 是佛 因甚 猶是他奴 畢竟他是阿誰 疑得盛 却提撕 他是阿誰 迴光自看 不要用心大緊 緊則動色心 生病 不可大緩 緩則忘却話頭 入昏沉掉擧去也

도록 하며 선정을 탐착해 말귀를 잊지 말도록 해야 한다.
　말귀를 잊으면 공(空)에 떨어져 도리어 선정의 미혹함을 입게 되니 옳지 못한 것이다. 선정 가운데서 힘을 쉽게 얻으니 도리어 반드시 또렷이 밝게 해 어둡지 않아야 한다.
　홀연히 온갖 좋고 나쁜 경계가 나타날 때에도 도무지 그에 관계하지 않아야 하니, 말귀가 또렷이 밝으면 갑자기 경계가 스스로 깨끗해지리라.
　선정에서 일어날 때에는 느리게 천천히 몸을 움직여 선정의 힘을 보살펴 지니며, 움직여 쓰는 가운데서도 말귀를 붙들어 지닐 수 있어야 하며, 의심해 잡아 끌어야 한다.
　힘을 쓰지 않아도 서로 이어져 촘촘하게 틈이나 끊어짐이 없을 때 공부가 차츰 한 조각을 이루게 된다. 맑은 가을 들물처럼 맑고 깨끗함을 얻으면 비록 바람이 불어 움직여도 모두 맑은 물결인 것이다.71)

○ **본참공안의 한 의심에 온갖 의심 거두어 돌이켜 와서 보라**

　이와 같은 때에 이르면 큰 깨침이 가까워진 것이다.
　그러나 도리어 마음을 가지고 깨달음을 기다리지 말고, 사람이 뚫어줌을 구하지 말며, 사량으로 헤아려 알려고 말며, 알음알이로 알

---

71) 妙在善用其心 發眞正信心 捨盡一切世間心 惺惺密密提撕 於坐中 最易得力 初坐時 抖擻精神 放敎身体端正 不可背曲 頭腦卓竪 眼皮不動 平常開眼 眼睛不動則身心 俱靜 靜而然後定 定中 却要話頭現前 不可貪定而忘話頭 忘則落空 反被定迷 無有是處 定中得力易 却要惺惺不昧
　忽有一切好惡境界現時 都不要管他 話頭分曉 候忽境界自淸
　起定之時 緩緩動身 護持定力 於動用中 保持得話頭 有疑提撕 不用力 緜緜密密 無有間斷時 工夫漸漸成片 得如澄秋野水 湛湛淸淸 縱有風動 並是淸波

아들음을 구하지 말고 다만 말귀를 들어 보아야 한다.

만약 저 공안에 의심 있음과 경전 위에 의심 있음을 '남이 누구인가' 위에 다 거두어 돌이켜 와서 보라.

뭇 의심이 몰려 일어나 댓돌 맞듯 맷돌 맞듯 '와' 하는 한 소리에 바른 눈이 열려 밝아지리라.

그렇게 되면 '집에 이르른 말〔到家語〕'과 '기틀에 맞추는 말〔投機語〕'과 '화살과 칼날이 서로 맞서는 말〔箭鋒相拄語〕'을 내릴 수 있게 되어 차별된 기틀과 경계〔機緣〕을 알게 되어, 앞에서 있었던 온갖 의심의 걸림이 얼음 녹듯 나머지가 없어서 법과 법이 두렷이 통할 것이다.

당에 오를 수〔昇堂〕 있게 된 뒤, 부디 작은 깨침에 마음을 삼가야 하니 다시 찾아오라.

그대가 걸음을 내딛어 방에 들어오도록〔入室〕 가리켜, 큰 일을 사무쳐 다하도록 하겠다.72)

---

72) 到如是時 大悟近矣 却不得將心待悟 不要求人穿鑿 不要思量卜度 不要求鮮會 但提話頭看
　　若其他公案有疑 及經典上有疑 盡攝歸來他是阿誰上看 衆疑逼發 築著磕著 囮地一聲 正眼開明 便能下得到家語 投機語 箭鋒相拄語 識得差別機緣 前來所有一切疑碍 氷消無餘 法法圓通
　　得升堂已 切忌小了 更來 指汝進步入室 了徹大事

제4장

때가 되면 산을 나와
[時至出山]

1. 밑 없는 배를 타고 흐름을 따라
   - 고담화상법어(古潭和尙法語)

2. 소를 찾는 노래(尋牛頌)
   1) 보명선사 목우송(普明禪師 牧牛頌)
   2) 확암선사 심우송(廓庵禪師 尋牛頌)
   3) 우익지욱선사 백우십송(藕益智旭禪師 白牛十頌)
   4) 학담시자 심우송(鶴潭侍者 尋牛頌)

간화선의 수행문에서는 공안을 타파하여 심지를 밝힌 뒤 그 성품이 흰 연꽃처럼 물듦 없을 때, 산을 나와 중생의 근기 따라 한량 없는 교화행을 펼치라고 말한다.

그러나 산 말귀 보는 첫 자리가 곧 구경각의 자리라, 구경의 과덕이 초발심 행자의 첫 믿음의 마음에 이미 현전해 있다면, 산 말귀 보는 한 생각이 생각 없음을 아는 곳이 푸른 산에 돌아가는 소식이고, 산 말귀 보는 한 생각이 생각 아닌 생각으로 현전하는 곳이 푸른 산을 떠나지 않고 세간 고통의 땅에 돌아오는 소식이다.

대승선사(大乘禪師)는 첫 마음 일으키는 곳에서 이미 구경 과덕의 땅〔究竟果地〕에 서서 닦음 없는 닦음을 일으키는 자이다. 그러므로 대승선사는 생각 생각 온전히 늘 법계에 돌아가는 자이자 걸음걸음 늘 온전히 세간에 돌아오는 자이며, 온전한 성품이 닦음을 일으키고〔全性起修〕 온전한 닦음이 곧 성품이 되는〔全修卽性〕 자이다.

중생 번뇌의 땅에서 여래의 구경각까지의 실천과정이 중생의 이즉〔衆生理卽〕으로부터 문자즉(文字卽) 관행즉(觀行卽) 상사즉(相似卽) 분증즉(分證卽) 구경즉(究竟卽)까지 '여섯 가지 같으면서 다른 지위〔六卽位〕'로 분별되나, 여섯 가지 다름〔六位〕이 이미 같음〔卽〕이니 어찌 번뇌를 끊고 보리를 얻을 것이며 탐욕을 끊고 열반을 얻을 것인가.

그 길은 오직 법계인 닦음으로 걸음걸음이 본디 법계임을 증험하는 길이니, 간화(看話)의 선수행자는 한 번 살펴볼 일이다.

1. 밑 없는 배를 타고 흐름을 따라

- 고담화상법어(古潭和尙法語)

> 고담화상(古潭和尙)은 고려 선사 만항(萬恒)으로 조계산 수선사 천영(天英)의 법사(法嗣)이다.
>
> 충렬왕의 초청으로 삼장사(三藏社)에 들어가 머물렀으며, 운흥사(雲興寺) 선원사(禪源社) 등에서 대중을 교화하니 제자의 숫자가 기백여인에 달했다.
>
> 몽산덕이선사가 그의 문게(文偈)를 찬탄하며 고담(古潭)이라는 법호를 내렸다 한다.
>
> 충선왕 때 '가르침 밖에 따로 전한 선종의 종주로 조사의 법등을 다시 이은 묘명존자〔別傳宗主 重續祖燈 妙明尊者〕'라는 호를 받았으며, 충숙왕 때 세수 71세로 입적하니 선사의 탑에 '혜감국사광조지탑(慧鑑國師廣照之塔)'이라는 이름을 내렸다.
>
> 본 고담선사법어는 간화선의 공부 지어가는 법과 깨친 뒤의 행리사(行履事)를 아름다움 게문으로 간명하게 지시해주고 있다.

○ 한 생각이 만년 되도록 살피고 또 살펴

만약 참선하려 하면 많은 말이 필요 없으니
조주의 없다는 글자를 생각 생각 서로 이어
가고 머물고 앉고 누움에 늘 눈앞에 마주 하라.
금강같은 뜻을 떨쳐 한 생각이 만년이 되도록

빛을 돌려 돌이켜 비추며 살피고 다시 살펴보라.

若欲參禪 不用多言 趙州無字 念念相連
行住坐臥 相對目前 奮金剛志 一念萬年
廻光返照 察而復觀

어둡게 가라앉음과 흩어져 어지러움에
힘을 더해 채찍 더하고 천 번 갈고 만 번 두들기면
더욱더 새로워지리라. 날이 오래되고 달이 깊어져
촘촘하게 사이 없고 서로 이어 끊어짐 없으면
들지 않아도 저절로 들림이 마치 흐르는 샘물 같아
마음이 공하고 경계 고요해 즐겁고 편안해지리라.

昏沈散亂 盡力加鞭 千磨萬鍊 轉轉新鮮
日久月深 密密綿綿 不擧自擧 亦如流泉
心空境寂 快樂安然

선과 악의 마가 오면 놀라거나 기뻐 말라.
마음으로 미워하고 사랑함을 내게 되면
바름을 잃어버리고 뒤바뀜을 내게 되니
뜻 세움이 산과 같고 마음 편함 바다 같으면
큰 지혜 해와 같아 삼천계를 널리 비치리.

善惡魔來 莫懼莫歡 心生憎愛 失正成顚
立志如山 安心似海 大智如日 普照三千

○ 미혹 구름 흩어져 다하면

미혹 구름 흩어져 다하면 만리 푸른 하늘에
한 가을 보배달이 맑고 맑아 바닥까지 맑으리라.
허공이 불꽃 내고 바다 밑에서 연기 나면
갑자기 맷돌 맞듯 겹친 현묘함 깨뜨리고
조사의 공안을 한 코에 다 꿰뚫으며
모든 부처님 묘한 이치 원만하지 못함 없으리.

迷雲散盡 萬里靑天 中秋寶月 湛徹澄源
虛空發焰 海底生烟 驀然磕着 打破重玄
祖師公案 一串都穿 諸佛妙理 無不周圓

○ 밝은 스승이 너를 허락하면

이러한 때가 되면 일찍 높은 스승 찾아가
깨친 기틀 그 맛을 온전하게 굴리어서
치우침도 없고 바름도 없도록 하여
밝은 스승이 너를 허락하면 다시 숲에 들어가
띠집 암자 흙집에서 괴로움과 즐거움 연을 따르며
함이 없고 툭 트여 걸림이 없으면
성품이 마치 흰 연꽃과 같아지리라.

到伊麼時 早訪高玄 機味完轉 無正無偏
明師許爾 再入林巒 茅庵土洞 苦樂隨緣
無爲蕩蕩 性若白蓮

○ 때가 되면 산을 나와

때가 되면 산을 나와 밑없는 배를 타고
흐름 따라 묘함 얻어 널리 사람 하늘 건져내
깨달음의 저 언덕에 모두 같이 올라가
부처님의 위없는 도 같이 증득할지니라.

時至出山 駕無底船 隨流得妙
廣度人天 俱登覺岸 同證金仙

2. 소를 찾는 노래〔尋牛頌〕

1) 보명선사 목우송(普明禪師 牧牛頌)

> 보명선사(普明禪師)의 소치는 노래는 중생의 물든 마음, 주·객이 대립하는 생활을 돌이켜 해탈의 활동으로 돌이키는 과정을 노래하고 있다. 보명선사에 대해서는 운서주굉(雲棲株宏)선사의 서문에도 '보명이 어떤 사람인지 알지 못하고 또한 머문 도량이 어느 곳인지도 모른다'고 하였다. 이미 보명이 누구인지 알지 못하니 소 치는 그림〔牧牛圖〕 또한 어느 한 사람이 지은 것인지, 전래된 그림에 노래를 붙여 온 것인지 알 수 없다.

학담 서문

소 치는 노래〔牧牛頌〕에서 노래에 상응한 소의 그림은 처음 온전히 검은 소로 출발하여 '내 맡겨둠〔任運〕'의 지위에서 흰 소로 바뀌며, '홀로 비춤〔獨照〕'에 이르러 소가 사라지고 '모두 잊음'에서 소와 사람이 모두 없어진다.

이 때 소는 인식 주체와 대상이 겹쳐지는 생활의 장이며, 검은 빛은 그 생활이 물들고 닫혀지며 주체와 대상이 실체적 대립으로 갈등함을 나타낸다. 검은 소가 다시 희어짐은 생활 가운데 물듦과 갈등이 정화됨을 나타낸다.

다시 생활 가운데 구하는 바 대상의 실체성이 사라질 때 살피는 지혜가 홀로 드러나지만, 그 지혜마저 다해야 주·객의 실체성이 완전히 사라진 곳에서 해탈이 구현되므로 구경처를 '모두 잊음〔雙泯〕'으로 표현하고 있다.

  모두 잊는 곳은 새로이 얻는 곳이 아니라, 주객의 실체성이 참으로 다해 주·객의 모습 아닌 참모습이 온전히 드러나는 곳이다.

○ 길들여지지 않음〔未牧〕

사나운 뿔 내두르고 울부짖으며
골짜기와 산을 마구 내달려 가나
갈 길은 더욱 더욱 멀어만 가네.
한 조각 먹구름 골 어귀 가리니
내달리는 저 소의 걸음 걸음이
좋은 싹 밟는 줄을 뉘라서 알리.

猙獰頭角恣咆哮 犇走溪山路轉遠
一片黑雲橫谷口 誰知步步犯佳苗

○ 다스려 감〔初調〕

내게 있는 고삐줄로 코를 꿰뚫어
한 번씩 머리 돌려 달릴 때마다
아프게 채찍질을 더욱 더하네.
지금껏 거친 성질 누르지 못해
소 치는 아이 힘을 다해 고삐줄 끄네.

我有芒繩驀鼻穿　一迴奔競痛加鞭
從來劣性難調制　猶得山童盡力牽

○ 다스려짐〔受制〕

점점 더욱 길들어져 내달림 쉬니
물 건너고 구름 뚫어 헤쳐 나감에
걸음 걸음 나의 뜻을 따라 주도다.
고삐줄 손에 쥐고 늦춤 없으니
소 치는 아이 하루 날이 다하도록
스스로 지쳐 괴로움 잊어버렸네.

漸調漸伏息奔馳　渡水穿雲步步隨
手把芒繩無所緩　牧童終日自忘疲

○ 머리 돌림〔回首〕

날로 더욱 다스리는 공이 깊어져
비로소 바로 머리 돌리게 되니
뒤바뀌고 미친 마음 길들여지네.
소치는 아이 아직 다 믿을 수 없어
고삐줄 굳게 잡아 매어 두도다.

日久功深始轉頭　顚狂心力漸調柔
山童未肯全相許　猶把芒繩且繫留

○ 편히 따름〔馴伏〕

푸른 버들 그늘 밑 옛 시냇가에
풀 뜯는 소 놓아 주고 거두어 옴에
스스로 그렇듯이 한가로웁네.
날 저물자 푸른 구름 향그런 풀밭
소 치는 이 돌아갈 때 끌 일 없어라.

綠楊陰下古溪邊　放去收來得自然
日暮碧雲芳草地　牧童歸去不須牽

○ 걸림 없음〔無礙〕

한 데서 편안히 누워서 자니
그 뜻이 저절로 한결같아서
채찍질을 안해도 늘 매임 없도다.
소치는 아이 푸른 솔 밑 편히 앉아
한 가락 노래 불러 여유 즐기네.

露地安眠意自如　不勞鞭策永無拘
山童穩坐靑松下　一曲昇平樂有餘

○ 내 맡겨둠〔任運〕

버들 언덕 봄물결의 저녁 빛 속에
맑은 연기 향그런 풀 우거졌는데
배고프면 밥 먹고 목 마르면 마셔
때를 따라 느긋하게 지내가나니
돌 위에 누워 있는 소 치는 아이

마침 바로 단잠이 꼬박 들었네.

柳岸春波夕照中　淡煙芳草綠茸茸
饑飡渴飮隨時過　石上山童睡正濃

○ 서로 잊음〔相忘〕

흰 소는 늘 흰 구름 속에 있어서
사람이 제 스스로 무심하다면
소도 또한 한가지로 무심하리라.
흰 구름에 달 비치면 구름도 희니
흰 구름과 구름을 비치는 저 달
동과 서로 자유롭게 오고 가도다.

白牛常在白雲中　人自無心牛亦同
月透白雲雲影白　白雲明月任西東

○ 홀로 비춤〔獨照〕

소는 없고 소 친 이만 한가로운데
하늘에 한 조각 외로운 구름만
푸른 산봉우리 사이에 걸렸네.
달 밝은 밤 손뼉 치고 노래하면서
돌아오니 한 겹 빗장 남아 있도다.

牛兒無處牧童閑　一片孤雲碧嶂間
拍手高歌明月下　歸來猶有一重關

○ 모두 잊음〔雙泯〕

사람과 소 자취 없어 볼 수 없는데
밝은 달빛 만상 머금어 공하도다.
그 가운데 바른 뜻을 만약 물으면
들꽃 향풀 절로 우거졌다고 하리.

人牛不見杳無蹤　明月光含萬象空
若問其中端的意　野化芳草自叢叢

2) 확암선사 심우송(廓庵禪師 尋牛頌)

> 확암(廓庵)선사의 소 찾는 노래에서 소는 중생의 망념 속에서 회복해야 할 법계진리, 구현해야 할 보리반야, 망념 속에 물듦 없는 자성청정심(自性淸淨心)을 비유한 것이다.
>
> 확암선사에 대해서도 어떤 분인지를 보이는 확실한 출처가 보이지 않고, 송대 확암사원(廓庵師遠)선사라고만 나오고 있다. 다른 문헌에서는 양산(梁山) 확암측화상(廓庵則和尙)이라고 되어 있고, 자원(慈遠)의 서문에서도 측공선사(則公禪師)라고 되어 있다.
>
> 우익지욱선사(藕益智旭禪師)의 '흰 소에 관한 열 가지 노래〔白牛十頌〕'는 기존의 목우송과 심우송에 일정한 비판을 가하며 천태선사의 육즉위설(六卽位說)에 맞추어 독창적인 노래를 지어 붙인 것이다.
>
> 학담의 심우송은 지욱선사의 백우송에 격발 받아 초발심보살의 신심을 다지기 위해 지은 노래지만, 다시 확암의 심우송에 돌아가 심우도와 천태 육즉위설을 결합해 다시 노래한 것이다.

학담 서문

보명선사의 소가 망심(妄心)인 중생의 생활을 뜻하므로 검은 소에서 출발한다면, 확암선사의 소 찾는 노래에서 소는 살펴 회복해야 할 참마음〔眞心〕이므로 흰 소〔白牛〕에서 출발한다. 그러나 본래 잃은 바가 없는데 어디서 새로이 찾음이 있을 것인가. 그 찾아야 할 바도 허깨비와 같으며 찾는 행도 또한 허깨비 같은 삼매〔如幻三昧〕일 뿐이다.

맨 처음 나고 죽음 속에서 헤매는 중생[衆生卽]이 찾아 구하고 살피는바 진리[所觀理]를 소로써 나타내니, 경전의 가르침이나 선지식의 말을 듣고 문자로 소에 대해 듣고 소를 아는 것[文字卽]이 소 자취를 봄이고, 거기서 행을 일으켜 참마음을 돌이켜 가는 것[觀行卽]은 소를 봄이다. 소를 얻고 소를 먹임은 깨달음에 가까움[相似卽]이며, 깨달음을 얻었으되 깨친 지혜가 있고 아직 청정의 자취가 남아 있음은 온전치 못한 깨달음[分證卽]의 지위니, 소를 타고 집에 옴이고 소를 잊었지만 사람이 남아 있음[忘牛存人]이다.

능히 깨침과 깨치는 바의 자취가 모두 사라져야[境智俱亡] 참된 깨달음에 복귀함이나, 아직 사람과 소 잊음의 자취가 있다면 구경의 깨달음[究竟卽]이 되지 못한다. 사람과 소 모두 잊고 잊음의 자취까지 다할 때 본원에 돌아감[返本還源]이니 곧 구경각의 근본지이고, 법계의 근본지에서 차별지를 일으킴 없이 일으키면 보현의 만행이니 저자에 들어 중생을 교화함이다.

그러나 원래 흰 소를 잃은 바가 없었으니 어디서 다시 얻을 것이며, 망념이 본래 난 바가 없으니 어찌 망념을 끊고 깨달음을 얻을 것인가. 살피고 살펴야 하리라.

자원(慈遠) 확암선사 십우도송서(十牛圖頌序)

대저 모든 부처님들의 참된 본원은 중생에게 본래 있다. 다만 미혹으로 인해 삼계(三界)에 빠져 물든 것이며, 깨달음으로 인해 네 가지 생[四生]을 단박 벗어나는 것이다. 그러므로 모든 부처님도 이루어질 수 있게 되고 중생도 지을 수 있게 된다.

그러므로 앞 성현은 자비로 슬피 여겨 널리 여러 길을 베푸시니,

보이는 바 진리에는 치우침과 두렷함을 나타내고, 보이는 가르침에는 단박 깨우침과 점차 깨우침을 일으켜, 거침을 좇아 가늚에 미치고 얕음으로부터 깊음에 이르렀다. 맨 끝에 눈 깜빡할 사이에 푸른 연꽃으로 가섭두타의 미소를 이끌었으니, 정법안장(正法眼藏)이 이로부터 하늘과 사람세상, 이곳과 다른 세계에 유통하였다.

그 진리를 얻으면 종(宗)을 넘고 틀〔格〕을 벗어나 마치 새의 길이 발자취가 없음과 같으나, 그 사법을 얻으면 말귀에 걸리고 말에 헤매 마치 신령한 거북이가 꼬리를 끄는 것과 같다.73)

근래에 청거선사(淸居禪師)가 있어서 중생의 근기를 살펴 병에 따라 처방을 베풀어, 소 침〔牧牛〕으로 그림을 그려 근기에 따라 가르침을 베풀었다.

처음 점차 희어짐〔漸白〕을 좇아 역량이 채워지지 않음을 나타내고, 다음 온전히 희어짐〔純眞〕에 이르러 근기가 점차 비추게 됨을 나타내며, 사람과 소 보지 않음에 이르러서야 짐짓 '마음과 법이 모두 없어짐〔心法雙亡〕'을 나타내니, 그 진리는 이미 근원을 다했지만 그 법은 오히려 풀 삿갓을 두고 있다.

그리하여 낮은 근기들로 하여금 의심해 그릇되게 하고, 가운데와 아래 근기들이 어지럽게 해, 어떤 이는 이를 공해 없어짐에 떨어지는 것〔落空亡〕이라 의심하고, 어떤 이는 늘 있음의 견해에 떨어짐〔墮常見〕이라 말한다.74)

---

73) 夫諸佛眞源 衆生本有 因迷也沈淪三界 因悟也頓出四生 所以有諸佛而可成 有衆生而可作

是故 先賢悲憫 廣設多途 理出偏圓 敎興頓漸 從麤及細 自淺至深 末後目瞬靑蓮 引得頭陀微笑 正法眼藏 自此流通 天上人間 此方他界 得其理也 超宗越格 如鳥道而無蹤跡 得其事也 滯句迷言 若靈龜而曳尾

지금 측공선사(則公禪師)를 살피니 앞 현인의 모범을 헤아려 자기 가슴 속 뜻을 나타내 열 가지 노래를 아름답게 엮으니, 빛이 섞이어 서로 비춘다.
처음 잃은 곳〔失處〕을 좇아, 끝에 근원 돌아감〔還源〕에 이르도록 잘 못 근기에 따라줌이 배고픔과 목마름을 건져내줌과 같다.75)

자원(慈遠)이 이로써 묘한 뜻을 찾고 그윽하고 미묘함을 가려 모으니, 해파리〔水母〕가 먹이를 찾는데 바다 새우를 의지해 눈〔目〕을 삼는 것과 같다.
그러나 처음 '소를 찾음〔尋牛〕'에서 끝의 '저자 들어감〔入廛〕'에 이르도록 억지로 물결을 일으키고 함부로 머리뿔을 낸 것이다. 오히려 찾을 마음도 없는데 어찌 찾을 소가 있을 것이며, '저자 들어감〔入廛〕'에 이르기까지 이 무슨 마와 도깨비 짓인가.
하물며 이 조상의 사당도 알지 못함이라 재앙이 후손에까지 미치리라.
황당스러움을 살피지 않고 시험삼아 들어 말해본다.76)

---

74) 間有淸居禪師 觀衆生之根機 應病施方 作牧牛以爲圖 隨機設敎 初從漸白顯 力量之未充 次至純眞 表根機之漸照 乃至人牛不見故 標心法雙亡 其理也已盡根源 其法也尙存莎笠 遂使淺根疑誤 中下紛紜 或疑之落空亡也 或喚作墮常見

75) 今觀則公禪師 擬前賢之模範 出自己之胸襟 十頌佳篇 交光相映 初從失處 終至還源 善應群機 如救飢渴

76) 慈遠是以探尋妙義 採拾玄微 如水母以尋餐 依海蝦而爲目 初自尋牛 終至入廛 强起波瀾 橫生頭角 尙無心而可覓 何有牛而可尋 泊至入廛 是何魔魅 況是祖禰不了 殃及兒孫 不揆荒唐 試爲提唱

○ 소 찾아감〔尋牛〕

풀 이

본래부터 잃지 않았는데
무엇하러 쫓아가 찾는가.
깨달음을 등져 동떨어짐 이루고
티끌경계에 있게 되어 잃게 되었네.
집의 산은 점점 멀어지고
갈림길에 갑자기 어긋나니
얻고 잃음이 불꽃 일듯하고
옳고 그름이 벌처럼 일어나네.

從來不失 何用追尋
由背覺以成疏 在向塵而遂失
家山漸遠 岐路俄差
得失熾然 是非鋒起

노 래〔頌〕

아득하게 풀을 헤쳐 찾아 가지만
물 넓고 산은 멀며 길은 또 깊어
힘 다하고 마음 지쳐 찾을 곳 없는데
단풍나무에 저녁 매미 울음 들리네.

茫茫撥草去追尋　水闊山遙路更尋
力盡神疲無覓處　但聞楓樹晩蟬吟

○ 자취를 봄〔見跡〕

풀 이

경을 의지해 뜻을 알고
가르침을 보고 자취를 알아
뭇 그릇이 한 금임을 밝히고
만 가지 것 자기임을 체달하네.
바르고 삿됨 못 가리면
참과 거짓 어찌 분별하리.
아직 이 문에 들지 못했으니
방편으로 자취 봄을 삼도다.

依經解義 閱敎知蹤
明衆器爲一金 體萬物爲自己
正邪不辯 眞僞奚分
未入斯門 權爲見跡

노 래〔頌〕

물가 나무 아래 소 발자취 많은데
향기로운 풀 헤치고 그를 보는가.
비록 깊은 산의 더욱 깊은 곳이나
하늘 뚫는 콧구멍 어찌 그를 감추리.

水邊林下跡偏多　芳草離披見也麽
縱是深山更深處　遼天鼻孔怎藏他

○ 소를 봄〔見牛〕

풀 이

소리 따라 들어가면
보는 곳마다 근원을 만나
여섯 근의 문 닿음마다 다름이 없고
움직여 씀 속에 머리마다 드러나네.
물 가운데 짠 맛이요
빛깔 속에 아교풀이니
눈을 떠 눈썹털 올리니
다른 물건 아니로다.

從聲得入 見處逢原
六根門著著無差 動用中頭頭顯露
水中鹽味 色裏膠靑
眨上眉毛 非是他物

노 래〔頌〕

가지 위에 노란 꾀꼬리 우짖는데
날은 따뜻하고 바람 부드러우며
언덕 위의 버들은 더욱 푸르네.
다만 여기 다시 돌려 피할 수 없는 곳
우거진 숲 솟은 뿔을 그릴 수 없네.

黃鸎枝上一聲聲　日暖風和岸柳靑
只此更無回避處　森森頭角畵難成

○ 소를 얻음〔得牛〕

풀 이

오래도록 들판 숲에 묻혀 있어서
오늘에야 비로소 그를 만나네.
경계 빼어나 따르기는 어렵고
향기로운 수풀 그리워함 마치지 않아
어두운 마음 오히려 용맹스럽고
거친 성품 아직도 남아 있도다.
부드럽게 길들어짐 얻고자 하면
반드시 채찍질을 더해야 하네.

久埋郊外 今日逢渠
由境勝以難追 戀芳叢而不已
頑心尙勇 野性猶存
欲得純和 必加鞭楚

노 래〔頌〕

온 정신을 다하여 그를 얻었지만
마음 강하고 힘이 세 없앨 수 없네.
때로 겨우 높은 언덕 이르렀으나
연기 구름 깊은 곳에 다시 들도다.

竭盡精神獲得渠　心强力壯卒難除
有時纔到高原上　又入煙雲深處居

제4장 때가 되면 산을 나와〔時至出山〕 115

○ 소를 먹임〔牧牛〕

풀 이

앞의 생각 일어나자마자
뒤의 생각 서로 따르나
깨달으므로 참됨 이루고
미혹함에 있으면 허망함 되네.
경계로 말미암아 있음 아니고
오직 스스로의 마음이 나니
소의 고삐줄 바짝 끌어서
헤아려 말함 용납지 말라.

前思纔起 後念相隨
由覺故以成眞 在迷故而爲妄
不唯由境有 惟自心生
鼻索牢牽 不容擬議

노 래〔頌〕

채찍 줄이 때때로 몸 안 떠나는 건
저가 들떠 티끌 들까 꺼려함이네.
서로 따라 다스려서 부드러움에
고삐를 묶어두지 아니하여도
소가 저절로 사람 좇아 따르네.

鞭索時時不離身　恐伊縱步入埃塵
相將牧得純和也　羈鎖無拘自逐人

○ 소 타고 집에 옴〔騎牛歸家〕

풀 이

방패와 창 이미 끝나니
얻고 잃음 도로 공하네.
꼴 베는 아이 마을노래 부르고
어린아이 들노래를 불어대는데
몸은 소위에 가로 누웠고
눈은 구름 끝 하늘을 보네.
소리쳐 불러도 돌아보지 않고
삿갓을 잡아 끌어도 멈추지 않네.

干戈已罷 得失還無
唱樵子之村歌 吹兒童之野曲
橫身牛上 目視雲霄
呼喚不回 撈籠不住

노 래〔頌〕

소를 타고 긴 길 따라 집에 가려고
아름다운 젓대의 소리 소리로
해질 무렵 저녁놀을 떠나보내네.
한 박자 한 가락이 끝없는 뜻이니
소리를 아는 이가 어찌해서 꼭
입술 이빨 두드려서 소리 낼 건가.

騎牛迤邐欲還家　美笛聲聲送晚霞

제4장 때가 되면 산을 나와〔時至出山〕 117

一拍一歌無限意　知音何必鼓脣牙

○ 소를 잊고 사람만 둠〔忘牛存人〕

풀 이
법에는 두 법이 없는데
소를 가리켜 종을 삼으니
토끼 잡는 덫의 다른 이름 나타내고
물고기 잡는 통발의 차별 드러내네.
금이 광석에서 나옴과 같고
달이 구름을 떠남 같으니
한 길의 차가운 빛은
위음왕 겁 밖의 소식이로다.

法無二法　牛目爲宗
喩蹄兎之異名　顯筌魚之差別
如金出礦　似月離雲
一道寒光　威音劫外

노 래〔頌〕
소를 타고 이미 집의 산에 이르니
소는 없고 사람만이 한가로웁네.
장대 끝에 붉은 해가 높이 뜬 때에
오히려 잠자면서 꿈을 꾸나니
소 때리는 채찍줄 버려 없앰에
초가집만 고요히 한가롭도다.

騎牛已得到家山　牛也空兮人也閑
紅日三竿猶作夢　鞭繩空頓草堂閑

○ 소와 사람을 함께 잊음〔人牛俱忘〕

풀 이

범부의 뜻이 빠져 떨어지니
성인의 뜻도 다 공하도다.
부처 있는 곳에도 노닐지 말고
부처 없는 곳에도 빨리 지나가서
두 머리에 집착하지 않으니
천 눈으로 엿볼 수 없네.
백 마리 새가 꽃을 물어옴도
한바탕 마라의 꿈이로다.

凡情脫落　聖意皆空
有佛處不用遨遊　無佛處急須走過
兩頭不著　千眼難窺
百鳥含花　一場懡㦬

노 래〔頌〕

채찍과 사람과 소 모두 공하니
푸른 하늘 아득히 멀고 넓어도
소식을 통하기 어려웁도다.
활활 타는 붉은 화롯불 그 위에서
어찌 눈을 가져다 녹일 수 있나.

제4장 때가 되면 산을 나와〔時至出山〕 119

이와 같이 분별 없는 곳 이르러야
바야흐로 조사종지 계합하리라.

鞭索人牛盡屬空　碧天遼闊信難通
紅爐焰上爭溶雪　到此方能合祖宗

○ 본바탕에 돌아감〔返本還源〕

풀 이

본래에 맑고 깨끗하여
한 티끌도 받지 않으니
모습이 피어나고 마름 있음을 살펴
함이 없음의 엉겨 고요함에 머무르네.
헛깨비의 변화와 같지 않나니
어찌 닦아 다스림을 빌 것인가.
물은 맑고 산은 푸르니
앉아서 이루어지고 사라짐 보네.

本來淸淨 不受一塵
觀有相之榮枯 處無爲之凝寂
不同幻化 豈假修治
水綠山靑 坐觀成敗

노 래〔頌〕

본바탕에 돌아가려 공을 썼지만
어찌 바로 앞 못 보는 봉사가 되고

귀머거리처럼 됨과 같을 것인가.
암자에서 암자 앞의 물건 안보니
흐르는 물 아득히 저절로 흐르고
꽃은 스스로 붉게 피어 있도다.

返本還源已費功　爭如直下若盲聾
庵中不見庵前物　水自茫茫花自紅

○ 손을 내리고 저자에 들어〔入鄽垂手〕

풀 이

자주빛 대문 홀로 닫으면
천 성인도 알지 못하나
자기의 바람과 빛을 파묻으면
앞 성인의 발자취를 등지네.
표주박 들고 저자에 들고
지팡이 짚고 집에 돌아오니
술집 가고 낚시질하며
교화해 부처를 이루게 하네.

柴門獨掩　千聖不知
埋自己之風光　負前賢之途轍
提瓢入市　策杖還家
酒肆魚行　化令成佛

노 래〔頌〕

제4장 때가 되면 산을 나와 〔時至出山〕

가슴 헤쳐 맨발로 저자에 들어
흙 바르고 먼지를 온통 둘러써도
기쁜 웃음 그 뺨에 가득하나니
신선의 참된 비결 쓰지 않고도
마른 나무 바로 꽃이 피게 하도다.

露胸跣足入廛來　抹土塗灰笑滿顋
不用神仙眞秘訣　直敎枯木放花開

3) 우익지욱선사 백우십송(藕益智旭禪師 白牛十頌)

중국 명대 말엽〔明末〕 고승 우익지욱선사는 평생 여래선(如來禪)과 조사선(祖師禪)의 회통과 선·교·율·정토(禪·敎·律·淨土) 여러 문헌의 주석에 일생을 바친 대선사이다.

본 백우십송(白牛十頌)은 천태의 육즉위설(六卽位說)을 소 찾는 노래로 다시 표현한 것이므로 기존의 그림과 노래와는 달리 소 잃음〔失牛〕에서 시작하여 저자에 들어감〔入廛〕의 열 가지 노래로 되어 있다.

선사는 종론(宗論)에서 다음 같이 말한다.

"옛적에 두 개의 소 치는 그림〔牧牛圖〕이 세상에 행해졌는데, 하나는 길들지 않음〔未牧〕으로부터 소와 사람이 모두 없어짐〔雙泯〕에 이르름까지 그림을 삼았다. 열 가지 소〔十牛〕는 검은 빛에서 점차 희어져 없어짐에 이른다. 하나는 소 찾음〔尋牛〕으로부터 저자에 들어감〔入廛〕까지 그림을 삼았다. 또한 열 가지 소〔十牛〕는 처음과 끝이 모두 흰 빛이다. 비록 크게는 같고 작은 부분이 다르다고 하지만 지취(旨趣)는 참으로 스스로 다르다. 선관(禪觀)의 겨를에 우연히 회통하고 점점 다시 확정해 열 가지 송〔十頌〕을 지었다. 이는 감히 옛 사람과 다름을 구하고자 함이 아니고, 스스로 한 바퀴자국〔一轍〕에 마음을 그윽히 하고자 바랄 뿐이다〔向有二種牧羊圖行世 一從未牧 至雙泯爲圖 十牛 自黑漸白 以至於無 一從尋牛至入廛爲圖 亦十牛 始終皆白 雖云大同小異 旨趣固自別矣 禪觀之暇 偶爲會通 稍稍更定 作十頌 非敢求異古人 冀自冥心一轍耳〕."

제4장 때가 되면 산을 나와〔時至出山〕 123

○ 소를 잃음〔失牛 : 理卽佛〕

흰 소는 원래 소 치는 아이 멀지 않는데
소 치는 아이 동쪽만 보니 어쩔 수 없네.
버들은 푸르고 복사꽃은 붉은데
헛되이 그리워하고 아까워하여
눈동자 모아 티끌 겁에 마냥 어리석도다.

白牛原不遠山童　無奈山童面向東
柳綠桃紅空戀惜　凝眸塵劫好懵懵

○ 소를 찾음〔尋牛 : 名字卽佛〕

주인이 홀연히 소 있는 곳을 묻지만
소 치는 아이 머리 돌려 찾으나 아득함에
어느 곳에서 잃은 소를 다시 구해 찾으리.
오는 사람 가는 길 가르쳐줌 의지하니
흰 소는 분명하게 서쪽 끝에 있도다.

主人忽問牧童牛　回首茫茫何處求
賴有來人指往路　白牛端的在西頭

○ 자취를 봄〔見迹 : 觀行卽佛〕

곧바로 쫓아 찾아감에 길은 차츰 서쪽인데
거친 들판 밟아가니 바로 소 발자국이네.
한 번 돌려 우러러보고 바른 뜻 알았으니

걸음 닿는 대로 앞길 가되 다시 헤매지 않네.

驀直追尋路漸西　荒原踏破是牛蹄
一回瞻視知端的　信步前行不復迷

○ 소를 봄〔見牛 : 相似卽佛〕

옆으로 아흔여섯 마을을 뚫고 지나며
흰 소가 빈 땅에 웅크려 앉음 홀연히 보네.
이 발 뿌리를 좇아 가볍고 시원하나니
설사 기운이 급한들 반드시 논할 것 없네.

橫穿九十六煙村　忽覰牛王露地蹲
從此脚跟輕快也　假饒氣急不須論

○ 소를 얻음〔得牛 : 分證卽佛, 圓初發心住〕

물 다하고 산 다하도록 수고함 버리지 않고
밟아가 소 옆에 이르니 공이 이미 높도다.
까닭 없이 오래 이별했음 탄식했으나
지금에야 바야흐로 타고난 빛 알았도다.

水窮山盡不辭勞　趁到牛邊功已高
歎息無端成久別　而今方得解天彛

○ 소를 침〔護牧 : 分證卽佛, 圓十行〕

설산의 향기로운 풀 매우 달고 기름지나
맑고 차게 흐르는 샘 배고픔을 나아주니
곡식 싹과 들에 가득한 풀들 부러워 않고
한가로이 배가 불러 남은 빛을 지나네.

雪山香草甚甘肥　淸冷流泉可療饑
不羨稼苗盈野綠　悠然飽足度餘暉

○ 소를 타고 돌아감〔騎歸 : 分證卽佛, 圓十廻向〕

저녁 빛이 다해가 늦은 놀이 희미한데
길 따라 집에 가는데 채찍 휘두를 것 없어라.
남이 없는 한 노래 가락 단소로 부는데
남은 빛이 저절로 뜨락 문을 비추도다.

夕陽將盡晚霞稀　就路還家不用揮
一曲無生吹短笛　餘暉猶自照庭闈

○ 소를 잊음〔忘牛 : 分證卽佛, 圓十地〕

흰 소는 어느 곳인들 본래 자취가 없는데
소 치는 이 달 밝은 봉우리에 높이 노래하네.
만 가지 것 빛 머금고 가을 서리 차가운데
계수나무 가지는 저절로 겹치고 겹치네.

白牛何處本無踪　牧豎高歌明月峰
萬象光含秋露冷　桂枝猶自影重重

○ 함께 없앰〔雙泯 : 究竟卽佛之根本智〕

미륵이 손가락 튕김에 누각 문이 열리니
그 당시에 웃고 있는 작은 선재로다.
안개물 어린 백 개의 성 헛되이 거쳐 왔는데
사람과 소 자취 끊어져 맨 처음을 꿈꾸네.

逸多彈指閣門開　笑殺當年小善財
煙水百城空自歷　人牛絶迹夢初回

○ 저자에 들어감〔入廛, 究竟卽佛之後得智〕

어렴풋한 그 어느 곳 사람과 소 드러나니
손 내리고 서로 끌어 저자에 가 노니네.
사람과 소 옛날과 같은가 감히 물어보나니
어떻게 사람이 흰 소 잃음이 없을 것이며
또한 사람이 소 구함 없겠는가 답하네.

依稀何處現人牛　垂手相將入市遊
借問人牛還似昔　云何無失亦無求

4) 학담시자 심우송(鶴潭侍者 尋牛頌)

학담(鶴潭)은 우리불교 근세고승 용성진종선사(龍城震鍾禪師)의 선문(禪門)으로 출가하여 용성 문하 선장(禪匠)들로부터 간화선법(看話禪法)을 지도받았다.

그러다가 중국 천태조사 남악혜사선사(南嶽慧思禪師)의 발원문과 법화안락행의(法華安樂行義)를 읽고 대승서원과 중도의 지견을 세웠다. 30대 중반 무등산 규봉암에서 혜사선사의 「대승지관(大乘止觀)』을, 중국 근세 천태교관의 대종장 제한고허법사(諦閑古虛法師)의 술기(述記)를 의거해 읽고서, 선종의 법통주의에 비판적 시각을 갖게 되었다.

그리하여 명말 우익지욱선사(藕益智旭禪師)의 종(宗)과 교(敎)를 쌍차하고 쌍조하여〔雙遮雙照〕여래선과 조사선을 회통하는 선관에 깊은 믿음을 갖게 되었다. 본 심우송 또한 천태 육즉위(六卽位)와 심우송(尋牛頌)을 회통한 지욱선사의 송을 보고 격발 받아 지은 노래이다.

자백진가선사(紫栢眞可禪師)의 풀이처럼 육즉위에서 여섯〔六〕은 물결이며 같음〔卽〕은 물이니, 물결이 온전히 물인 줄 알면 어디에 실로 얻고 잃음이 있고 끊음과 얻음이 있겠는가.

그러나 학담은 우익선사의 독창적 백우송과는 달리 다시 확암선사의 심우송에 돌아가 확암의 심우송과 육즉위를 다시 회통하므로 지욱선사의 백우십송과 육즉위를 배치함이 다르다.

곧 지욱선사가 사람과 소 모두 사라짐〔人牛雙泯〕을 구경즉위의 근본지에 연결함과 달리, 확암선사가 '사람과 소 모두 사라짐〔人牛俱亡〕' 다음에 '본원에 돌아감〔返本還源〕'을 설정한 입장에 따라, 반본환원을 구경각 근본지에 배치하고 '사람과 소 모두 사라짐〔人牛俱亡〕'을 아직 청정의 자취가 남아 있는 분증즉〔分證卽〕에 연결하였으며, '소 얻음〔得牛〕'을 분증즉에 연결한 지욱선사와 달리 상사즉위(相似卽位)에 연결하였다.

이는 지욱선사가 고인의 송에 대해 술회한 바처럼, 지욱선사의 뜻과 다름을 구하고자 함이 아니라, 확암과 지욱을 새롭게 회통하여 한 바퀴자국에 마음을 그윽히 하고자 바랄 따름인 것이다.

○ 소를 찾음〔尋牛 : 衆生理卽位〕

살피는 바 법계를 짐짓 소라고 이름하나
중생의 망상 속에 법계가 드러났네.
저 소 어찌 잃었으며 다시 어찌 찾으리
소 울음소리 오히려 푸른 산에 있도다.

所觀法界假名牛　衆生妄中法界現
牛兮何失復何覓　聲聲猶在靑山中

○ 발자국을 봄〔見跡 : 文字卽位〕

홀연히 눈 밝은 사람 가리켜 주니
소 치는 아이 머리 돌려 소 발자국 보네.
타는 듯한 망념 속이 옛 때의 사람이니
말함 듣고 깨쳐 알자 또 걸음 일으키네.

忽有明眼人指示　牧童廻首見牛跡
熾然妄中舊時人　聞說纔覺又起行

○ 소를 봄〔見牛 : 觀行卽位, 圓五品〕

소 발자국 따라 걸어 푸른 언덕 이르자
풀숲 속에 잠자는 한 소가 눈에 띄도다.
찾는 소가 분명하되 사람 마냥 맴도니
사람과 소 만났으나 아직 서로 떨어졌네.

隨跡起行到靑丘　認得一牛叢中睡
牛兮分明人徘廻　人牛相逢猶疏隔

○ 소를 얻음〔得牛 : 相似卽位, 圓十信六根淸淨位〕

고개 숙이고 얼굴 듦이 다른 것이 아니고
모습 모습 빛깔 빛깔 본래 비로자나로다.
소 치는 아이 고삐 쥐자 소가 남이 아니니
한 소를 잡아끌고 본래 집을 향하네.

低頭仰面非他物　形形色色本毘盧
牧童把繩牛非他　牽將一牛向本家

○ 소를 먹임〔牧牛 : 相似卽位, 圓十信滿〕

온갖 것 있음 아니고 또한 없음 아니니
내 마음에 경계 거둬 오직 마음인 줄 살피네.
내달리는 마음 쉬어 점차 조복됨이여
소 먹임 잘 이뤄져 남의 밭에 들지 않네.

萬像非有亦非無　攝境我心觀唯心
馳驅心息漸調伏　牧牛純熟不犯苗

○ 소를 타고 집에 옴〔騎牛歸家 : 分證卽位, 圓初發心住〕

경계가 다른 것 아니고 오직 마음이니

사람과 소 다툼 없이 한 몸과도 같아라.
소 치는 아이 소 위에 비스듬이 누워서
집에 와 한가로이 들노래 가락 부네.

境非他物唯自心　人牛不爭若一身
牛上牧童橫身臥　還家悠悠吹野曲

○ 소를 잊고 사람만 남음〔忘牛存人 : 分證卽位, 圓三賢位〕

한 빛깔 한 냄새도 중도 아님 없으니
곳곳에서 그를 만나고 곳곳이 고향이네.
붙잡을 코 없는 곳에 마음 절로 한가하여
낮잠 홀로 즐기다 일어나 읊조리네.

一色一香無非中　處處逢渠處處鄕
沒把鼻處心自閑　午睡自樂起來吟

○ 사람 소 모두 잊음〔人牛俱忘 : 分證卽位, 圓十聖位〕

줄 끝코 본래 없고 사람 또한 공하니
부처 있고 부처 없음 이는 무슨 물건인가.
툭 트여 성인 없고 중생 또한 없으니
위음왕 부처님 너머 저쪽 또 저쪽이네.

把鼻本無人亦空　有佛無佛是何物
廓然無聖無衆生　威音那畔又那畔

○ 본원에 돌아감〔返本還源 : 究竟卽位, 根本智〕

세간 속 온갖 여러 모습 있는 사법들이
본래 법자리에 머물러 늘 머무는 모습이네.
산 높고 물이 기니 법계의 흐름이요
꽃 붉고 버들 푸름은 법계의 빛이로다.

世間一切諸事法　本住法位常住相
山高水長法界流　花紅柳綠法界光

○ 저자에 들어감〔入廛垂午 : 究竟卽位, 差別智〕

법 이루고 법 깨뜨림이 본래 곧 열반이고
법 있음과 법 없음이 곧 바로 법계로다.
말과 나귀 보살 얼굴 나타내 중생 건지니
넓고도 큰 원의 구름 늘 다함 없어라.

成法破法本涅槃　有法無法卽法界
馬驢菩薩顔齊衆　廣大願雲恒不盡

제2부
산 말귀를 보아 의심을 결단하라 [看話決疑]

— 보조지눌선사(普照知訥禪師) 『간화결의론(看話決疑論)』

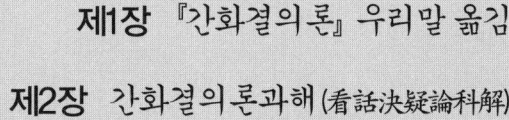

제1장 『간화결의론』 우리말 옮김

제2장 간화결의론과해(看話決疑論科解)

제1장

『간화결의론』 우리말 옮김

『간화결의론』 우리말 옮김

1. 화엄원교(華嚴圓敎)와 간화법(看話法)

1) 선문의 간화법을 물음

어떤 사람이 목우자(牧牛子)에게 물었다.
화엄교(華嚴敎)에 이미 법계의 걸림 없는 연기에 취하고 버릴 것이 없음을 밝혔는데, 무엇 때문에 선문(禪門)에서는 열 가지 병을 가리어 화두(話頭)를 봅니까.

2) 활구 참선문을 답함

(1) 열 가지 병

요즈음 거의 모든 배우는 무리들이 선문에서 화두를 참구하는 묘하고 비밀한 뜻을 알지 못하고 많이들 이러한 의심을 갖는다. 만약 참 성품의 연기〔眞性緣起〕에 대해 '뜻과 이치의 길〔義理分齊〕'을 논한다면 선학자가 어찌 이 열 가지 선병(禪病)이 바로 화엄의 법계연기와 같음을 알지 못할 것인가.
그러므로 경산대혜선사 또한 이렇게 말한다.
"지금껏 늘 알음알이〔知見〕가 많아서 깨달음을 구하는 마음이 앞에 있어서 장애를 이루어, 자기의 바른 지견이 앞에 나타날 수 없었다. 그러나 이 장애 또한 밖에서 온 것이 아니고 나의 삶 밖에 따로 있는 일이 아니다. 그렇다면 열 가지 병인들 어찌 가려 버릴 것이 있겠는가."

열 가지 병이라고 함은 깨달음을 구하는 마음으로 바탕을 삼는데, 이미 이 장애가 밖에서 온 것이 아니라 한다면 어디서 온 것인가. 또한 나의 삶 밖에 따로 있는 일이 아니라면 이것은 무슨 일인가.

이는 모든 것이 온전히 성품이 일으키는 덕임을 밝힌 것이다. 그러므로 교(敎) 가운데서도 '모든 장애가 구경의 깨달음이며 생각 얻음이나 생각 잃음이 해탈 아님이 없다'고 하니 바로 이것을 뜻한다.

그와 같이 이 뜻과 이치가 비록 가장 두렷하고 미묘하지만, 모두 다 알음알이와 뜻으로 들어서 알고 생각으로 헤아리는 것이므로, 선문의 화두를 참구하여 바로 끊어 깨쳐드는 문에서는 낱낱이 불법에 대해 알음알이 내는 병이라고 온전히 가려 버리는 것이다.

그러나 산 말귀인 '없다'는 한 글자는 한 덩이 불과 같아서 가까이 하면 얼굴[面門]을 태워버리므로 불법에 대한 알음알이 둘 곳이 없게 된다.

그러므로 '이 없다는 글자는 나쁜 앎과 나쁜 이해를 깨뜨리는 무기이다'라고 말한다. 그러나 만약 능히 깨뜨림과 깨뜨려지는 알음알이가 있고, 취하고 버리며 가려내고 뽑는 견해가 있으면, 완전히 이것은 말의 자취를 인정하여 그 마음을 뒤흔드는 것이니, 어찌 뜻을 얻어 참구하여 다만 산 말귀를 바로 잡아 끌어가는 자라고 이름하겠는가.

(2) 선문의 방편

 선문에도 또한 비밀하게 부쳐주는 법을 감당하지 못하여 교(敎)를 빌어 종지를 깨닫는 자를 위하여 참 성품의 연기〔眞性緣起〕인 사법과 사법이 걸림 없는 법〔事事無礙之法〕을 설함이 있다. 그것은 저 삼현문(三玄門)에서 첫 입문의 사람이 들어가는 '체 가운데 현묘함〔體中玄〕'에서 밝히고 있는바 '가없는 세계 가운데는 나와 네가 털끝만큼의 틈이 없고, 십세의 옛과 지금에는 비롯함과 마침이 현재의 한 생각을 여의지 않는다'고 함과 같으며, 또 '한 구절이 밝고 밝아 만상을 모두 싸안는다'고 말함이 바로 이것이다.

 선문 가운데도 이러한 원돈(圓頓)의 가르침으로 믿어 이해시키는 실다운 말씀들이 강가강 모래수처럼 많지만, 이를 죽은 말귀〔死句〕라 하는 것은 사람으로 하여금 알음알이의 장애를 내게 하기 때문이다.

 아울러 이것은 처음 마음을 내 배우는 이들이 바로 끊어드는 문〔徑截門〕의 산 말귀에 참구해갈 수 없으므로 참성품에 맞는 두렷한 말씀을 보여 그들로 하여금 불법을 믿어 이해하여 뒤로 물러나지 않도록 하기 위함이다.

(3) 바로 끊어드는 문〔徑截門〕

 만약 바로 근기 높은 수행자로서 비밀히 전한 법을 감당하여 집착의 둥지를 벗어버린 이라면, 바로 끊어드는 문〔徑截門〕의 맛없는 말을 듣기만 해도 알음알이의 병에 걸리지 않고 곧 말이 떨어지는 곳을 아니, 이를 '하나를 들으면 천을 깨달아 크나큰 총지를 얻는 이'라 말한다.

또 원돈의 가르침으로 믿어 이해하도록 하는 문을 잡아 보면, 이 열 가지 알음알이의 병 또한 참된 성품[眞性]에서 연기된 것이라 취하고 버릴 것이 없는 것이다. 그러나 원돈의 가르침은 말길과 뜻길이 있고 들어 풀이하고 헤아려 생각할 것이 있으므로, 처음 마음을 내 배우는 이들이 믿어 받아 받들어 지닐 수 있다.

만약 바로 끊어드는 문을 잡아 보면 마땅히 몸소 깨치는 곳에서 비밀히 계합하는 것이라 말길과 뜻길이 없고 들어 풀이하고 헤아려 생각함을 용납하지 않으므로, 비록 법계의 걸림 없는 연기의 이치라 하더라도 도리어 말하고 풀이하는 장애를 이루게 된다.

만약 근기 높은 큰 지혜가 아니라면 어찌 밝힐 수 있으며 어찌 꿰뚫을 수 있겠는가. 그러므로 여러 배우는 무리들이 의심하고 비방하게 되니 이치가 참으로 그럴 수밖에 없는 것이다.

또 선종(禪宗)에서 말을 배우는 이들이 이 화두를 논하는 데 두 가지 뜻이 있으니, 첫째 온전히 들어보이는 말[全提之語]이요, 둘째는 병을 깨뜨리는 말[破病之談]이다.

화두에서 미묘함을 알아 다만 한 생각을 바로 잡아 이끌어 공부를 짓는 이라면 도무지 온전히 들어보인다는 알음알이도 없는데, 하물며 병을 깨뜨린다는 생각을 들어 비밀한 뜻을 파묻어 버릴 것인가.

한 생각이라도 온전히 들어보인다느니 병을 깨뜨린다느니 하는 알음알이를 일으키면, 바로 뜻 뿌리 밑에서 헤아려 아는 병에 떨어지게 되니, 어찌 산 말귀를 참구하는 자가 될 수 있겠는가.

2. 알음알이의 장애〔知解之障碍〕

1) 지해(知解)에 관한 물음

어떤 이가 물었다.
이미 '법과 성품이 원융하여 연기가 걸림 없다'고 말한다면 비록 들어서 아는 것이 있다 한들 무슨 걸림이 있겠습니까.

2) 알음알이의 장애를 답함

그대는 어찌 보지 못하는가. 『원각경』은 이렇게 말하고 있다.
'만약 어떤 사람이 있어서 번뇌의 생각을 길이 끊어서 법계의 깨끗함을 얻어도 곧 깨끗하다는 알음알이가 스스로 장애가 됨을 받게 된다. 그러므로 두렷한 깨달음〔圓覺〕의 세계에 자재하지 못한다.'
『원각경』에 의하면 법계의 깨끗함을 얻는 자도 또한 알음알이의 장애가 되는데, 하물며 이제 배우는 이들이 번뇌의 뜻과 알음알이를 가지고 연기의 걸림 없음을 헤아리는 것이 어찌 해탈지견이 될 수 있겠는가.

3. 말과 생각 끊음〔離言絶慮〕

1) 경전에서 밝힌 무념과 선의 무념(無念)

어떤 이가 물었다.
그렇다면 『반야경』에서 말하고 있는 바와 같이 '아는 지혜도 없고 얻는 바도 없다'고 함과 또 돈교에서 말하고 있는 '한 생각이 나지 않으면 곧 부처라 한다'는 등 말을 여의고 생각 끊음이 바로 이것입니까.

2) 무념을 치우침과 두렷함으로 잡아 보임

말을 여의고 생각 끊음은 오교(五敎)에 모두 있는 가르침이다. 교마다 모두 하나의 말 끊는 가르침이 있어서 말을 잊고 뜻을 알게 하므로, 소승은 인공진여(人空眞如 : 존재가 연기이므로 공한 진여)를 깨닫고, 대승보살은 법공진여(法空眞如 : 존재를 이루는 모든 법도 공한 진여)를 깨닫는데, 깨닫는 문에 이르러서는 모두 말을 여의고 생각을 끊는 것이니, 만약 말과 생각을 잊지 못한다면 어떻게 깨달음〔證〕이라고 이름할 수 있겠는가.
돈교(頓敎)는 다만 진여의 이치〔理性〕가 말을 여의고 모습 끊어짐을 말하여 따로 한 무리 생각 여읜 근기를 위하므로 '한 생각도 나지 않음을 부처라 한다'고 하니, 이는 다만 진여의 이치를 증득하여 깨달음을 이룸〔成佛〕이라 모습 없이 깨끗하기만 한 법신〔素法身〕이라고 이름할 수 있는 것이다.

그에 대해 화엄에서는 법계의 걸림 없는 연기를 말하니, 보살이 들어서 익혀 닦아가면 십신(十信)의 지위에서 보고 들음이 마음에서 다하고 바른 앎과 행을 이루니, 믿음이 원만해진 십주(十住)의 첫자리를 깨달아 들어감〔證入〕이라 말하게 된다.

그러므로 통현장자의 『화엄론』은 말한다.

'먼저 가르침을 듣고 바로 앎으로써 믿어 들어가고, 나중 생각 없음으로써 같음에 계합한다.'

여기서도 이미 생각 없음으로 깨달아 들어간다면 또한 이것이 말을 여의고 생각을 끊음인 것이다.

청량조사도 '붓다의 깨달음은 말을 여읨'이라 하고, 또 '성품 바다의 과덕은 이루 말할 수 없음에 해당한다'고 하며, '깨달음의 과덕의 바다는 생각을 여의어 마음으로 전함'이라 하니, 이처럼 미루어 보면 화엄 가운데 뜻이 넓고 큰 보살의 근기〔華嚴普機〕도 깨달아 들어가는 문에 이르러서는 또한 말을 여의고 생각 끊음이 분명한 것이다.

선종에서 헤아림을 벗어난 근기〔過量之機〕가 화두를 참구해서 미묘함을 잘 아는 이는 '열 가지 알음알이의 병〔十種知解之病〕'을 내지 않으므로 또한 말을 여의고 생각 끊음이라 말할 수 있다.

화두를 참구하는 이가 홀연히 크게 솟구쳐 터지듯〔嚖地〕 한번 발하면 법계가 환히 밝아져 스스로 원융해져 모든 덕을 갖추게 되니, 저 조계조사(曹溪祖師)가 다음 같이 말한 바와 같다.

  자기 성품이 세 가지 몸을 갖추었으니
  밝게 깨달으면 네 가지 지혜 이룬다.

보고 듣는 생각을 떠나지 않고
활짝 벗어나 붓다의 지위에 오른다.

自性具三身　發明成四智
不離見聞緣　超然登佛地

또 원교(圓敎)에서도 열 가지 몸과 열 가지 지혜 등이 다 법·보·화의 세 가지 몸과 네 가지 지혜 가운데 갖추어진 덕인 것이다.

위의 가르침들은 모두 다 깨쳐 들어가는 자의 깨친 지혜와 경계의 치우침과 두렷함, 방편과 실상을 잡아 논한 것이다.

그런데 지금 모습에 집착한 이들은 눈으로 보는 것만으로써 의심하여 믿지 않으니 어찌 그런 이들과 더불어 도를 말할 수 있겠는가.

4. 치우침과 두렷함〔入道方便之偏圓〕

1) 선(禪)과 교(敎)를 판별하는 이유를 물음

어떤 이가 물었다.

돈교 가운데에서도 가르침의 자취를 꾸짖고 생각 떠나기를 권하여 모습을 허물고 마음을 없애며, 선문의 화두도 또한 나쁜 지식과 나쁜 앎을 깨뜨리고 집착을 깨 종지를 드러내서 저 돈교(頓敎)와 이 화두법이 '도에 깨쳐드는 실천의 모습〔入門行相〕'이 한결같습니다.

그런데도 왜 돈교는 다만 진여의 이치를 깨쳐 붇다를 이룸이라 아직 걸림 없는 법계를 깨닫지 못함이고, 선종의 바로 끊어드는 문은 크게 솟구치듯 한번 터지는 이가 몸소 법계의 한마음을 깨달아 스스로 '원융하여 덕 갖춤〔圓融具德〕'이라 말합니까.

그리고 다 같이 말을 여의고 생각을 여의어 진여와 서로 응하는 것인데 왜 하나는 치우치고 하나는 두렷합니까.

마땅히 스스로만 옳다 하고 남을 그르다 해서는 안 되니, 만약 밝게 증명할 수 있다면 간략하게 하나 둘을 들어서 막힌 의심을 없애 주십시오.

2) 활구선법의 두렷함을 자세히 밝힘

(1) 교문(敎門)의 생각 끊음

교학자가 참선법을 의심하여 비방하는 것이 다만 이 의심을 끊지 못하기 때문이다. 선학에 뜻을 얻지 못한 이들이 반드시 화두를 '병 깨뜨리는 말'로 삼거나 '온전히 드러내는 말'로 삼으며, '말귀 안의 뜻'으로 삼거나 '말귀 밖의 뜻'으로 삼는 것은 모두 '죽은 말'을 인정하여 '고삐 줄'을 이루며, 아울러 '세 구절〔三句〕'의 부리는 바가 되어 열 가지 병에 걸리는 것이니, 어찌 '산 말귀'를 참구하는 자이겠는가.

 선학을 오로지 정진하는 이도 오히려 이와 같은데 하물며 교리만을 배우는 이들이 어찌 의심하는 생각이 없겠는가. 또 돈교(頓敎) 가운데서 이끌어들인 말씀은 한 무리 생각 여읜 근기를 위하여, 진여의 이치에 말을 여의고 생각 끊어진 뜻을 말한 것이니 그것은 『기신론(起信論)』의 다음 말씀과 같다.

> 마음의 진여〔心眞如〕란 바로 '하나인 법계의 크나큰 총상으로서의 법문의 바탕〔一法界大總相法門體〕'이니, 이른바 마음의 성품〔心性〕이 나지 않고 사라지지 않음이다. 온갖 모든 법이 오직 허망한 생각을 좇아 차별이 있지만, 만약 마음의 생각을 여의면 곧 실체적인 온갖 경계의 모습이 없는 것이다. 그러므로 온갖 모든 법이 본래부터 말의 모습을 여의었으며 문자의 모습을 여의었으며 마음으로 아는 모습을 여의어서, 끝내 평등하여 변해 달라져감이 없어서 깨뜨려 무너뜨릴 수 없이 오직 한마음이므로 진여라 한다.
>
> 문 : 진여가 이러한 뜻이라면 모든 중생이 어떻게 따라 행해야 진여에 들어갈 수 있습니까?
>
> 답 : 만약 모든 법을 비록 말하지만 말할 수 있는 자와 말할 것이 없고, 비록 생각하지만 생각할 수 있는 자와 생각할 것이

없으면 이를 진여법을 따름이라 하니, 만약 생각을 여의면 진여
에 들어감이라 한다.

 이러한 말씀들이 바로 생각 여읜 근기들이 들어가는바 마음의
진여문인 것이다. 진실하게 뜻 다한 가르침〔眞實了義〕를 의거해
말하면 허망한 생각이 본래 공하여 다시 여읠 것이 없으며, 샘이
없는 모든 법이 본래 이 참성품이라 연(緣)을 따르는 묘한 작용이
길이 끊어지지 않고 또 마땅히 깨뜨릴 것이 없다. 다만 한 무리
중생이 허망한 이름과 모습을 집착하여 현묘한 깨달음을 얻지 못
하므로, 붇다께서는 선과 악, 물듦과 깨끗함, 세간과 출세간을 가
리지 않고 그 모든 것을 다 깨뜨리시는 것이다.
 그러므로 이 가르침을 듣는 이는 평등하여 모습 없는 이치에 따
라서 말할 수 있음〔能說〕과 말할 것〔可說〕과 생각할 수 있음〔能念〕
과 생각할 것〔可念〕이 없다는 앎을 지은 뒤에, 그러한 앎과 생각
까지 떠나 진여문(眞如門)에 들어가므로, 다만 '진여의 이치만을
깨달아 붇다 이룸'이라 이름한다.
 그러나 이 진여는 '바로 하나인 법계의 크나큰 총상으로서의 법
문의 바탕〔一法界大摠相法門體〕'이므로 모든 법의 바탕〔性〕이 되고
또한 만행의 근원이 되니, 어찌 보살이 마음의 진여를 깨닫고도
성품 위의 인연으로 일어나는 덕의 작용을 밝히지 못한다 하겠는
가.
 그런데도 현수조사가 다만 '한 생각도 나지 않으면 붇다라 이름
한다〔一念不生 卽名爲佛〕'는 등 말을 여읜 가르침을 이끌어 돈교(頓
敎)를 세운 것은 말씀이 다 밝게 드러나지 못했기 때문이다.

(2) 선문의 삼구(三句)

선문에서도 여러 가지 근기들이 진리의 문에 들어감이 조금씩 다르다.

어떤 이는 '오직 마음〔唯心〕'이며 '오직 앎〔唯識〕'인 도리를 의지하여 바탕 가운데 현묘함〔體中玄〕에 들어가니, 이는 첫 현묘한 진리의 문이다. 여기에 원교(圓敎)에서 말한 사법과 사법이 걸림 없는 가르침〔事事無礙之說〕이 있지만, 이 사람이 오래도록 불법의 알음알이를 마음에 두면 깨끗이 벗어난 대자유를 얻을 수 없다.

어떤 이는 본분사로 대꾸한 깨끗이 벗어난 지견을 의지하여 말귀 가운데 현묘함〔句中玄〕에 들어가 첫 현묘한 문의 불법지견을 깨뜨리니, 이 현묘한 문에는 바로 끊어 들어가는 문〔徑截門〕의 '뜰 앞의 잣나무', '삼 서근' 등의 화두가 있다.

그러나 이 '세 가지 현묘한 문〔三玄門〕'을 세움은 옛 선사의 뜻이니, 본분사로 대꾸한 화두로써 병을 깨뜨리는 말을 삼기 때문에 이를 두 번째 현묘함에 두었다. 그러나 깨끗이 벗어난 지견의 언구를 다시 잊지 못하여 오히려 나고 죽음의 세계에 자재할 수 없으므로, 세 번째 현묘함 가운데 현묘함〔玄中玄〕을 세워 '가만히 있음〔良久〕'이나 '잠자코 있음〔默然〕', '몽둥이질〔棒〕'이나 '악 외치는 소리〔喝〕' 등의 작용으로 앞의 깨끗이 벗어난 지견까지 깨뜨리는 것이다.

그러므로 옛 선사는 '세 가지 현묘함을 베푸는 것이 본래 병을 없애기 위한 것이니 만약 옛 조사의 첫 종지에 비춰본다면 옳지 않다'고 말한다.

또 이 선사는 다시 이렇게 말한다.

"요즈음 행각하는 사람들이 모두 '천태의 화정〔天台華頂〕'과 '조주의 석교〔趙州石橋〕'로 위로 향하는 한 길〔向上一路〕을 삼지만, 이것은 잠깐 지나쳐 가는 곳이요 끝내 몸을 편안히 하고 목숨을 바로 세우는 곳은 아니다."

그러므로 보안도(普安道) 선사는 소양(昭陽)의 뜻을 이어 삼구(三句) 밖에 따로 한 구절을 두어 말하였다.

사람에게 만약 들어 말하면
삼구가 어찌 갖출 수 있으리.
무슨 일인가 묻는다면
남악과 천태라 하리.

當人如擧唱　三句豈能該
有問如何事　南嶽與天台

그렇듯이 이 '천태와 남악' 등 아무런 맛없는 말이 삼구 안에 있으면 '병을 깨뜨리는 말〔破病言〕'이 되는 것이요, 삼구 밖에 있으면 병을 깨뜨리는 말이라 할 수 없고 이 '본분의 일을 온전히 들어 보이는 말〔全提言〕'이 되는 것이다.

그러므로 장노(長蘆) 선사는 이렇게 말한다.

"산승이 어떤 때는 반을 찢고 셋을 꺾어 종문의 일을 일찍이 들어보이지 않으나, 요즈음엔 반을 묶고 셋을 깨뜨려 온전히 이 일을 이끌어간다."

또 이렇게 말한다.

"운문대사는 어떤 때는 삼구 안에서 법을 설하고 어떤 때는 삼구 밖에서 강령을 든다."

  그러므로 알라. 옛사람도 또한 한 가지 화두로써 어떤 때는 '삼구 안의 병을 깨뜨리는 말'을 삼고 어떤 때는 '삼구 밖의 온전히 들어 보이는 구절'을 삼으니, 어찌 요즘 사람들이 바로 끊어드는 문의 화두가 고삐 줄을 이룬다고 그릇 아는 것을 괴이하게 여길 것이 있겠는가.

(3) 대혜선사의 활구법

  그러나 지금 우리가 스승(宗)으로 삼는 경산대혜화상은 바로 조계의 밑으로 내려와 정맥으로 서로 전해진 제 17대 본분종사이기 때문에, 세운바 바로 끊어드는 문에서 말귀를 참구하여 깨쳐 들어가는 방법이 지금까지 말한 방법과는 아주 다르다. 왜 그런가.
  종사가 보여주는바 '뜰 앞의 잣나무'나 '삼 서 근', '개에게는 불성이 없다'는 등 화두는 도무지 바로 보여주는 법이 없어서, 다만 아무런 맛이 없고 붙잡아 쥘 것이 없는 화두를 준 뒤에 그에 따라 경계하여 말한다.

  뜻과 알음알이를 깨뜨리지 못하면 마음의 불길이 활활 타오를 것이오. 바로 이러한 때에 다만 의심하는바 화두를 잡아 끌어가야 하오.
  어떤 승려가 조주에게 '개에게도 불성이 있습니까'라고 묻자 조주가 '없다'고 했으니, 이 '없다'라고 함을 다만 한 생각으로 잡아 끌어가며 들어 살피되 왼쪽으로 해도 옳지 않으며 오른쪽으로 해도 옳지 않은 것이오.
  있음에 대한 없음이라는 알음알이도 짓지 말며,

참으로 없음의 없음이라고 헤아리지도 말며,
묘한 도리라는 알음알이도 짓지 말며,
뜻 뿌리 밑을 향하여 따져 헤아리지 말며,
눈썹을 치켜 올리고 눈을 깜빡이는 곳을 향하여 뿌리를 쌓지 말며,
말길 위에서 살림살이를 짓지도 말며,
생각을 드날려 일 없는 집 속에 있지 말며,
들어 일으키는 곳을 향해 알아차리지 말며,
문자 가운데서 이끌어 증명하지 말며,
어리석음을 가지고 깨달음을 기다리지 말며,
바로 쓸 마음이 없고 마음이 갈 곳이 없을 때 공에 떨어질까 두려워 마시오.
이 속이 도리어 좋은 곳이니, 갑자기 늙은 쥐가 소뿔에 들어가면 곧 거꾸러져 끊어짐을 보게 될 것이오.

이렇게 주각을 내려 화두를 주므로 배우는 이들이 열두 때〔十二時〕와 네 가지 몸가짐〔四威儀〕 안에서 다만 화두 한 생각을 잡아 이끌어가며 들어 살필 따름인 것이다. 그리하여 심성의 도리〔心性道理〕에 대해서도 도무지 이름 여의고 모습 끊어졌다는 알음알이도 없으며, 연기의 세계가 걸림 없다는 알음알이도 없으니, 겨우 한 생각이라도 불법의 알음알이가 있으면 곧 열 가지 알음알이의 병에 걸리게 되는 것이다.

그러므로 낱낱이 놓아버리되 또한 놓아버리고 놓아버리지 않음도 없으며, 병에 걸렸다거나 병에 걸리지 않았다거나 하는 헤아림도 없다가, 홀연히 아무런 맛없고 붙잡아 쥘 곳이 없는 화두 위에

서 크게 솟구치듯 한번 터지면 한마음의 법계가 환하게 밝아질 것이다.

그러므로 마음 성품 속에 갖춘 바 백천의 삼매와 한량없는 뜻을 구하지 않아도 두렷이 얻게 되니, 지금까지 해왔던 하나의 치우친 방법인 '뜻과 이치를 들어 앎〔義理聞解〕'으로 얻은 바가 없기 때문이다. 이것을 선종의 바로 끊어드는 문에서 화두를 참구하여 깨달아드는 비결이라 말한다.

원교(圓敎) 가운데 비록 열 가지 현묘함〔十玄〕의 걸림 없는 연기 법문이 바로 '부사의승보살(不思議乘菩薩)'의 넓은 지혜의 경계〔普眼境界〕라 말했지만, 지금 관행하는 이에게는 들어서 아는 알음알이가 뜻에 걸리기 때문에, 비록 보고 들음〔見聞〕이 생기고 앎과 행〔解行〕이 생겨남을 거친 뒤에 깨쳐드는 것이지만, 깨쳐 들어감에 이르러서는 앞의 들어서 아는 알음알이를 벗어버리고, 생각 없음〔無思〕으로써 같음〔同〕에 계합하는 것이다.

이제 논하고 있는 선종의 교 밖에 따로 전한〔敎外別傳〕'바로 끊어 들어가는 문〔徑截得入之門〕'은 모든 틀과 헤아림〔格量〕을 벗어났으므로, 다만 교학자만이 믿기 어렵고 들어가기 어려운 것이 아니라, 또한 선(禪)을 근본으로 하는 바로 이 종〔當宗〕에서도 낮은 근기와 얕은 지혜를 가진 이들은 아득히 알지 못하는 것이다.

⑷ 선문의 깨친 기연을 보임

① 바로 끊어 들어가는 선문이 돈교와 원교의 깨쳐 들어감과 같지 않음을 보임

이제 간략히 두세 마디의 깨쳐 들어간 인연을 이끌어, 믿지 못

하고 알지 못하는 이들로 하여금 선문의 바로 끊어 들어가는 것이 돈교(頓敎)와 같지 않으며, 또한 원종(圓宗)에서 깨쳐 들어가는 자와 가르침을 의지하고 가르침을 여읨에 더디고 빠름이 아주 다름을 알도록 하겠다.

저 수료(水潦) 화상이 등나무를 캐는 곳에서 마조(馬祖)에게 물었다.
"어떤 것이 조사가 서쪽에서 오신 뜻입니까?"
마조가 말했다.
"가까이 오라. 너에게 말하여 주겠다."
수료가 가까이 이르자마자 마조가 가슴을 잡아 한번 밟아 거꾸러뜨리니, 수료가 곧장 일어나 손뼉을 치며 '깔깔' 크게 웃었다.
마조가 말했다.
"너는 무슨 도리를 보았길래 곧 웃는가?"
수료가 말했다.
"백천의 법문과 한량없는 묘한 뜻을 오늘 한 털끝 위에서 바닥까지 사무쳐 그 근원을 알았습니다."
이에 마조가 저를 그대로 두고 상관치 않았다.
수료화상이 마조에게 한번 밟히고서는 백천의 법문과 한량없는 묘한 뜻을 어디로부터 바닥까지 사무쳐 알았겠는가. 그러므로 '선종에서 높은 근기〔禪宗上根〕'가 깨쳐 들어가는 것은, 돈교 가운데 말이 끊어진 이치를 가르쳐서 다만 '생각 여읜 근기〔離念之機〕'를 위하는 것과도 관계없음이 분명한 줄 알아야 한다.

② 영가선사를 들어 선문의 바로 끊어 들어감을 다시 보임

또 영가진각대사가 조계에 이르러 병을 지니고 갓을 쓰신 채 선상을 둘러 세 번 돌고 석장을 떨쳐 한번 내리치고 우뚝 서니 조사가 말했다.
"사문이라면 반드시 삼천의 몸가짐과 팔만의 세밀한 행을 갖추어야 하는데 대덕은 어디서 왔기에 큰 아만을 내오."
진각이 말했다.
"나고 죽음의 일이 크고 덧없음이 빠릅니다."
조사가 말했다.
"어찌 남이 없음을 체달하지 않으며 빠름 없음을 요달하지 않소."
진각이 말했다.
"체달함에 남이 없고 요달함에 본래 빠름이 없습니다."
조사가 말했다.
"그렇고 그렇소."
진각이 잠깐 사이 하직을 아뢰니 조사가 말했다.
"도리어 너무 빠르지 않소."
"본래 스스로 움직임이 아닌데 어찌 빠름이 있겠습니까."
"누가 움직이지 않음을 아오."
"인자께서 스스로 분별을 내십니다."
조사가 말했다.
"그대는 잘 남이 없는 뜻을 얻었소. 잠깐 하루밤 머물러 가오."
진각이 하룻밤을 자고 조계의 문 밖을 나와 깨친 도로써 말을 내어 이렇게 노래를 지었다.

배움 끊고 함이 없는 한가로운 도인은
헛된 생각 끊지 않고 참됨 또한 구하잖네.
무명의 참성품이 곧바로 불성이요
허깨비의 공한 몸이 곧바로 법신이네.
　　　　………
絶學無爲閑道人 不除妄想不求眞
無明實性卽佛性 幻化空身卽法身
　　　　……… 乃至

설산의 비니풀엔 다른 섞임 없어서
비니풀 먹은 소는 제호만을 만드나니
제호의 좋은 맛을 내가 늘 받아 쓰네.
한 성품이 두렷이 온갖 성품에 통해 있고
한 법이 두루두루 온갖 법을 머금었네.
한 달이 온갖 물에 널리 다 나타나고
온갖 물의 달은 다시 한 달 속에 거둬지네.

雪山肥膩更無雜 純出醍醐我常納
一性圓通一切性　一法徧含一切法
一月普現一切水　一切水月一月攝

모든 부처 법의 몸이 내 성품에 들어오고
나의 성품 여래와 다시 합해 하나 되네.
한 지위에 온갖 지위 모두 다 갖췄으니
물질 마음 다 아니고 업 지음도 아니로다.
손가락을 튕길 사이 팔만 법문 다 이루고

삼아승지 오랜 겁이 찰나에 사라지네.

諸佛法身入我性 我性還共如來合
一地具足一切地 非色非心非行業
彈指圓成八萬門 刹那滅郤三祇劫

이로써 미루어 보면 영가진각대사는 조사가 '어찌 남이 없음을 체달하지 않느냐'는 한 말 아래에서 바로 통 밑이 빠진 경계를 얻어서 단박 법계를 증득하고, 다만 '체달함에 남이 없고 요달함에 빠름이 없다'고만 말했다. 이것은 깨달음의 문에 이르러서는 많은 말을 쓰지 않지만 문 밖에서 말을 내어 노래할 때는 깨친 경계를 소리 높여 드러내 '한 성품이 두렷이 온갖 성품에 통해 있다'고 한 것이다.

그러므로 다음 같음을 알아야 한다. 이 스님의 넓은 지혜의 경계〔普眼境界〕는 사법과 사법이 원융하고 중생과 붓다가 원융하며, 지위가 원융하고 팔만 법문이 원융하여 이와 같은 법계의 다함없는 공덕의 작용이 손가락 튕길 사이에 원만히 이루어진 것이다.

어찌 이 경계를 돈교 가운데서 '초지가 곧 팔지이며 나아가서는 적멸한 진여에 무슨 차제가 있겠는가'하여 다만 모습 없는 진여의 이치를 들어 모든 차제와 모습을 없애는 것에 비할 수 있겠는가.

(5) 다시 활구법을 보임

또 경산대혜화상은 경의 게송을 이끌어 이렇게 말한다.

보살은 이 생각할 수 없고 말할 수 없음에 머물되

그 가운데 생각과 말을 다할 것이 없으니,
이 생각할 수 없고 말할 수 없는 곳에 들어서는
생각과 생각 아님이 모두 적멸하도다.

  그렇듯 또한 적멸한 곳에도 머물지 말 것이니, 만약 적멸한 곳에 머물면 곧 법계라는 헤아림〔法界量〕에 갇히게 됨에, 교(敎) 가운데서는 이를 '법의 티끌에 걸린 번뇌〔法塵煩惱〕'라 한다.
  법계라는 헤아림마저 없애고 갖가지 빼어난 것들을 한 때에 없애 마쳐야 바야흐로 '뜰 앞의 잣나무'와 '삼 서근'과 '마른 똥 막대기'와 '개에 불성 없음'과 '한 입으로 서강의 물을 마셔 다함', '동산이 물 위로 감' 등의 화두를 비로소 잘 보게 되니, 홀연히 한 구절 밑에서 꿰뚫으면 바야흐로 '법계의 한량없는 회향〔法界無量廻向〕'이라 말하게 된다.
  실답게 보고 실답게 행하고 실답게 써야 곧 한 털끝에 보왕의 나라를 나툴 수 있으며, 가는 티끌 속에 앉아 큰 법바퀴를 굴려 온갖 법을 이루고 온갖 법을 깨뜨리게 된다. 그 모든 것이 나로 말미암음이 마치 장사가 팔을 폄에 남의 힘을 빌지 않음과 같고, 사자가 노님에 다른 짝을 구하지 않음과 같은 것이다.

  이로써 미루어 보면 선문에서 화두를 참구하는 이는 법계라는 헤아림을 없애고 갖가지 빼어난 것들 또한 깨끗이 마쳐 다한 뒤에, 바야흐로 잘 '뜰 앞의 잣나무' 등의 화두를 보아 홀연히 한 구절 아래서 꿰뚫어야 '법계의 한량없는 회향'이라 말하게 된다. 이럴 때 곧 한 털끝에서 보왕의 나라를 나투고 가는 티끌 속에 앉아 크나큰 법바퀴를 굴릴 수 있는 것이니, 화두의 의심을 깨뜨려 크게 솟구치듯 한번 터진 자라야 걸림 없는 법계를 몸소 증득하게 되는 것이다.

그러니 어찌 선문의 열 가지 알음알이의 병을 없앰이 돈교의 한 무리 생각 여읜 근기에 해당한다 하겠는가.

5. 비밀히 전하는 문 따로 세우는 이유를 보임〔示別立徑截門之緣由〕

1) 원교 밖에 비밀히 전하는 문 세우는 이유를 물음

어떤 이가 물었다.

그렇다면 선종에서 깨쳐 들어가려는 이는 비록 돈교의 기틀에 거두어지지 않으나, 사법과 사법이 걸림 없음을 증득하므로 원교의 사람이라 할 수 있습니다. 그런데 왜 원교 밖에 따로 비밀히 전하는 문의 기틀이 있다 합니까.

2) 선(禪)이 교문(敎門)과 다름을 자세히 보임

(1) 의리(義理)를 통한 깨침

앞에 말하지 않았던가. 원교(圓敎)에서 십현(十玄)의 걸림 없는 법문을 말한 것이 비록 부사의승보살의 넓은 지혜의 경계이지만, 지금의 범부가 관행하는 문에서는 들어서 아는 말길과 뜻길이 있으므로 분별없는 지혜를 얻지 못하고 반드시 보고 듣고서 앎과 행〔解行〕이 생김을 거친 뒤에야 깨쳐드는 것이다.

깨쳐 들어감에 닥쳐서는 또한 선문에서 생각 없음으로 서로 응하는 것과 같다.

그러므로 『화엄론』은 '먼저 가르침을 듣고 바로 알아서 믿어 들어가고, 나중 생각 없음으로써 같음에 계합한다'고 한다.

(2) 선문의 맛없는 화두

선문의 바로 끊어 깨쳐드는 이는, 처음부터 법의 뜻을 들어 아는 알음알이〔法義聞解〕가 뜻에 맞닥뜨림이 없이, 곧 아무런 맛없는 화두를 다만 잡아 이끌어서 들어 살필 따름인 것이다. 그러므로 말길과 뜻길이 없고 마음의 알음알이로 생각하는 곳이 없으며 또한 보고 들어서 앎과 행이 나는 등 시간의 앞뒤가 없는 것이니, 홀연히 화두가 크게 솟구치듯 한번 터지면 앞에서 논한바 한마음의 법계가 환하게 두렷이 밝아진다.

이에 원교의 살펴 행하는 이〔圓敎觀行者〕로 선문의 한 번 터지는 이에 비하면, 교의 안〔敎內〕과 교의 밖〔敎外〕이 아주 같지 않으므로 시간의 더딤과 빠름 또한 같지 않은 것을 그대로 알 수 있을 것이다.

그러므로 '교 밖에 따로 전함이 교승과 아주 달라서 얕은 지혜를 가진 이들은 감당할 수 없다'고 말한다.

(3) 선문의 여러 병통

선문에도 또한 비밀히 부치는 선법을 감당할 수 없는 '가운데 부류'와 '낮은 부류들'이 말 여의고 생각 끊음으로써 마음을 그윽이 하여 이치에 들어감이 있으나, 눈앞에 연기되는 현실법을 꿰뚫어 내지 못하기 때문에 경산대혜선사는 이렇게 꾸짖는다.

"굳이 쉬고 쉬어가는 자는 바로 생각 잊고 비어 고요함을 지키어서 알음알이를 내는 자이다."

어떤 이는 범부가 날로 쓰는 평상의 마음을 인정하여 지극한 도를 삼으며, 묘한 깨달음을 구하지 않고 다만 그대로 놓아지내면서 그 스스로 있는 데 맡기고, 마음 나고 생각 움직임을 관계할 것이 없다고 하며 생각 일어나고 생각 사라짐이 본래 실체가 없다고 한다.
그러므로 대혜선사는 또한 이렇게 꾸짖는다.
"이러한 사람들은 스스로 그러한 바탕을 지키어 구경법을 삼고서 알음알이를 내는 자이다."

(4) 선(禪)과 교(敎)의 교화방식

선종에서도 어떤 분들은 삼계가 오직 마음[唯心]이고 만법이 오직 앎[唯識]이라 사법과 사법이 원융함으로써 살피는 문을 삼기도 하니, 이는 바로 첫 현묘한 문 가운데 법안화상과 천태덕소선사가 세운 바이다.
이렇게 살피는 문이 원교와 같으나 다만 법을 베풂에 넓고 간략함의 다름이 있을 뿐이다.
규봉종밀선사는 말한다.

"붇다의 법은 만대에 의지가 되므로 이치를 반드시 자세히 보여주고, 조사의 가르침은 있는 자리에서 곧 해탈케 함이라 뜻이 그윽이 통하도록 한다. 그윽이 통함은 반드시 말을 잊음에 있으므로 말 아래 그 자취를 남겨 두지 않으니, 뜻의 땅에 자취가 끊어지고 공한 이치가 마음 근원에 나타난다."

그러므로 종사가 대중의 기틀을 상대하여 보여주는바 '사법과 사법이 걸림 없는 법문[事事無碍法門]'은 가장 간략하니, 그 요점은 '바로 끊어 깨쳐 들어감〔直截悟入〕'이라 풀이하여 알게 함을 허락하지 않는 것이다.

불안선사(佛眼禪師)가 털이〔拂子〕를 들고 이렇게 일렀다.

"대중아 위로 좇아 여러 현성이 다 산승의 털이 머리 위에 있어서 각각 큰 연꽃에 앉아 미묘한 법을 설하니, 빛을 엇갈려 서로 벌려 있음이 마치 보배실로 엮은 그물과 같다. 믿을 수 있겠는가."

또 말산의 비구니 요연(了然)이 먼저 화엄대경을 듣고 뒤에 조사의 도를 참구하여 큰 일을 밝혀내고 이에 다음 같은 송을 지었다.

오온산 머리맡의 옛 부처 집에
비로자나 밤낮으로 털빛을 놓네.
지금 이 곳 같고 다름 아닌 줄 알면
화엄이 곧 시방세계 두루하리라.
五蘊山頭古佛堂 毘盧晝夜放毫光
若知此處非同異 卽是華嚴徧十方

이와 같은 종사들이 '사법과 사법이 걸림 없는 법문'으로 배우는 이들에게 가르쳐 보여 곧바로 알아듣게 한 이가 자주 있으니, 이를 가져 교(敎) 가운데 '현묘한 문'에 비하면 뜻과 이치는 더욱 넓고 깨친 지혜는 더욱 융통한 것이다. 그러므로 원효공(元曉公)은 말한다.

"지혜로운 이의 살피는 행은 밖으로 모든 사물의 이치를 잊고 안으로 스스로의 마음을 구한다. 그러므로 이치 없는 지극한 이치에 이를 수 있는 것이다."

마땅히 알라. 선문 종사가 보여주는 걸림 없는 법문이 비록 원교와 같으나, 언구가 간략하므로 깨쳐드는 문에는 매우 가까운 것이다.

그렇듯이 선문의 실다운 언구를 만약 교문에 비하면 비록 아주 간략하나, 만약 바로 끊어드는 문의 화두에 비하면 불법의 알음알이가 있으므로 열 가지 병을 벗어나지 못하는 것이다.

그러므로 '배움에 드는 이는 반드시 산 말귀를 참구하고 죽은 말귀를 참구하지 말라. 산 말귀 아래서 얻으면 영겁에 잊지 않고, 죽은 말귀 아래서 얻으면 자기 몸도 구하지 못한다'고 말한다.

이로써 대혜선사는 아무 맛없는 화두로써 배우는 이로 하여금 참구케 하여 열 가지 병에 걸리지 않고 곧바로 깨닫도록 하여 세 구절〔三句〕을 부릴 수 있어 세 구절에 부리는 바 되지 않게 하니, 어찌 돈교(頓敎)의 '가려 막는 말씀〔遮詮〕'으로 같이 논할 수 있겠는가. 그런데도 왜 현수국사는 문득 이 선문(禪門)과 선의 기틀〔禪機〕을 취해 돈교(頓敎)에 거두어 묶었단 말인가.

청량국사와 규봉선사도 또한 모두 이렇게 가려 말한다.

"선종의 생각을 여의고 생각 없음이 또한 이 가운데 자취를 떨치고 허물을 막아줌이 있지만, 다만 마음으로써 마음을 전해 비밀한 뜻을 가리켜주는 곳은 지금 글을 가려 논할 바가 아니다."

이러한 말들이 선문이 교리의 자취와 다른 밝은 증거이다.

⑸ 뜻의 참구와 산 말귀의 참구

선종에 어떤 이들은 그 근원과 갈려 나옴이 모두 다르다고 논함이 있어서 말하기를, '법이 다르고 문이 다르고 기틀이 다르다'고 하나 이 뜻은 그렇지 않다.

처음 번뇌에 묶인 범부의 지위에서 바로 끊어 깨쳐드는 것은 문이 다르고 기틀이 다르다고 말하나, 어찌 크나큰 보살이 한마음의 법계〔一心法界〕를 몸소 깨닫는 곳 또한 다르다고 말할 수 있겠는가. 그러나 고덕이 '조사의 도를 깨달아 반야를 발휘하는 이는 말법시대에는 있지 못하다'고 하니, 이 뜻을 의거해 보면 화두에는 뜻을 참구함과 산 말귀를 참구하는 두 뜻이 있다.

요즈음 의심을 깨뜨린 이는 거의 다 뜻을 참구하고 산 말귀를 참구하지 못하므로 원돈교문(圓頓敎門)의 바른 앎을 밝혀낸 자와 한가지인 것이다.

이와 같은 사람이 관행에 마음을 쓰는 것도 또한 보고 들음과 앎과 행의 공이 있지만, 다만 지금의 문자만을 따지는 법사〔文字法師〕들이 관행하는 문 가운데 안으로 마음 있음을 헤아리고 밖으로 모든 사물의 이치를 구하여, 이치를 구함이 더욱 미세해지고 밖의 모습을 더욱 취하는 병과는 같지 않은 것이다.

그런데 어찌 문자법사의 관행을 산 말귀를 참구하는 문에서 의심을 깨뜨려 몸소 한마음을 깨달아 반야를 발휘하여 넓고 크게 흘러 통하게 하는 자와 함께 논할 수 있겠는가.

이처럼 증득한 지혜가 현전한 이를 오늘날 보기 드물고 듣기 드물므로 지금 다만 화두의 뜻 참구하는 문을 의지해서라도 바른 지견을 밝혀내는 것을 귀하게 여길 따름이다.

 선문에서 뜻을 참구하는 이 사람의 보는 곳으로써 교(敎)를 의지해 관행하되 아직 뜻과 알음알이를 여의지 못한 자와 비하면 하늘 땅처럼 아득히 떨어진 까닭이다.

6. 활구선법의 유통을 원함〔流通徑截門〕

　엎드려 바라노니 관행하여 세간을 벗어나려는 이들이 선문의 산 말귀를 참구하여 빨리 깨달음을 얻는다면 참으로 다행하고 참으로 다행한 일이다.

제2장

간화결의론과해
(看話決疑論科解)

1. 화엄원교(華嚴圓敎)와 간화법(看話法)
2. 알음알이의 장애〔知解之障碍〕
3. 말과 생각 끊음〔離言絶慮〕
4. 치우침과 두렷함〔入道方便之偏圓〕
5. 비밀히 전하는 문 따로 세우는 이유를 보임〔示別立徑截門之緣由〕
6. 활구선법의 유통을 원함〔流通徑截門〕
7. 선(禪)과 역사(歷史)

1. 화엄원교(華嚴圓敎)와 간화법(看話法)

1) 선문의 간화법을 물음

어떤 사람이 목우자(牧牛子)에게 물었다.
화엄교(華嚴敎)에 이미 법계의 걸림 없는 연기에 취하고 버릴 것이 없음을 밝혔는데, 무엇 때문에 선문(禪門)에서는 열 가지 병을 가리어 화두(話頭)를 봅니까.

或 問牧牛子 華嚴敎 旣明法界無礙緣起 無所取捨 何故 禪門 揀十種病 而看話耶

[해설]

묻는 이는 현수법장법사가 오교판에서 선의 돈교 위에 화엄원교를 세웠고, 화엄원교에서 이미 법계의 걸림 없는 연기〔法界無礙緣起〕를 설했는데, 왜 선사는 교문(敎門) 위에 화두를 보아 바로 끊어드는 문〔看話徑截門〕을 다시 세우는가를 묻고 있다.
『화엄경』의 법계(法界 : dharma-dhātu)는 초기불교의 십팔계(十八界) 밖에 따로 있는 것이 아니다. 계(界)란 다른 것과 구분되어지는 어떤 것의 자기영역을 뜻하는데, 초기불교의 십팔계설은 주체인 육근(六根)과 객체인 육경(六境)과 주·객이 겹쳐지는 인간 행위인 육식(六識)이 서로 의지하고 서로 어울려서 자기영역을 연기적으로 구성하고 있음을 표현한다. 십팔계와 법계는 같은 것의 다른 표현이지만, 십팔계가 존재의 영역을 연기되어 있는 모습〔依他起相〕의 차원에서 설명하고 있다면, 법계는 존재의 영역을 연기된 것이므로 실로 그렇다 할 것이 없는 열려짐 속〔圓成實性〕에서 기술하는 표현이다. 십팔계의 모든 법은 연기된 것이므로 있되 실로 있음이 아니므로 취할 것이 없고〔不取〕, 없되 실로 없음이 아니므로 버릴 것이 없다〔不捨〕. 이렇게 연기법을 사유하면 번뇌라 해도 버릴 것이 없고 보리 열반이라 해도 취할 것이 없다.

　이처럼 법계연기의 가르침에 중생의 망상이라고 해서 버릴 것이 없고 여래의 보리라고 해서 취할 것이 없는 법문을 이미 설했는데, 왜 선문(禪門)에서는 원교문 위에 다시 산 말귀 보는 법을 깨달음에 드는 지름길로 보이고, 말귀 보는 공부법의 열 가지 병통을 버리도록 하는가를 묻고 있다.

2) 활구 참선문을 답함

(1) 열 가지 병

  요즈음 거의 모든 배우는 무리들이 선문에서 화두를 참구하는 묘하고 비밀한 뜻을 알지 못하고 많이들 이러한 의심을 갖는다. 만약 참 성품의 연기〔眞性緣起〕에 대해 '뜻과 이치의 길〔義理分齊〕'을 논한다면 선학자가 어찌 이 열 가지 선병(禪病)이 바로 화엄의 법계연기와 같음을 알지 못할 것인가.
  그러므로 경산대혜선사 또한 이렇게 말한다.
  "지금껏 늘 알음알이〔知見〕가 많아서 깨달음을 구하는 마음이 앞에 있어서 장애를 이루어, 자기의 바른 지견이 앞에 나타날 수 없었다. 그러나 이 장애 또한 밖에서 온 것이 아니고 나의 삶 밖에 따로 있는 일이 아니다. 그렇다면 열 가지 병인들 어찌 가려 버릴 것이 있겠는가."
  열 가지 병이라고 함은 깨달음을 구하는 마음으로 바탕을 삼는데, 이미 이 장애가 밖에서 온 것이 아니라 한다면 어디서 온 것인가. 또한 나의 삶 밖에 따로 있는 일이 아니라면 이것은 무슨 일인가.
  이는 모든 것이 온전히 성품이 일으키는 덕임을 밝힌 것이다. 그러므로 교(敎) 가운데서도 '모든 장애가 구경의 깨달음이며 생각 얻음이나 생각 잃음이 해탈 아님이 없다'고 하니 바로 이것을 뜻한다.
  그와 같이 이 뜻과 이치가 비록 가장 두렷하고 미묘하지만, 모두 다 알음알이와 뜻으로 들어서 알고 생각으로 헤아리는 것이므로, 선문의 화두를 참구하여 바로 끊어 깨쳐드는 문에서는 낱낱이 불법에 대해 알음알이 내는 병이라고 온전히 가려 버리는 것이다.

그러나 산 말귀인 '없다'는 한 글자는 한 덩이 불과 같아서 가까이 하면 얼굴〔面門〕을 태워버리므로 불법에 대한 알음알이 둘 곳이 없게 된다.

그러므로 '이 없다는 글자는 나쁜 앎과 나쁜 이해를 깨뜨리는 무기이다'라고 말한다. 그러나 만약 능히 깨뜨림과 깨뜨려지는 알음알이가 있고, 취하고 버리며 가려내고 뽑는 견해가 있으면, 완전히 이것은 말의 자취를 인정하여 그 마음을 뒤흔드는 것이니, 어찌 뜻을 얻어 참구하여 다만 산 말귀를 바로 잡아 끌어가는 자라고 이름하겠는가.

答 近來汎學輩 不知禪門話頭參詳 妙密旨趣 多有此疑 若論眞性緣起義理分齊 則禪學者 豈不知此十種禪病 如華嚴法界緣起耶

故 徑山大慧禪師 亦云 平昔知見多 以求證悟之心 在前作障故 自己正知見 不能現前 然此障亦非外來 亦非別事 豈有揀耶

所言十種病 以求證悟之心 爲本 旣云此障 亦非外來 從何處來耶 亦非別事 是何事耶 此全明性起之德 故 敎中 亦云一切障礙 卽究竟覺 得念失念 無非解脫等 是也 然此義理 雖最圓妙 摠是識情聞解思想邊量故 於禪門話頭參詳徑截悟入之門 一一全揀佛法知解之病也

然 話頭無字 如一團火 近之則燎却面門故 無佛法知解措着之處 所以 云此無字 破惡知惡解底器仗也 若有能破所破取捨揀擇之見 則完是執認言迹 自撓其心 何名得意參詳 但提撕者也

제2장 간화결의론과해(看話決疑論科解) 173

> 해설

모든 존재가 인연으로 일어나기 때문에 공하고 공하기 때문에 연기됨을, 화엄종은 본성론적인 표현으로 모든 것이 참성품의 연기〔眞性緣起〕라고 설명한다.

모든 것이 인연으로 일어난 것이기에 실로 일어남이 없고〔無生〕 있되 공한 것이라면, 지금 중생의 삶을 뒤틀리게 하고 닫히게 하는 모든 고통과 소외, 번뇌와 망상 또한 일어남이 없으니, 그 모든 것을 끊되 억지로 끊으려 해서는 안 된다. 번뇌 망상이 원래 끊을 것이 없고 없앨 것이 없는 뜻을 경은 '장애가 구경의 깨달음이며 생각 얻음이나 생각 잃음이 해탈 아님이 없다'고 한다.

비록 번뇌에 끊어야 할 실체가 본래 없는 것이지만, 번뇌가 실체 없는 줄 요달해서 번뇌를 그대로 보리의 공덕으로 돌려쓰지 못한 채, 번뇌에 그대로 맡겨 살거나 번뇌에 휘둘려 살면서 번뇌가 곧 보리라 한다면 이것 또한 크나큰 병통이다.

붓다가 경전의 한량없는 가르침을 벌려놓은 것은 '범부의 조복하지 않는 모습'과 '이승의 억지로 조복하는 모습'을 모두 부정해 번뇌를 보리로 돌려쓰고 나고 죽음을 열반으로 바꾸어 쓰도록 하는 법의 약이다. 번뇌를 깨기 위한 법의 약은 옳게 병통에 적용되면 번뇌병을 다스리는 해탈의 묘약이 되지만, 다시 법의 약을 집착하면 그것 자체가 새로운 질곡과 소외의 원인이 된다.

화두는 중생의 번뇌와 수행자의 병통이 본래 공하므로 실로 없앨 것이 없는 곳에서, 중생의 번뇌와 수행자의 불법지견을 동시에 깨뜨리는 실천의 무기이다.

이 때 불법지견이란 진리에 관한 개념적 이해로 말미암아 생동하는 삶의 실상에 곧바로 복귀하지 못하는 알음알이의 병이다. 화두를 참구하는 일은 지금껏 자명하게 알고 있던 일과 막연하게 받아들이고 있던 것을 철저히 되물어봄으로써 그것의 참모습을 나의 삶 속에서 온몸으로 체현해가고 검증해가는 일이다. 그리고 이미 깨달은 이들의 기연언구(機緣言句)를 나의 문제의식으로 삼아 그 문제됨을 주체적으로 해결함으로써 나 자신이 물음의 주체이자 해답의 주체로 서는 일이며, 이미 깨달은 이의 깨달음의 지평에 함께 서는 일이다.

대개 공안의 언어를 쓰는 종사는 이미 약속된 일반화된 범주와 개념으로 진리를 설명하지 않고, 개념의 틀이 붙지 않는 일상언어와 일상의 몸짓으로 존재의 실상을 묻는 이 앞에 직하에 개현해낸다. 이제 깨달은 이의 한마디 산 말귀는 다만 언어가 아니고, 깨달은 이의 지혜의 칼날이며 존재의 온전한 실상이다. 산 말귀를 받아 그 말귀를 나의 문제로 받아들이는 이는 나라는 주체가 화두의 물음을 붙들어 쥐고 있는 것이 아니라, 화두일념(話頭一念)을 잡아 이끌어갈 때 '나'는 온전히 화두의 문제의식 자체로 현전하는 것이다.

그러므로 화두의 한 생각이 드러날 때 화두를 드는 내가 있고 물음의 세계가 따로 있다면, 이는 아직 생멸화두(生滅話頭)를 붙들고 있는 것이지 무생의 화두〔無生話頭〕를 씀이 되지 못한다.

다만 듦이 없이 맛없고 뜻 없는 산 말귀를 보아가는 곳이 부사의법계가 온전히 현전하는 곳이니, 화두를 들어 깨달음을 구하는 것은 선병(禪病)이지 산 말귀 보는 공부법이 아니다. 그러므로 대혜종고 선사는 '없다는 말귀〔無字話頭〕'를 보는 법 가운데 병통을 장사인에게 답하는 글〔答張舍人書〕에서 다음같이 말한다.

달을 보면 손가락 살핌을 쉬고 집에 돌아가면 길 묻는 것을

마치지만, 뜻과 알음알이를 깨뜨리지 못하면 마음의 불이 활활
탈 것이니, 바로 이런 때를 맞아 다만 의심하는 화두로 잡아 이
끌어야 하오.

 어떤 승려가 조주에게 '개에게도 불성이 있습니까'라고 묻자
조주가 '없다'고 했으니, 다만 '없다'는 글자를 잡아 이끌고〔提
撕〕 들어 살펴갈지언정〔擧覺〕 좌로 해도 옳지 않고 우로 해도
옳지 않은 것이오.

 또 마음을 가지고 깨달음을 기다리지 말고,

 또 들어 일으키는 곳〔擧起處〕을 향해 알아차리지 말며,

 또 현묘하다는 깨달음을 짓지 말고,

 있음과 없음의 헤아림을 짓지 말며,

 참된 없음의 없음〔眞無之無〕으로 헤아려 알지 말고,

 일 없는 궤짝 속〔無事匣裏〕에 앉아 있지 말며,

 돌불 치고 번갯불 번뜩이는 곳을 향해 알려 하지 마시오.

 바로 마음 쓸 것이 없음을 얻어서 마음 가는 곳이 없을 때 공
(空)에 떨어질까 두려워 마시오.

 이 속이 바로 좋은 곳이라 갑자기 늙은 쥐가 소뿔에 들어가게
되면 곧 넘어져 끊어짐을 보게 될 것이오.77)

무자화두의 열 가지 병통도 말귀 봄을 통해 말귀가 무념인 산 말귀

---

77) 見月休觀指 歸家罷問程 情識未破 則心火熠熠地 正當恁麼時但 只以所疑底
話頭提管 如僧問趙州 狗子還有佛性也無 州云無 只管提撕擧覺 左來也不是 右
來也不是 又不得將心等悟 又不得向擧起處承當 又不得作玄妙領略 又不得作有
無商量 又不得作眞無之無卜度 又不得坐在無事匣裏 又不得向擊石火閃電光處
會 直得無所用心 心無所之時 莫怕落空 這裏卻是好處 驀然老鼠入牛角 便見倒
斷也

가 되게 하지 못하고 말귀를 통해 또 구하는 마음을 일으키기 때문에 나는 병통이다.

그러므로 산 말귀 보는 한 길에서는 끊어야 할 번뇌라는 생각도 내지 말고, 얻어야 할 보리라는 생각도 내지 말고, 병과 약, 조복과 조복하지 않음의 분별을 모두 놓아야 하니, 대혜선사는 이렇게 말한다.

오늘 다행히 모임 가운데 있는 여러분을 만나 함께 이 일을 증명하게 되었으니, 콧구멍에 바람 기운 내는 것을 면하지 못하게 되었다.
법을 알려 하는가.
진여의 불성과 보리 열반이 바로 이것이다.
병을 알려 하는가.
망상의 뒤바뀜과 탐냄과 성냄, 삿된 견해가 바로 이것이다.
그러하나 망상의 뒤바뀜을 떠나서는 진여의 불성이 없고, 탐냄과 성냄, 삿된 견해를 떠나서는 보리 열반이 없다.
또 말하라. 망상과 보리를 나누는 것이 옳은가, 나누지 않는 것이 옳은가.
만약 둘을 나누어 하나는 두고 하나는 버리면 그 병은 더욱 깊어질 것이다.
만약 번뇌와 보리를 나누지 않는다면 바로 이것은 꽉 막힌 불성[顢頇佛性]이요, 멍청한 진여[儱侗眞如]78)이다.

---

78) 만한불성(顢頇佛性) 농통진여(儱侗眞如) : 불성과 진여는 주어진 것이 연기된 것이므로 있되 실로 있지 않음을 열려져 있음의 보편성에 서서 표현한 범주다. 곧 진여(眞如)는 있음의 닫혀져 있지 않음을 표현하는 공(空)과 동일어이며, 불성은 존재[我]와 존재를 이루는 여러 법[諸法]이 공함을 통달

그렇다면 끝내 병을 없애고 법은 없애지 않는 도리는 어떻다고 말하는가.

어떤 사람이 이렇게 말하는 것을 듣고서는 '곧 법이 바로 병이요, 곧 병이 바로 법이다'라고 말하나 다만 말만 있을 뿐 실다운 뜻은 없다.

또 '진여를 따르면 뒤바뀐 헛된 생각과 탐냄과 성냄, 삿된 견해가 모두 이 법이고, 뒤바뀜을 따르면 진여인 불성과 보리 열반이 모두 이 병이다'라고 하니, 이러한 견해를 내게 말하지 말라. 누더기 옷을 들추면 곧 저 좌주의 노예가 되어버릴 것이니, 이는 뜻이 어디에 있는지 알지 못함이다. 그러므로 반드시 평지 위에 죽은 사람이 셀 수 없음을 알아야 할 것이니, 불타듯이 가시숲을 빨리 지나는 자가 솜씨 좋은 자이다.

고인이 다음과 같이 말한 것을 보지 못했는가.

"설사 한 법이 열반보다 지나간 것이 있다 해도 나는 그것을 꿈과 같고 허깨비 같다고 하겠다."

참으로 꿈과 허깨비 가운데서 실답게 깨닫고 실답게 알고 실답게 닦고 실답게 행하면, 이 실다운 법으로 스스로를 조복하고 대비심을 일으키고 갖가지 방편을 지어 다시 온갖 중생을 조복할 수 있을 것이다.

그렇지만 중생에 대해서 조복한다는 생각과 조복하지 않는다는 생각을 짓지 않고, 뒤바뀌었다는 생각도 짓지 않고, 탐냄과

함으로써 현전하는 생활의 자유[我法二空 所顯眞如曰佛性]이다. 그러므로 진여와 불성을 생활 밖에 있는 어떤 것이라 하거나 초월적인 것으로 붙들어 쥐거나 번뇌와 보리가 함께 뭉뚱그려진 것으로 보면, 생활의 열려진 자유와는 무관한 어떤 것, 정한 모습이 있는 진리가 되므로 그것을 '꽉 막힌 불성', '멍청한 진여'라 한다.

성냄, 삿된 견해라는 생각도 짓지 않고, 진여 불성, 보리 열반이라는 생각도 짓지 않고, 병을 없애고 법은 없애지 않는다는 생각도 짓지 않고, 법은 두고 병을 버린다는 생각과 법과 병이 하나니 둘이니 하는 생각을 짓지 않아야 한다.
 이미 이와 같은 생각이 없으면 한 길의 청정하고 평등한 해탈이 될 것이다.79)

(2) 선문의 방편

선문에도 또한 비밀하게 부쳐주는 법을 감당하지 못하여 교(敎)를 빌어 종지를 깨닫는 자를 위하여 참 성품의 연기〔眞性緣起〕인 사법과 사법이 걸림 없는 법〔事事無礙之法〕을 설함이 있다. 그것은 저 삼현문(三玄門)에서 첫 입문의 사람이 들어가는 '체 가운데 현묘함〔體中玄〕'에서 밝히고 있는바 '가없는 세계 가운데는 나와 네가 털끝만큼의 틈이 없고, 십세의 옛과 지금에는 비롯함과 마침이

---

79) 今日幸遇在會諸人同此證明 不免借渠鼻孔出氣 要識法麽 眞如佛性菩提涅槃是 要識病麽 妄想顚倒貪瞋邪見是
 雖然如是 離妄想顚倒 無眞如佛性 離貪瞋邪見 無菩提涅槃 且道分卽是不分卽是 若分存一去一其病益深 若不分正是顢頇佛性ㅅ龍侗眞如
 畢竟作麽生說箇除病不除法底道理 有般漢聞恁麽說便道 卽法是病 卽病是法 但有言說 都無實義 順眞如則顚倒妄想貪瞋邪見悉皆是法 隨顚倒則眞如佛性菩提涅槃悉皆是病 恁麽見解莫道我 披衲衣便是作他座主奴也 未得在何故須知平地上死人無數 灼然過得荊棘林者是好手
 不見古人云 設有一法過於涅槃 吾說亦如夢幻 苟能於夢幻中 如實而證如實而解 如實而修如實而行 以如實之法 能自調伏 起大悲心 作種種方便 復能調伏一切衆生 而於衆生不作調伏不調伏想 亦復不作顚倒想 不作貪瞋邪見想 不作眞如佛性菩提涅槃想 不作除病 不除法想 不作存一去一分不分想 旣無如是之想 則一道淸淨平等解脫〈『대혜보각선사어록(大慧普覺禪師語錄)』권 3 〉

현재의 한 생각을 여의지 않는다'고 함과 같으며, 또 '한 구절이 밝고 밝아 만상을 모두 싸안는다'고 말함이 바로 이것이다.
　선문 가운데도 이러한 원돈(圓頓)의 가르침으로 믿어 이해시키는 실다운 말씀들이 강가강 모래수처럼 많지만, 이를 죽은 말귀〔死句〕라 하는 것은 사람으로 하여금 알음알이의 장애를 내게 하기 때문이다.
　아울러 이것은 처음 마음을 내 배우는 이들이 바로 끊어드는 문〔徑截門〕의 산 말귀에 참구해갈 수 없으므로 참성품에 맞는 두렷한 말씀을 보여 그들로 하여금 불법을 믿어 이해하여 뒤로 물러나지 않도록 하기 위함이다.

　禪門 亦有爲密付難堪借敎悟宗之者 說眞性緣起事事無礙之法 如三玄門 初機得入 體中玄 所明云 無邊刹境 自他不隔於毫端 十世古今 始終不離於當念 又云 一句明明該萬像等 是也
　禪門中 此等圓頓信解 如實言敎 如恒河沙數 謂之死句 以令人 生解礙故 幷是爲初心學者 於徑截門活句 未能參詳故 示以稱性圓談 令其信解 不退轉故

해설

　보조선사는 '선과 교를 판별하여〔禪敎判別〕' 선(禪)의 '격 밖의 언구〔格外言句〕'를 경전의 가르침 위에 둔다. 그리하여 원돈의 가르침〔圓頓敎〕에는 이치와 뜻이 붙기 때문에 죽은 말귀라 하고, 격 밖의 언구〔格外言句〕는 이치와 뜻이 붙지 못하므로 산 말귀라 한다.
　그러나 조사의 격 밖의 언구도 깨달음의 기연이 일상언어〔平常語〕

로 표출된 것이므로 넓은 뜻에서 깨달음을 제시하고 깨달음에 끌어들이는 가르침〔教〕에 속한다. 다만 붓다는 갖가지 방편의 문을 열어 때로 사람의 수준에 따르고 병통에 따르고 세상의 풍조에 따라 법의 약을 쓰기도 하고, 때로 바로 으뜸가는 존재의 뜻〔第一義諦〕을 단박 열어 보이기도 하지만, 조사는 방편을 짓지 않고 바로 격 밖의 언구[80]로 실상을 개현할 따름이다.

그러므로 가르침을 따라 단박 생각이 생각 아님을 요달하고 실상에 돌아가면 그 가르침이 곧 산 말귀〔活句〕가 되지만, 가르침을 듣고 문 밖에서 서성거리며 뜻과 알음알이로 헤매고 있으면 설사 격 밖의 언어라 하더라도 죽은 말〔死句〕이 된다.

조사의 깨달음의 언어가 산 말로 되는 것은 자신의 일상언어와 일상의 몸짓, 주체적인 생활의 언어로 직하에 존재의 실상을 열어 보임에 있다. 곧 상투적이고 관성적인 일상의 낡은 말에 생명을 불어넣음으로써 자신의 한 말귀 안에 붓다의 팔만장교를 다 실어내므로 공안(公案)[81]의 언어를 산 말이라 한다면, 다시 공부인에게 가르침

---

80) 격 밖의 언구〔格外言句〕: 조사의 격 밖의 언구 또한 중생의 병통에 따라 실상을 바로 자신의 산 말귀로 열어 보이므로, 격 밖의 언구에도 제일의실단(第一義悉壇)의 뜻만 있는 것이 아니라 중생의 망념에 상대한 대치실단(對治悉壇)의 뜻이 있다. 산 말귀에는 방편과 실상의 뜻이 동시에 있으므로 공부인은 말귀 봄을 통해 자신의 참 면목을 돌이키고 무념을 증득해야 하는 것이니, 산 말귀를 집착해 그 말귀를 신비화하는 자는 산 말귀를 죽은 말귀가 되게 하는 자이다.

81) 공안(公案): 원뜻은 관공서에서 옳고 그름을 판정하는 법령이나 문서를 말하나, 선종에서 깨달은 이들의 기연언구가 공부인의 지침이 되고 좌표가 되므로 공안이라 하였다.

　공안에는 다음 다섯 가지의 큰 뜻이 있다.
　① 선을 깨닫는 도구가 되고〔作悟禪之工具〕,

이 산 말로 되는 것은 가르침의 말귀를 자신의 문제로 철저히 안아 들임에 있다.

그러므로 말과 사유 속에서 말과 사유의 자취를 벗어날 수 있는 이에게는 붓다의 팔만장교와 범부의 일상언어마저 산 말로 되지만, 말과 사유를 신비화시키거나 말과 사유의 공성(空性)을 요달하지 못한 이에게는 격 밖의 언구〔格外言句〕마저 죽은 말이 되는 것이다.

말귀가 산 말이 되고 죽은 말이 되는 것은 말귀에 있는 것이 아니라 말을 쓰는 자가 산 말로 쓰느냐 죽은 말로 쓰느냐에 달려 있는 것이니, 어찌 경전의 말이라고 죽은 말이 되고 조사의 언구라고 산 말이 될 것인가.

이에 대혜선사는 화엄의 가르침을 이끌어 법을 보이면서 다만 그 말귀를 따라가지 말고 말을 통해 스스로 있는 하늘 뚫을 뜻에 돌아가도록 다음같이 가르쳐 보인다.

　　유정(有情)의 근본은 지혜바다를 의지하여 본원을 삼고 함식의 무리들은 법신으로 바탕을 삼는다. 그러나 어떤 것이 지혜바다의 근원이며 어떤 것이 법신의 바탕인가.
　　만약 이 근원을 알면 천 가지 근원과 만 가지 근원이 다만 이 한 가지 근원일 것이요, 만약 이 바탕을 알면 천의 바탕과 만의 바탕이 다만 이 한 바탕이 될 것이다.
　　그러므로 경은 말한다.
　　"가없는 세계 가운데에는 나와 네가 털끝만큼의 틈이 없고,

---

　② 살펴 체험해가는 방법이 되고〔作考驗之方法〕,
　③ 권위가 되는 규범이 되며〔作權威之法範〕,
　④ 제자를 인정해주는 신표가 되고〔作印證之符信〕,
　⑤ 공부길의 최후의 지시가 된다〔作究竟之指點〕.

십세의 옛과 지금에는 비롯함과 마침이 현재의 한 생각을 떠나지 않는다."
 비록 이와 같으나 장부는 스스로 하늘 뚫을 뜻이 있으니, 여래의 가는 곳을 향해 가려하지 말라.82)

(3) 바로 끊어드는 문〔徑截門〕

 만약 바로 근기 높은 수행자로서 비밀히 전한 법을 감당하여 집착의 둥지를 벗어버린 이라면, 바로 끊어드는 문〔徑截門〕의 맛없는 말을 듣기만 해도 알음알이의 병에 걸리지 않고 곧 말이 떨어지는 곳을 아니, 이를 '하나를 들으면 천을 깨달아 크나큰 총지를 얻는 이'라 말한다.
 또 원돈의 가르침으로 믿어 이해하도록 하는 문을 잡아 보면, 이 열 가지 알음알이의 병 또한 참된 성품〔眞性〕에서 연기된 것이라 취하고 버릴 것이 없는 것이다. 그러나 원돈의 가르침은 말길과 뜻길이 있고 들어 풀이하고 헤아려 생각할 것이 있으므로, 처음 마음을 내 배우는 이들이 믿어 받아 받들어 지닐 수 있다.
 만약 바로 끊어드는 문을 잡아 보면 마땅히 몸소 깨치는 곳에서 비밀히 계합하는 것이라 말길과 뜻길이 없고 들어 풀이하고 헤아려 생각함을 용납하지 않으므로, 비록 법계의 걸림 없는 연기의 이치라 하더라도 도리어 말하고 풀이하는 장애를 이루게 된다.
 만약 근기 높은 큰 지혜가 아니라면 어찌 밝힐 수 있으며 어찌

---

82) 有情之本依智海以爲源 含識之流總法身而爲體 且那箇是智海之源 那箇是法身之體 若識得此源 千源萬源只是一源 若識得此體 千體萬體只是一體
 所以道 無邊刹境 自他不隔於毫端 十世古今 始終不離於當念 雖然如是 丈夫自有衝天志 休向如來行處行〈『대혜보각선사어록(大慧普覺禪師語錄)』권3〉

꿰뚫을 수 있겠는가. 그러므로 여러 배우는 무리들이 의심하고 비방하게 되니 이치가 참으로 그럴 수밖에 없는 것이다.

또 선종(禪宗)에서 말을 배우는 이들이 이 화두를 논하는 데 두 가지 뜻이 있으니, 첫째 온전히 들어보이는 말〔全提之語〕이요, 둘째는 병을 깨뜨리는 말〔破病之談〕이다.

화두에서 미묘함을 알아 다만 한 생각을 바로 잡아 이끌어 공부를 짓는 이라면 도무지 온전히 들어보인다는 알음알이도 없는데, 하물며 병을 깨뜨린다는 생각을 들어 비밀한 뜻을 파묻어 버릴 것인가.

한 생각이라도 온전히 들어보인다느니 병을 깨뜨린다느니 하는 알음알이를 일으키면, 바로 뜻 뿌리 밑에서 헤아려 아는 병에 떨어지게 되니, 어찌 산 말귀를 참구하는 자가 될 수 있겠는가.

若是上根之士 堪任密傳 脫略窠臼者 纔聞徑截門無味之談 不滯知解之病 便知落處 是謂一聞千悟 得大摠持者也

又若約圓頓信解門則此十種知解之病 亦爲眞性緣起 無可取捨 然以有語路義路聞解思想故 初心學者 亦可信受奉持

若約徑截門則當於親證密契 無有語路義路 未容聞解思想故 雖法界無礙緣起之理 翻成說解之礙 若非上根大智 焉能明得 焉能透得耶 以故 泛學輩 翻成疑謗 理固然矣

又禪宗學語者 論此話頭 有二義 一全提之語 二破病之談 話頭知微 但提撕做工夫者 都無全提之解 況有破病之念 埋沒密旨也 纔擬一念全提破病之解 便落意根下卜度之病 豈爲參詳活句者耶

184 제2부 산 말귀를 보아 의심을 결단하라〔看話決疑〕

> 해설

 선문(禪門)에서 원돈의 가르침 위에 다시 바로 끊어드는 문〔徑截門〕을 세우는 뜻은 무엇인가.
 붇다의 한량없는 교설은 모두 우리 중생으로 하여금 모습〔相〕의 모습 없음〔無相〕을 통달하여 생각〔念〕과 생각 없음〔無念〕을 함께 뛰어넘어 해탈의 삶을 살도록 해준다. 그러나 범부들은 여래가 보인 가르침의 말을 통해 바로 관행에 들어 생각을 떠나지 못하고, 불법 지견을 다시 세워 물든 사유와 언어의 질곡에서 벗어나지 못한다. 그래서 선문(禪門)에서는 말과 이치가 붙을 수 없는 '산 말귀를 보아〔看話〕' 단박 무념(無念)에 이르게 하는 경절문을 다시 세운다.
 대혜종고선사는 화두를 보아 바로 해탈의 땅에 이르게 하는 경절문을 증시랑에게 보내는 편지에서 다음과 같이 보인다.

 당신은 이미 공부의 칼자루를 잡으셨소. 이미 칼자루가 손에 있으니 방편을 버리고 도에 들지 못할까 어찌 걱정할 것이오. 다만 이와 같이 공부를 지어갈 뿐이니, 경의 가르침과 옛사람의 어록에 쓰인 갖가지 차별 언구를 볼지라도 또한 다만 이와 같이 공부할 뿐입니다.
 저 수미산83), 방하착84), 개에 불성 없음85), 죽비자 화두86) 와 한 입에 서강의 물을 다 마심87), 뜰 앞의 잣나무 화두88)도

---

83) 부록 p.394 ⒆ 한 생각도 일으키지 않으면〔須彌山〕
84) 부록 p.385 ⑼ 한 물건도 가져오지 않을 때〔放下着〕
85) 부록 p.382 ⑺ 개에게 불성이 있는가〔狗子無佛性〕
86) 부록 p.396 ㉕ 죽비라 해야 되나 죽비라 하지 않아야 되나〔竹篦子〕

또한 다만 이와 같이 공부하여 다시 따로 다른 이해를 내거나 따로 도리를 찾거나 따로 재주를 짓지 마십시오.

당신이 급한 흐름 가운데서 때때로 이처럼 잡아 이끌어갈 수 있는 데도, 도업을 만약 이루지 못한다면 불법이 영험이 없는 것이오. 기억하고 기억하십시오.89)

선사들이 불교경전 밖에 다시 경절의 언구를 세워 공부길을 제시하는 것은 불법에 대한 개념적 이해에 머물러 있는 병폐를 깨뜨려 화두 일념의 관행에 바로 이끌어 들이기 위함이다. 스승의 산 말귀 아래 바로 알아들으면 말 아래 곧 크게 깨침이지만, 알아듣지 못하면 들은 바 산 말귀를 살피는 바 경계[所觀境]로 삼고 자신의 문제로 삼게 된다. 그리하여 '능히 물음'과 '물어지는바 문제'의 끊어짐 없는 연기적 상관운동을 통해 물어지는 바와 모순으로 주어져 있던 주체의 물음을 언구의 타파[公案打破], 문제의 해결을 통해 해답인 물음으로 지양하게 되는 것이다.

물음과 물어지는 바의 끊어짐 없는 긴장을 간화선은 '또렷이 밝음[惺惺]'이라고 규정하고, 자기의식의 긴장에 의해 잡다한 관념의 소용돌이가 사라지는 것을 간화선은 '고요함[寂寂]'이라고 정의한다. 성성(惺惺)과 적적(寂寂)은 서로 안받침되어 서로가 서로를 이루

---

87) 부록 p.379 ⑴ 한 입에 서강의 물을 마셔야[一口吸盡西江水]

88) 부록 p.383 ⑻ 뜰 앞의 잣나무[庭前栢樹子]

89) 公已捉着木覇柄矣 旣得木覇柄在手 何慮不捨方便門而入道耶 但只如此做工夫 看經敎幷古人語錄種種差別言句 亦只如此做工夫 如須彌山 放下著 狗子無佛性話 竹篦子話 一口吸盡西江水話 庭前柏樹子話 亦只如此做工夫 更不得別生異解 別求道理 別作伎倆也 公能向急流中時時自如此提掇 道業若不成就 則佛法無靈驗矣 記取記取 〈『대혜보각선사서(大慧普覺禪師書)』 상권 〉

어낸다. 고요하지 못하고 다만 밝기만 하면 그 밝음은 범부의 계교 사량에 지나지 않는 것이고, 밝지 못하고 고요하기만 하면 그 고요함은 무기공(無記空)의 어두운 구렁텅이에 빠짐일 것이다.90)

자기 물음을 통해 스스로 자기 삶에 해답의 주체로 선다는 점에서 간화선은 신념[信]과 회의[疑]의 창조적 통일의 실천이 된다. 공부인은 삶과 존재에 관한 진정한 자기확신에 도달하기 위해 의심하고, 의심을 통해 진정한 자기확신에 이른다. 스스로 되물어봄이 없이 다만 사람과 가르침을 섬기기만 한다면 그는 우상을 맹신하는 자이거나 교조적 이론가에 지나지 않을 것이며, 존재의 실상에 대한 믿음의 터전 위에서 참된 자기확신을 위해 의심하지 않는다면 그 의심은 좌표 없는 방황과 헤매임에 지나지 않을 것이다.

선(禪)은 자기 물음의 토대이자 자기 물음을 통해 검증되어가는 확신의 세계를 크게 믿는 마음[大信心]이라 하고, 믿음에서 일어나 믿음으로 복귀되어지는 회의의 세계를 크게 의심하는 마음[大疑心]이라 한다. 믿음의 터전 위에서 의심은 불꽃처럼 일어나 그 믿음을 반성된 믿음으로 정립해내고, 삶에 관한 큰 물음을 통해서 믿음은

---

90) 성적등지(惺寂等持)에 관한 고려 나옹선사(懶翁禪師)의 법어 : 생각 일어나고 생각 사라짐을 나고 죽음이라 한다. 나고 죽음의 때에 반드시 힘을 다해 화두를 들라. 화두가 깨끗하고 한결 같으면 일어나고 사라짐이 곧 다할 것이니, 일어나고 사라짐이 다한 곳을 고요함이라 한다. 고요함 가운데서 화두가 없으면 흐리멍텅함이라 한다. 고요함 가운데 화두가 어둡지 않으면 이를 신령함이라 한다.

곧 이 공적하되 신령한 앎은 무너짐이 없고 뒤섞임이 없으니, 이와 같이 공을 쓰면 얼마 되지 않아 도를 이루게 될 것이다.

念起念滅謂之生死 當生死之際 須盡力提起話頭 話頭純一起滅卽盡 起滅卽盡處謂之寂 寂中無話頭 謂之無記 寂中不昧話頭 謂之靈 卽此空寂靈知無壞無雜 如是用功 不日成之〈「보제존자시각오선인(普濟尊者示覺悟禪人)」〉

더욱 굳게 다져지며, 홀연히 물음과 물어지는 바의 간격이 무너지면 주체의 물음은 확신에 찬 해답의 물음으로 정립된다.

산 말귀를 보아가는 관행의 길이 진리에 대한 자기 물음을 통해 참된 확신처에 복귀하는 길이므로 선문의 큰 선지식들은 이미 깨친 붓다와 선지식의 가르침 앞에 그 가르침을 추종하기만 하는 인간이 아니라 스스로 그 가르침의 주체가 되어 당당히 자신의 삶을 이끌어가라고 가르친다.

미망 속에 헤매는 자기 처지와 현재의 어리석음을 꾸짖고 앞으로 나아가 이미 깨달아 자재를 성취한 분들과 똑같이 해탈법계에 들어가려는 마음을 선은 크게 분한 마음[大憤心]91)이라 한다. 크게 분한

---

91) 대신심(大信心), 대의심(大疑心), 대분심(大憤心) : 이 세 가지 마음은 선 수업의 세 가지 근본 요건이 된다. 그러므로 큰 믿음과 의정을 강조하기 위해 경전과 옛 조사 어록은 '믿음이 모든 실천의 근원이고 공덕을 내는 산실이라 온갖 선법을 길러낸다[信爲道元功德母 長養一切諸善法]'고 하며, '크게 의심 내는 곳에 반드시 큰 깨침이 있다[大疑之下 必有大悟]'고 한다. 또 큰 분심을 강조해서 '장부는 스스로 하늘 뚫을 뜻이 있어 여래가 간 곳을 향해 가지 않는다[丈夫自有衝天志 不向如來行處行]'고 하며, 또 '부처와 조사가 사람들의 미움 받는 곳을 붙잡아낸다[捉敗佛祖得人憎處]'고 말한다.

특히 대혜선사는 화두에 의심 지어가는 법을 다음과 같이 말한다.

"천 가지 의심, 만 가지 의심이 다만 이 한 화두의 의심이니, 화두 위에 의심을 깨뜨리면 천 가지 의심, 만 가지 의심이 한 때에 깨뜨려질 것이다. 화두를 깨뜨리지 못하면 얼굴 위에[上面] 나아가 화두로 더불어 끝까지 겨룰 것이니, 만약 화두를 버리고 다른 문자 위에 의심을 일으키거나 경교 위에 의심을 일으키거나 고인의 공안 위에 의심을 일으키거나 날로 쓰는 번뇌 가운데서 의심을 일으키면, 모두 다 삿된 마의 권속일 뿐이다."

또 고봉선사는 『선요(禪要)』에서 참선을 행할 때 갖추어야 할 세 가지 요점을 다음과 같이 보인다.

"만일 진실하게 참선을 행하려면 반드시 세 가지 요점을 갖추어야 한다.

마음은 스승과 거룩한 이에 대한 공경을 맹종과 우상화가 아니라 상호승인과 서로 받아들임으로 전환시켜내고, 대중에 대한 사랑을 애견(愛見)의 집착이 아니라 대중 자신을 자기 삶의 주체로 세워주는 보살의 일〔菩薩業〕로 바꾸어낸다.

산 말귀를 참구하는 일은 큰 믿음과 큰 회의, 크게 분한 마음이 갖추어진 다음에 행하는 일이 아니라, 화두하는 일이야말로 세 가지 마음을 구현해가는 일이다.

스승이 쓰는 산 말귀는 때로 묻는 이의 근기와 병통, 집착과 치우침에 따라 말해지기도 하고, 묻는 이의 수준과 근기에 무관하게 바로 본분(本分)을 드러내 보이기도 한다.

이는 붓다가 교설을 펴실 때, 때로 듣는 대중의 근기에 따라 법을 쓰기도 하고〔爲人悉壇〕, 듣는 대중의 병통에 따라 법을 쓰기도 하며〔對治悉壇〕, 세상의 일반적 풍조에 맞춰 법을 쓰기도 하고〔世界悉壇〕, 바로 으뜸가는 존재의 실상을 열어 보이기도 함〔第一義悉壇〕92)과 같다.

첫째 요점은 큰 믿음의 뿌리가 있어야 함이니, 이 일이 한 큰 수미산을 의지함과 같은 줄 앎이다. 두 번째 요점은 크게 분한 뜻이 있어야 함이니, 마치 아버지를 죽인 원수를 만나 바로 한 칼로 두 조각 내고자 함과 같이 함이다. 세 번째 요점은 큰 의정이 있어야 함이니, 어두운 데서 한 지극한 일을 지어 마쳐서 바로 드러나고자 하되 드러나지 못한 때에 있음과 같이 함이다. 열두 때 가운데에 과연 능히 이 세 가지 요점을 갖추면 하루 사이에 공을 이루어 얻을 수 있어서 항아리 가운데 달아나는 자라를 두려워하지 않게 되겠지만, 진실로 그 하나라도 빠뜨리면 마치 꺾어진 솥이 마침내 버린 물건 되는 것과 같다. 그렇듯 비록 이와 같으나 서봉의 구덩이 속에 떨어져 있음이니 또한 구하지 않을 수 없다. 쯧쯧!"

若謂着實參禪 決須具足三要 第一要 有大信根 明知此事 如靠一座須彌山 第二要 有大憤志 如遇殺父冤讎 直欲便與一刀兩段 第三要 有大疑情 如暗地 做了一件極事 正在欲露未露之時 十二時中 果能具此三要 管取克日功成 不怕甕中走鱉 苟闕其一 譬如折足之鼎 終成廢器 然雖如是 落在西峰坑子裡 也不得不救 咄

그래서 스승[師家]은 존재를 들어 의식을 밝히기도 하고, 의식을 들어 존재를 밝히기도 하며, 있음의 집착을 깨기 위해 없음을 말하기도 하고, 없음의 집착을 깨뜨리기 위해 있음을 말하기도 한다. 그러나 공부를 지어가는 이는 스승의 말 아래 한 생각으로 산 말귀를 잡아 이끌어, 무념(無念)의 진실한 곳을 향해 모든 병을 깨뜨려 실상을 바로 드러낼 뿐, 이 말귀가 병을 깨뜨린다느니 본분을 온전히 드러낸다느니 하는 헤아림으로 짐작해가서는 안 될 것이다.

다만 산 말귀 봄의 한 길로 나아가면 분별함과 분별하지 않음도 모두 붙들 수 없게 될 것이니, 대혜선사는 다음과 같이 말한다.

당에 올라 이렇게 말했다.
"법에는 정해진 모습이 없이 사람으로 말미암아 건립된다."
갑자기 주장자 들어 한번 내리치고 말하였다.
"이 법은 사량분별로 알 수 있는 바가 아니다.
다시 말하라. 분별하지 않고 사량하지 않을 때 이것은 무엇인가.
분별하고 사량할 때 또 이것은 무엇인가."
다시 주장자를 한번 치고 '악'하고 한번 외쳤다.[93]

---

92) 네 가지 실단[四悉壇]과 선문 종사의 법 쓰는 수단 : 실단이란 성취라는 뜻의 싣단타(siddhānta)이니, 붓다는 세계실단, 위인실단, 대치실단, 제일의실단의 네 가지 법의 문을 통해 대중을 깨달음의 세계에 성취시켜 주므로 사실단이라 한다. 선문 종사의 병 깨뜨리는 법[破病]이 붓다의 위인실단과 대치실단, 세계실단이라면, 본분을 온전히 들어보이는 법[全提]은 바로 붓다의 제일의실단이며, 천태의 공관과 가관이 파병의 수단이라면 중도관은 바로 전제의 수단일 것이다. 그러나 늘 법의 약은 병에 따라 이름이 세워지니, 병이 본래 병이 아니라면 법의 모습도 세워질 수 없는 것이다.

190　제2부 산 말귀를 보아 의심을 결단하라〔看話決疑〕

---

93) 上堂
　　法無定相 建立由人
　　驀拈柱杖卓一下云
　　是法非思量分別之所能解
　　且道 不分別不思量時 是箇甚麼 分別思量時 又是箇甚麼
　　復卓一下喝一喝　　〈『대혜보각선사어록(大慧普覺禪師語錄)』권 3 〉

2. 알음알이의 장애〔知解之障碍〕

1) 지해(知解)에 관한 물음

어떤 이가 물었다.
이미 '법과 성품이 원융하여 연기가 걸림 없다'94)고 말한다면 비록 들어서 아는 것이 있다 한들 무슨 걸림이 있겠습니까.

問 旣云法性 圓融 緣起無礙 雖有聞解 何有礙耶

해설

화엄원교의 불법지견마저 깨뜨리기 위해 원교 밖에 화두를 보아 바로 끊어드는 문을 세웠다고 하니, 불교를 들어서 아는 이해가 무슨 장애가 되는가를 묻는다. 그리고 이미 법계연기의 막힘없는 세계에서 보면 장애가 바로 해탈인데, 불법에 대한 알음알이가 무슨 걸림돌이 될 것인가를 묻는다.

---

94) 법과 성품이 원융하여〔法性圓融〕: 법성(法性)을 '법과 성품'이라고 우리 말로 옮긴 것은 법(法)을 사법계(事法界)로 보고 성품〔性〕을 이법계(理法界)로 보아, '법과 성품 원융함'은 '진리와 사법이 걸림 없음〔理事無碍〕'으로 풀이함이고, '연기가 걸림 없다'고 함은 사법과 사법이 걸림 없음〔事事無碍〕으로 풀이한 것이다.

2) 알음알이의 장애를 답함

그대는 어찌 보지 못하는가. 『원각경』은 이렇게 말하고 있다.
'만약 어떤 사람이 있어서 번뇌의 생각을 길이 끊어서 법계의 깨끗함을 얻어도 곧 깨끗하다는 알음알이가 스스로 장애가 됨을 받게 된다. 그러므로 두렷한 깨달음[圓覺]의 세계에 자재하지 못한다.'
『원각경』에 의하면 법계의 깨끗함을 얻는 자도 또한 알음알이의 장애가 되는데, 하물며 이제 배우는 이들이 번뇌의 뜻과 알음알이를 가지고 연기의 걸림 없음을 헤아리는 것이 어찌 해탈지견이 될 수 있겠는가.

答 汝豈不見 圓覺經云 若復有人 勞慮永斷 得法界淨 卽被淨解 爲自障礙 故於圓覺 而不自在 得法界淨者 亦爲解礙 況今學者 將情識卜度緣起無礙 豈爲解脫知見耶

해설

불교가 제시하는 지혜의 길은 모든 모습과 있는 것들이 연기인 줄 통찰하여 생각에서 생각을 여의고 모습에서 모습을 여의어 모습과 생각을 자재하게 굴려씀에 있다.
그러므로 있는 모습을 실로 있는 것으로 보아 모습에 물들거나 생각으로 법을 헤아려서 알아내려는 것은 모두 참된 무념(無念)의 길이 되지 못한다.
불교에 대한 이해는 그 스스로 장애가 되는 것이 아니라 실천의 바른 방향을 읽어내지 못하고 개념의 굴레에 갇혀 있을 때 장애가 되고, 이해를 통해 바로 관행에 나아가거나 무념에 돌아가면 불법지견이 결코 장애가 되지 않는다.

천태 육즉위(六卽位 : 理卽位, 文字卽位, 觀行卽位, 相似卽位, 分眞卽位, 究竟卽位)95)에서 이즉위(理卽位)란 중생이 비록 번뇌 속에 있되 여래와 다름 없는 지위이니, 중생의 번뇌 망상이 철저히 공한 곳을 말한다. 구경즉위(究竟卽位)란 존재의 실상을 완전히 실현했지만 깨달음에 깨달음의 자취가 없고 얻었다는 집착이 없는 지위이다.

가운데 문자(文字)와 관행(觀行)은 이즉위의 정인(正因 : 깨달음의 근본바탕인 불성)을 돌이켜 구경즉위의 요인(了因 : 깨달음을 새로 구현한 지혜)을 이루게 하는 실천행으로서 연인(緣因 : 깨닫게 하는 관

---

95) 천태 육즉위(天台 六卽位) : 천태 육즉위설을 다만 인과적인 차제에서 해석하는 것은 고통과 고통을 부정하는 실천과 고통이 사라진 해탈을 실재론적으로 설명하는 방식〔生滅四諦〕이다. 오히려 첫 자리인 이즉위(理卽位)가 중생의 번뇌가 본래 공하고 여래의 보리와 열반이 본래 갖추어진 자리이고, 맨 끝자리인 구경즉위(究竟卽位)가 중생의 자기 본질이 전체적으로 실현된 자리이며, 가운데 실천행으로서 문자와 관행이 중생의 이즉위에서 일어나 구경즉위를 생활 속에 주체화하는 것이라면, 육즉위의 각 지위는 서로 의지해 있으므로 공하고 공하기 때문에 서로 의지해 실천의 인과를 이루는 것으로 보아야 한다.

그러므로 천태 육즉위설의 참뜻은 중생의 못 깨친 모습〔不覺〕과 중생의 본래 깨쳐 있는 모습〔本覺〕과 여래의 새로 깨달은 모습〔始覺〕이 모두 실체가 아니기 때문에〔不覺本覺始覺 本無自性〕여래와 다름없는 중생의 자기 본질〔正因〕과 깨닫게 하는 실천 관행〔緣因〕과 구경의 깨달음〔了因〕이 서로 의지해 있어서 떨어질 수 없음을 보이는 교설이다.

원교(圓敎)의 육즉위설에서 보면 한 지위 가운데 다른 모든 지위를 다 갖추어 떠나지 않으니, 이것이 바로 번뇌를 끊을 것이 없고 열반을 얻을 것이 없는 무작사제문(無作四諦門)이며, 십이연기가 바로 불성〔十二緣起卽佛性〕인 부사의십이인연(不思議十二因緣)인 것이다.

행)이라고 할 수 있다. 이 정인과 요인과 연인은 구체적인 실천에서는 서로 의지해서 자기를 구성하며 서로 다른 것을 통해서 자기 의미를 갖는 것이다.

그러므로 육즉위 가운데 문자적인 이해를 통해 온갖 법이 남이 없음[無生]을 아는 지위인 문자즉위에서 문자의 굴레에 갇혀 있으면 병통이 되지만, 문자라는 진리의 조건[緣因]을 통해 관행에 들어 문자를 지양하면 문자는 바로 해탈의 조건이 되고 진리의 주체적 원인[正因]을 현실에 실현하는 도구가 된다.

다만 보조선사는 문자에 갇혀 참으로 무념(無念)에 돌아가지 못하는 알음알이의 공부를 경계하여 불법지견의 장애를 경계하고 있을 뿐이다. 보조선사가 인용한 『원각경』의 법문은 범부가 사마타(śamatha)의 수행을 통해 번뇌의 얽매임을 끊고 청정함을 얻었으나, 청정하다는 생각이 장애가 되어 대자유 얻지 못하게 됨을 일러주는 가르침이다.

이는 천태 육즉위에서 관행을 통해 상사즉(相似卽)과 분진즉(分眞卽)96)을 이룰 때 그 지위에 머무르면 구경즉에 이르지 못하고, 깨달

---

96) 상사즉위(相似卽位)와 분진즉위(分眞卽位) : 육즉위설에서 관행즉위와 상사즉위와 분진즉위의 관계는 사제법에서 도제와 멸제의 인과관계에 상응한다. 곧 관행즉위가 번뇌를 조복하는 실천행이라면, 상사즉위와 분진즉위는 실천의 결과로 나타나는 깨달음의 결과이다. 그런데 관행이 번뇌를 대치하기 위한 것이고 번뇌가 실로 있는 것이 아니라면, 관행 또한 실체적인 것으로 붙잡아서는 안 되니, 깨달음이란 바로 번뇌의 병이 사라지므로 관행의 약까지 지양되는 곳이다.

이처럼 관행이 공하므로 관행의 결과인 깨달음에도 쥘 모습이 없는 것인데, 관행 자체와 수행상 자체를 실체화하거나 번뇌의 병과 관행의 약이 함께 남아 있다면 그 깨달음은 깨달음의 모습도 공한 참 깨달음이라 할 수 없다는 뜻으로 상사즉(相似卽)이라 하고, 병과 약이 사라져 깨달음에 이르렀으되

음에 깨달음이라는 모습이 있으면 그 깨달음이 구경각이라 이름할 수 없음과 같다.

천태 육즉위에서 구경즉위는 앞의 이즉위에서 분진즉위까지의 지위를 떠난 것도 아니고 그것들의 머물러 있는 모습도 아닌 것이다. 곧 구경즉위는 번뇌가 본래 공하므로 번뇌를 끊음도 아니고, 보리 열반에도 머물러야 할 모습이 없으므로 보리 열반을 얻음도 아니다. 구경각은 범부의 번뇌가 아니지만 번뇌 아님도 아니고, 문자즉위의 문자적인 지견이 아니지만 그 지견을 여의지도 않으며, 관행즉위의 관행이 아니지만 관행을 떠나 있는 것도 아니다. 그리고 문자와 관행을 통해 얻은 상사즉위와 분진즉위의 청정한 경계를 떠난 것이 아니지만 그 청정한 경계에 머무름도 아니니, 『원각경(圓覺經)』「청정혜보살장(淸淨慧菩薩章)」은 여래의 구경각을 이렇게 말한다.

선남자여, 모든 장애가 곧 구경각이니 생각 얻음과 생각 잃음이 해탈 아님이 없고, 법을 이룸과 법을 깨뜨림을 모두 니르바나라 한다. 지혜와 어리석음이 모두 반야가 되고 보살과 외도가 이룬 법이 같은 보리이며, 무명과 진여에 다른 경계가 없으며, 모든 계·정·혜와 음행과 성냄과 어리석음이 모두 깨끗한 범행이며, 중생과 국토가 같은 하나의 법성이며, 지옥과 천궁이

깨달음의 자취가 남아 있으면 완전한 깨달음이 아니라는 뜻으로 분진즉(分眞卽)이라 한다. 그러나 번뇌의 병이 본래 공하므로 관행의 약 또한 공하여 병과 약이 지양되는 곳에 깨달음의 구현이 있지만, 깨달음에도 머물 모습이 없으면 그것을 구경즉위라 한다. 구경즉위는 바로 범부의 이즉(理卽) 자체이기 때문에 중생의 일상사를 떠나지 않는 것이며, 보살의 관행을 떠나지 않는 것이기에 길 가는 일〔途中事〕과 집안 속의 휴식〔家裏事〕이 끝내 둘이 없다 할 것이다.

모두 정토가 된다.
　성품 있는 이나 성품 없는 이가 함께 불도를 이루고, 온갖 번뇌가 끝내 해탈이며, 법계의 바다 같은 지혜로 모든 모습을 비추어 다함이 허공과 같으면, 이것을 여래의 두렷한 깨달음의 성품에 따름이라 한다.97)

　천태의 육즉위와 『원각경』을 보면 여래의 구경각은 중생의 이즉위가 아니나 이즉을 떠난 것도 아니고, 문자즉이 아니나 문자즉을 떠난 것도 아니다. 그러므로 문자를 통해 아는 불법지견도 그것에 머물면 병이 되려니와 중생의 알음알이와 온갖 불법지견이 곧 공한 줄 알아 바른 이론과 앎을 실천에로 지양해가면 지해(知解)가 결코 병이 될 수 없는 것이다.
　대혜선사는 『서장』에서 알음알이의 장애가 실로 있는 것으로 보아 스스로 장애를 짓는 부추밀(富樞密)에게 보내는 편지에서 다음과 같이 말한다.

　　위로부터 크게 지혜로운 수행자들은 모두 알음알이〔知解〕로 짝을 삼고, 알음알이로써 방편을 삼으며, 알음알이 위에서 평등한 자비를 행하며, 알음알이 위에서 모든 붓다의 일을 짓지 않음이 없었소.
　　마치 용이 물을 얻고 호랑이가 산을 의지하듯 끝내 이것으로 뇌로움을 삼지 않음은 다만 저들이 알음알이가 나는 곳을 알았

---

97) 善男子 一切障礙 卽究竟覺 得念失念 無非解脫 成法破法 皆名涅槃 智慧愚癡 通爲般若 菩薩外道 所成就法 同是菩提 無明眞如 無異境界 諸戒定慧 及淫怒癡 俱是梵行 衆生國土 同一法性 地獄天宮 皆爲淨土 有性無性 齊成佛道 一切煩惱 畢竟解脫 法界海慧 照了諸相 猶如虛空 此名如來 隨順覺性

기 때문이니, 이미 일어나는 곳을 알면 알음알이가 바로 해탈의 장이며 바로 나고 죽음을 벗어나는 곳이오.

 이미 알음알이가 해탈의 장이며 나고 죽음을 벗어난 곳이라면 알고 풀이하는 그 본바탕이 바로 고요함이며, 알고 풀이하는 그 본바탕이 이미 고요하다면 알음알이인 줄 알 수 있는 자도 고요해지지 않을 수 없으며, 보리·열반과 진여·불성도 고요해지지 않을 수 없소. 그렇다면 다시 무엇이 있어 장애가 될 것이며 다시 어느 곳을 향해 깨쳐 들어감을 구할 것이오.98)

---

98) 從上大智慧之士 莫不皆以知解爲儔侶 以知解爲方便 於知解上行平等慈 於知解上作諸佛事
　　如龍得水 似虎靠山 終不以此爲惱 只爲他識得知解起處 旣識得起處 卽此知解便是解脫之場 便是出生死處 旣是解脫之場 出生死處 則知底解底當體寂滅 知底解底旣寂滅 能知知解者 不可不寂滅 菩提涅槃眞如佛性 不可不寂滅 更有何物可障 更向何處求悟入〈『대혜보각선사서(大慧普覺禪師書)』상권 〉

3. 말과 생각 끊음〔離言絶慮〕

1) 경전에서 밝힌 무념과 선의 무념(無念)

어떤 이가 물었다.

그렇다면 『반야경』에서 말하고 있는 바와 같이 '아는 지혜도 없고 얻는 바도 없다'고 함과 또 돈교에서 말하고 있는 '한 생각이 나지 않으면 곧 부처라 한다'는 등 말을 여의고 생각 끊음이 바로 이것입니까.

問 然則如般若經所謂無智亦無得 又頓敎所謂一念不生 卽名爲佛 等離言絶慮 是耶

> 해설

말과 생각의 자취가 끊어진 머묾 없는 삶을 경전에서는 부사의해탈경계(不思議解脫境界)라 말하기도 하고, 부사의법계(不思議法界)라 하기도 한다. 연기(緣起)로 표현된 세계의 실상이 주체의 생활에 실현된 모습이 부사의해탈이며 무념(無念)이니, 이는 주어진 것, 있는 것의 닫혀진 모습과 지금 있지 않은 것의 허무에 모두 머묾 없는 창조적 생활을 말한다.

이에 묻는 이는 경전에서 말하는 무념(無念)과 지금 보조선사가 말하는 경절문의 무념이 같은가 다른가를 묻는다.

2) 무념을 치우침과 두렷함으로 잡아 보임

말을 여의고 생각 끊음은 오교(五敎)에 모두 있는 가르침이다. 교마다 모두 하나의 말 끊는 가르침이 있어서 말을 잊고 뜻을 알게 하므로, 소승은 인공진여(人空眞如 : 존재가 연기이므로 공한 진여)를 깨닫고, 대승보살은 법공진여(法空眞如 : 존재를 이루는 모든 법도 공한 진여)를 깨닫는데, 깨닫는 문에 이르러서는 모두 말을 여의고 생각을 끊는 것이니, 만약 말과 생각을 잊지 못한다면 어떻게 깨달음[證]이라고 이름할 수 있겠는가.

돈교(頓敎)는 다만 진여의 이치[理性]가 말을 여의고 모습 끊어짐을 말하여 따로 한 무리 생각 여읜 근기를 위하므로 '한 생각도 나지 않음을 부처라 한다'고 하니, 이는 다만 진여의 이치를 증득하여 깨달음을 이룸[成佛]이라 모습 없이 깨끗하기만 한 법신[素法身]이라고 이름할 수 있는 것이다.

그에 대해 화엄에서는 법계의 걸림 없는 연기를 말하니, 보살이 들어서 익혀 닦아가면 십신(十信)의 지위에서 보고 들음이 마음에서 다하고 바른 앎과 행을 이루니, 믿음이 원만해진 십주(十住)의 첫자리를 깨달아 들어감[證入]99)이라 말하게 된다.

---

99) 초발심주(初發心住)의 정각과 구경각(究竟覺)의 견성(見性) : 깨친 뒤 '다시는 천하 선지식의 혀끝에 속지 않는다'고 말함은 중생의 병을 깨기 위한 종사의 형식논리의 차이에 놀아나지 않는다 함이며, 깨친 뒤 '다시는 천하 선지식의 말씀을 의심치 않는다'고 함은 가르침의 귀결처가 오직 무념(無念)의 중도실상임을 알아 말따라 동요하지 않는다는 뜻이다. 요즈음 한국 선가(禪家)에는 경전과 조사어록에 나오는 형식논리의 차이점에 휘둘려 바른 실천의 지표를 찾지 못한 채 '초발심주가 견성이라고 하는 자는 교종'이고 '구경각이 견성이라 하는 이만 선종'이라는 치우친 견해가 난무하고 있다.

그러므로 통현장자의 『화엄론』은 말한다.
'먼저 가르침을 듣고 바로 앎으로써 믿어 들어가고, 나중 생각 없음으로써 같음에 계합한다.'
여기서도 이미 생각 없음으로 깨달아 들어간다면 또한 이것이 말을 여의고 생각을 끊음인 것이다.
청량조사도 '붓다의 깨달음은 말을 여읨'이라 하고, 또 '성품 바다의 과덕은 이루 말할 수 없음에 해당한다'고 하며, '깨달음의 과덕의 바다는 생각을 여의어 마음으로 전함'이라 하니, 이처럼 미루어 보면 화엄 가운데 뜻이 넓고 큰 보살의 근기〔華嚴普機〕도 깨

천태(天台)와 방산(方山)이 '초발심주가 견성'이라 함은 존재에 관한 모든 회의가 종식되어 바른 믿음이 완성된〔十信滿〕 초발심주(初發心住)에서 있음에서 있음을 벗어나고 없음에서 없음을 벗어나 중도실상에 바로 서게 된다는 뜻이며, 초발심주 이후의 십주, 십행, 십회향, 십지의 발전과정은 있음과 없음에 머묾 없되〔無住〕 있음 아님과 없음 아님에 떨어짐이 없이 있음을 있음 아닌 있음으로 없음을 없음 아닌 없음으로 드러내는 묘한 행〔妙行〕을 표현하는 범주이며, 등각(等覺)과 묘각(妙覺)은 다시 묘행(妙行) 자체가 중생의 자기 본질〔理卽〕의 실현이며 여래의 깨달음 아닌 깨달음 자체임을 표현하는 범주이다.
다른 한편 구경각이 견성일 뿐 십지보살도 견성하지 못했다는 주장은 이미 천태 육즉위의 주해에서 설명했듯이, 번뇌의 자취와 번뇌를 깨는 관행의 자취가 있거나 닦아 얻어야 할 깨달음의 외재화가 있는 한, 불교가 제시한 바른 깨달음이 아니라는 뜻을 그렇게 표현하고 있는 것이다. 곧 앞의 천태선사에서의 십주, 십행, 십회향, 십지의 차제는 깨달음의 역동성을 표현하는 긍정적 의미라면, 구경각만이 견성이라는 주장에서 십주, 십행, 십회향, 십지의 차제적인 개념은 관행의 자취와 닦음의 실체성을 뜻하는 부정적 개념이다.
그러므로 형식논리의 차이만 보고 그 돌아가는 지취(旨趣)를 못 보면, 개가 돌멩이 던지는 사람을 물지 못하고 돌을 좇아가 무는 것과 같은 어리석음을 범할 것이다.

달아 들어가는 문에 이르러서는 또한 말을 여의고 생각 끊음이 분명한 것이다.
 선종에서 헤아림을 벗어난 근기〔過量之機〕가 화두를 참구해서 미묘함을 잘 아는 이는 '열 가지 알음알이의 병〔十種知解之病〕'을 내지 않으므로 또한 말을 여의고 생각 끊음이라 말할 수 있다.
 화두를 참구하는 이가 홀연히 크게 솟구쳐 터지듯〔噴地〕 한번 발하면 법계가 환히 밝아져 스스로 원융해져 모든 덕을 갖추게 되니, 저 조계조사(曹溪祖師)가 다음 같이 말한 바와 같다.

　　자기 성품이 세 가지 몸을 갖추었으니
　　밝게 깨달으면 네 가지 지혜 이룬다.
　　보고 듣는 생각을 떠나지 않고
　　활짝 벗어나 붓다의 지위에 오른다.
　　自性具三身　發明成四智
　　不離見聞緣　超然登佛地

 또 원교(圓敎)에서도 열 가지 몸과 열 가지 지혜 등이 다 법·보·화의 세 가지 몸과 네 가지 지혜 가운데 갖추어진 덕인 것이다.
 위의 가르침들은 모두 다 깨쳐 들어가는 자의 깨친 지혜와 경계의 치우침과 두렷함, 방편과 실상을 잡아 논한 것이다.
 그런데 지금 모습에 집착한 이들은 눈으로 보는 것만으로써 의심하여 믿지 않으니 어찌 그런 이들과 더불어 도를 말할 수 있겠는가.

答 離言絶慮 五敎 皆有之 以敎敎 皆有一絶言 幷令忘詮會旨故 小乘證人空眞如 大乘菩薩 證法空眞如 當於證門 皆離言絶慮 若言慮未忘 何名證也

頓敎 但說理性 離言絶相 別爲一類離念之機故 一念不生 卽名爲佛者 但是證理成佛 可名爲素法身也

華嚴說法界無礙緣起 菩薩聞薰修習則十信地 見聞終心 成解行 信滿住初 名爲證入故 華嚴論云'先以聞解 信入 後以無思 契同' 旣以無思 證入 亦是離言絶慮也 淸凉祖師云'佛證離言'又云'性海果分 當是不可說'又云'果海 離念而心傳'如是而推 華嚴普機 當於證入之門 亦是離言絶慮 明矣

禪宗過量之機話頭參詳 善知微者 不生十種知解之病故 亦可謂離言絶慮 忽然噴地一發則法界洞明 自然圓融具德 如曹溪祖師 所謂自性具三身 發明成四智 不離見聞緣 超然登佛地 是也 圓敎十身十智等 皆三身四智中 具德爾 皆約得入者 證智境界偏圓權實 論之 今時着相者 以肉眼所見 疑之不信 豈可與之語道也

> 해설

불교의 세계관은 연기법(緣起法)이고 연기의 실상을 깨쳐드는 주체의 실천은 육바라밀행(六波羅蜜行)이며, 바라밀행을 통해 구현되는 해탈의 삶은 때로 열반(涅槃 : nirvāṇa)으로 표현되기도 하고, 정토(淨土)로 표현되기도 하며, 붓다(Buddha)로 표현되기도 한다.

열반을 주체의 인식활동을 잡아 풀이하면, 열반은 '모든 생각과 모습이 끊어져 다한 어떤 곳'이 아니라 생각이 생각 아님[念卽無念]을 깨달아 생각에도 머묾 없고 생각 아님에도 머묾 없는 묘한 행[無住妙

行]인 것이다.
 삼법인100)의 핵심교설이 제법무아(諸法無我)인데, 제법무아를 바로 선(禪)에서는 무념(無念)이라 기술하므로 불교의 모든 교설은 무념을 설하고 모습이 모습 아닌 무상(無相)을 설하고 있는 것이다.
 현수법장(賢首法藏)의 오교판(五敎判)은 천태선사의 팔교(八敎)를 하나의 교판체계에 종합한 것이다. 곧 천태선사는 붓다의 교설을 내용에 따라 화법사교(化法四敎: 藏・通・別・圓)로 분류하고 교화형식에 따라 화의사교(化儀四敎: 頓・漸・秘密・不定)로 나누는데, 현수의 오교판인 소승교(小乘敎)・대승시교(大乘始敎)・대승종교(大乘終敎)・돈교(頓敎)・원교(圓敎)에는 소승과 대승[小大], 돈교와 점교[頓漸], 편교와 원교[偏圓]의 분류가 하나의 교판 안에 모두 들어와 있다.
 현수교판에 의하면, 아함교가 존재가 공함[我空]을 밝힌 소승이라면, 중관・유식・여래장사상은 존재와 존재를 이루는 법이 모두 공

---

100) 삼법인설(三法印說)과 선종의 언어 : 선종이 불교 안의 선종이라면 선종의 가르침의 언어가 불교 밖에 다른 교설일 수 없다. 경전의 교설과 선종의 언어를 연결해 보이면 다음과 같다.
 제법무아(諸法無我) : 오온이 공함을 체달하여 생각에서 생각 없고 모습에서 모습 없음[無念 無相]
 제행무상(諸行無常) : 공이 곧 오온인 줄 알아 생각 없되 생각 없음도 없고 모습 없되 모습 없음도 없음[無無念 無無相]
 열반적정(涅槃寂靜) : 생각 있음과 생각 없음에 모두 머묾 없는 묘한 행[無住妙行]
 지(止, śamatha) : 생각에 생각 없음[念而無念]
 관(觀, vipaśyanā) : 생각 없이 생각함[無念而念]
 지관구행(止觀俱行) : 생각하되 생각 없고 생각 없되 생각 없음도 없음[念而無念 無念而無無念]

함[我法二空]을 밝힌 대승이며, 선종(禪宗)이 단박 깨치게 하는 돈교라면 아함교 등은 점교이며, 화엄이 원교라면 여타의 가르침은 두루 원만하지 못한 편교인 것이다.

그러나 현수법사의 뜻으로 보더라도 오교(五敎)의 가르침이 비록 소와 대[小大], 점과 돈[漸頓], 편과 원[偏圓]의 차별이 있어도 그 가르침은 모두 연기된 모든 법이 공함을 보인 것이고 생각 없음을 체달하도록 하는 것이다.

그렇다면 본문에서 보조선사가 현수 오교판 가운데 돈교가 다만 '진여의 이치만을 증득한 깨달음'을 보이고 '진여에 모습 끊어짐'만을 보인 가르침이라 비판한 뜻은 무엇인가. 원래 오교판에서 대승종교와 일승원교 사이에 돈교를 설정한 것은 대승종교에서 보인 관행과 불성·여래장의 언교에도 집착하지 않을 때 화엄의 부사의해탈경계가 현전할 수 있음을 보이기 위함이다. 그러므로 돈교는 원교의 뜻을 드러내기 위한 병 깨뜨림[破病]의 시설인데도, 돈교의 생각 없음과 모습 없음에 머물러 '두렷 밝아 덕 갖춘[圓明具德] 일승'의 길에 나아가지 못할까 하여 다시 돈교의 생각 없음을 비판한 것이다.

곧 대승종교에서 세운 바 언교에 대해 일으킨 병을 깨기 위해 돈교의 말 끊어짐을 세우고, 화엄원교 가운데 세워진 알음알이와 온갖 불법지견의 병을 깨기 위해 가르침 밖에 조사의 격 밖의 언구[格外言句]를 세우는 것이다.

그러므로 언교 세움과 깨뜨림, 가르침의 치우침과 원만함이 모두 부사의법계에 돌아간 줄 알면 '범부의 헛된 말[凡夫虛言]'도 버릴 것이 없고 '조사의 산 말[祖師活句]'도 취할 것이 없는 것이다.

이에 대혜종고선사는 붓다의 팔만장교에 비록 권교(權敎)와 실교(實敎), 돈교(頓敎)와 점교(漸敎)의 차별이 있다 해도 그 가르침이 끝내 돌아가는 곳은 모습이 모습 아닌 실상의 세계임을 다음과 같이 보인다.

　　붇다란 바로 일 없는〔無事〕 분이다.
　　세상에 머무신 지 사십구 년 동안 중생의 근기와 성질에 따르며, 병에 응해 약을 지어 주시어 방편의 가르침〔權敎〕과 진실의 가르침〔實敎〕, 점차 깨침의 가르침〔漸敎〕과 단박 깨침의 가르침〔頓敎〕, 반 글자의 가르침〔半字敎〕과 온 글자의 가르침〔滿字敎〕, 치우침〔偏〕과 두렷함〔圓〕으로 일대 장교를 말씀했지만, 모두 일 없는 법〔無事法〕이다. 중생은 비롯없는 옛날로부터 마음과 뜻, 앎〔心意識〕에 흘러 구르는 바 되니, 흘러 구를 때에는 도무지 바른 법을 깨달아 알지 못한다.
　　그러나 붇다는 반야회상에 계시면서 모든 법의 공한 모습을 말씀하시니, 곧 눈·귀·코·혀·몸과 뜻, 빛깔·소리·냄새·맛·감촉과 법이 모두 공하여 헛되이 이름만 있을 뿐이라는 말씀이 그것이다. 그러나 구경처에 이르면 이름도 또한 공하고 공함 또한 얻을 것이 없는 것이다.
　　만약 어떤 사람이 일찍 선근의 씨앗이 있어서 다만 얻을 것이 없는 곳을 향하여 마음과 뜻, 앎〔心意識〕을 없애버리면, 그 때에야 바야흐로 석가모니가 말씀하신바 '녹야원에서 발제하까지 그 중간에 일찍이 한 글자도 말하지 않았다'라고 한 것이 진실한 말씀인 줄 알게 될 것이다.101)

---

101) 佛是無事底人 住世四十九年 隨衆生根性 應病與藥 權實頓漸 半滿偏圓 說一代藏敎 皆無事法也 衆生無始時來 爲心意識之所流轉 流轉時渾不覺知 故佛在般若會上 說諸法空相 謂眼耳鼻舌身意 色聲香味觸法 皆空徒有名字而已 到究竟處 名字亦空 空亦不可得

若人夙有善根種性 只向不可得處 死却心意識 方知釋迦老子道 始從鹿野苑 終至跋提河 於是二中間 未嘗說一字 是眞實語〈『대혜보각선사어록(大慧普覺禪師語錄)』권 19〉

4. 치우침과 두렷함〔入道方便之偏圓〕

1) 선(禪)과 교(敎)를 판별하는 이유를 물음

어떤 이가 물었다.

돈교 가운데에서도 가르침의 자취를 꾸짖고 생각 떠나기를 권하여 모습을 허물고 마음을 없애며, 선문의 화두도 또한 나쁜 지식과 나쁜 앎을 깨뜨리고 집착을 깨 종지를 드러내서 저 돈교(頓敎)와 이 화두법이 '도에 깨쳐드는 실천의 모습〔入門行相〕'이 한결같습니다.

그런데도 왜 돈교는 다만 진여의 이치를 깨쳐 붇다를 이룸이라 아직 걸림 없는 법계를 깨닫지 못함이고, 선종의 바로 끊어드는 문은 크게 솟구치듯 한번 터지는 이가 몸소 법계의 한마음을 깨달아 스스로 '원융하여 덕 갖춤〔圓融具德〕'이라 말합니까.

그리고 다 같이 말을 여의고 생각을 여의어 진여와 서로 응하는 것인데 왜 하나는 치우치고 하나는 두렷합니까.

마땅히 스스로만 옳다 하고 남을 그르다 해서는 안 되니, 만약 밝게 증명할 수 있다면 간략하게 하나 둘을 들어서 막힌 의심을 없애 주십시오.

問 頓敎中 訶敎勸離 毁相泯心 禪門話頭 亦破惡知惡解 破執現宗 彼此入門行相 一同

何得言頓敎 但證理成佛 未證無礙法界 禪宗徑截門 噴地一發者 親證法界一心 自然圓融具德耶 同是離言離念相應 何有一偏一圓耶

不應自是而非他 如有明證 略擧一二 以祛疑滯

> 해설

이 『간화결의론』을 쓸 무렵 만년의 보조선사는 선종(禪宗)을 오교 가운데 돈교(頓敎)에 배대하는 현수법장의 교판에 이의를 제기하고, 선의 경절문은 오교 위에 따로 있는 문이라는 주장에 동의한다.102)

그러나 앞에서 이미 붇다의 모든 가르침은 들어가는 문에 소승과 대승, 돈교와 점교, 편과 원의 차별이 있다 해도 끝내 돌아가는 곳은 무념(無念)이라고 말한 바 있다. 그렇다면 왜 화두를 보아 크게 터지는 곳 발하는 문을 원교 위의 바로 끊어드는 한 문이라고 이름하는가.

오교의 교판에서는 화엄원교가 원만한 가르침〔圓敎〕이고 그 나머지 가르침은 치우친 가르침〔偏敎〕이라 한다. 그런데 경절문을 주장하는 이들은 왜 '화두를 보아 바로 끊어드는 법이 가장 원융하게 덕 갖추는 문이라고 말하는가'를 묻고 있는 것이다.

---

102) 선(禪)과 교(敎)의 관계에 관한 보조선사의 입장 : 초기 보조선사는 여실언교(如實言敎)의 교리적 지침에 의해 선적 실천에 나아가도록 하는 수행관을 주장했으므로 자교오종(藉敎悟宗 : 가르침을 의지해 종지를 깨달음)이나 사교입선(捨敎入禪 : 교리를 배운 뒤 교를 버리고 선에 들어감)의 입장을 가졌다고 한다면, 본 『간화결의론』에서는 화엄원교 위에 선의 경절언구(徑截言句)를 세우는 간화선(看話禪)의 교외별전(敎外別傳 : 가르침 밖에 선의 종지를 따로 전한다는 관점)적 선교판별론(禪敎判別論)을 지지하고 있다.

2) 활구선법의 두렷함을 자세히 밝힘

(1) 교문(敎門)의 생각 끊음

교학자가 참선법을 의심하여 비방하는 것이 다만 이 의심을 끊지 못하기 때문이다. 선학에 뜻을 얻지 못한 이들이 반드시 화두를 '병 깨뜨리는 말'로 삼거나 '온전히 드러내는 말'로 삼으며, '말귀 안의 뜻'으로 삼거나 '말귀 밖의 뜻'으로 삼는 것은 모두 '죽은 말'을 인정하여 '고삐 줄'을 이루며, 아울러 '세 구절〔三句〕'의 부리는 바가 되어 열 가지 병에 걸리는 것이니, 어찌 '산 말귀'를 참구하는 자이겠는가.

선학을 오로지 정진하는 이도 오히려 이와 같은데 하물며 교리만을 배우는 이들이 어찌 의심하는 생각이 없겠는가. 또 돈교(頓敎) 가운데서 이끌어들인 말씀은 한 무리 생각 여읜 근기를 위하여, 진여의 이치에 말을 여의고 생각 끊어진 뜻을 말한 것이니 그것은 『기신론(起信論)』의 다음 말씀과 같다.

> 마음의 진여〔心眞如〕란 바로 '하나인 법계의 크나큰 총상으로서의 법문의 바탕〔一法界大摠相法門體〕'이니, 이른바 마음의 성품〔心性〕이 나지 않고 사라지지 않음이다. 온갖 모든 법이 오직 허망한 생각을 좇아 차별이 있지만, 만약 마음의 생각을 여의면 곧 실체적인 온갖 경계의 모습이 없는 것이다. 그러므로 온갖 모든 법이 본래부터 말의 모습을 여의었으며 문자의 모습을 여의었으며 마음으로 아는 모습을 여의어서, 끝내 평등하여 변해 달라져감이 없어서 깨뜨려 무너뜨릴 수 없이 오직 한마음이므로 진여라 한다.

문 : 진여가 이러한 뜻이라면 모든 중생이 어떻게 따라 행해야 진여에 들어갈 수 있습니까?
답 : 만약 모든 법을 비록 말하지만 말할 수 있는 자와 말할 것이 없고, 비록 생각하지만 생각할 수 있는 자와 생각할 것이 없으면 이를 진여법을 따름이라 하니, 만약 생각을 여의면 진여에 들어감이라 한다.

이러한 말씀들이 바로 생각 여읜 근기들이 들어가는바 마음의 진여문인 것이다. 진실하게 뜻 다한 가르침〔眞實了義〕를 의거해 말하면 허망한 생각이 본래 공하여 다시 여읠 것이 없으며, 샘이 없는 모든 법이 본래 이 참성품이라 연(緣)을 따르는 묘한 작용이 길이 끊어지지 않고 또 마땅히 깨뜨릴 것이 없다. 다만 한 무리 중생이 허망한 이름과 모습을 집착하여 현묘한 깨달음을 얻지 못하므로, 붓다께서는 선과 악, 물듦과 깨끗함, 세간과 출세간을 가리지 않고 그 모든 것을 다 깨뜨리시는 것이다.

그러므로 이 가르침을 듣는 이는 평등하여 모습 없는 이치에 따라서 말할 수 있음〔能說〕과 말할 것〔可說〕과 생각할 수 있음〔能念〕과 생각할 것〔可念〕이 없다는 앎을 지은 뒤에, 그러한 앎과 생각까지 떠나 진여문(眞如門)에 들어가므로, 다만 '진여의 이치만을 깨달아 붓다 이룸'이라 이름한다.

그러나 이 진여는 '바로 하나인 법계의 크나큰 총상으로서의 법문의 바탕〔一法界大總相法門體〕'이므로 모든 법의 바탕〔性〕이 되고 또한 만행의 근원이 되니, 어찌 보살이 마음의 진여를 깨달고도 성품 위의 인연으로 일어나는 덕의 작용을 밝히지 못한다 하겠는가.

그런데도 현수조사가 다만 '한 생각도 나지 않으면 붓다라 이름한다〔一念不生 卽名爲佛〕'는 등 말을 여읜 가르침을 이끌어 돈교(頓敎)를 세운 것은 말씀이 다 밝게 드러나지 못했기 때문이다.

答 敎學者 疑謗禪法 只爲此疑 未決 禪學不得意者 必以話頭 爲破病 爲全提 爲句內 爲句外等 皆認定死語 成於絡索 竝爲三句 所使 滯在十種病 豈爲參詳活句者耶

專精禪學者 尙如是 況敎學者 豈無疑念耶 且頓敎中所引言敎 爲一類離念之機 說眞如理性 離言絶慮之義 如論云

心眞如者 卽是一法界大摠相法門體 所謂心性 不生不滅 一切諸法 唯依妄念 而有差別 若離心念 則無一切境界之相 是故 一切法 從本已來 離言說相 離名字相 離心緣相 畢竟平等 無有變異 不可破壞 唯是一心 故名眞如 問曰 若如是義者 諸衆生等 云何隨順 而能得入 答曰若知一切法 雖說 無有能說可說 雖念 亦無能念可念 是名隨順 若離於念 名爲得入

此等言敎 正是離念之機 所入心眞如門也 據眞實了義則妄念 本空 更無可離 無漏諸法 本是眞性 隨緣妙用 永不斷絶 又不應破 但爲一類衆生 執虛妄名相 難得玄悟故 佛且不揀善惡染淨 世出世間 一切俱破 是故 聞此敎者 隨順平等無相之理 作無能說可說能念可念之解 然後 離此解此念 得入眞如門故 但名證理成佛

然 此眞如 是一法界大摠相法門體故 得爲諸法之性 亦爲萬行之源 何有菩薩 證心眞如而不明性上緣起德用耶 而賢首祖師 但引一念不生 卽名爲佛等離言之詮 立頓敎者 以說不彰顯故也

> 해설

 이 단에서 보조선사는 주로 현수의 오교판에 대한 문제제기를 하고 있다. 현수법사의 교판은 소승과 대승, 돈교와 점교, 편과 원이라는 서로 차원이 다른 범주를 한 체계 안에 모두 사용함으로써 교판체계의 이해에 혼란을 주고 있다.
 붓다의 교설은 연기법을 말하고 있다. 모든 존재는 신적인 일자(一者)가 전변해낸 것도 아니고, 다원적인 요소들이 쌓여서 이루어진 것도 아니라 연기된 것이다. 모든 존재는 연기된 것이므로 있되 실로 있음이 아닌데, 연기된 것을 실로 있음으로 집착하기 때문에 그 집착을 깨기 위해 존재가 공(空)하다고 말하고, 있음이 실로 있음이 아니므로 없음 또한 실로 없음이 아닌데, 공을 공한 어떤 것으로 보려는 집착을 깨기 위해 거짓 일어남[假]을 말한다. 그리고 있음의 집착을 깨기 위해 사용한 공(空)과 없음의 집착을 깨기 위해 사용한 거짓 일어남[假]의 언어적 자취와 그것에 대한 집착을 모두 지양하기 위해 중도(中道)를 보여주는 것이다.
 이렇게 보면 연기문(緣起門)에 서서 인연으로 일어남을 보인 교설 [生生法]도 부사의한 실상[不思議實相]을 보인 것이고, 공문(空門)에 서서 일어나되 일어남이 없는 법[生不生法]을 설한 법도 부사의한 실상을 보인 것이며, 거짓 있음의 문[假有門]에 서서 일어남이 없되 일어나는 법[不生生法]을 설한 법도 부사의한 실상을 보인 것이며, 중도문(中道門)에 서서 일어남도 아니고 일어나지 않음도 아닌 법[不生不生法]을 설한 법도 부사의한 실상을 밝힌 법이다.
 이처럼 붓다의 교설은 공을 설해도 공을 말함이 아니고, 거짓 일어남을 설해도 있음이 아닌데, 범부는 다시 공을 말하면 공이라는 불법지견을 세우고, 거짓 일어남을 설하면 거짓 있음이라는 집착을 세우며, 부사의한 실상에 든다 하면 부사의하다는 새로운 법집을 낸다.
　화두선의 경절문(徑截門)은 바로 망집을 깨기 위해 세워진 법에 대한 집착[法執]까지 다시 깨기 위한 최후의 법약(法藥)이다.
　보조선사가 인용한 『기신론』의 진여문(眞如門)은 천태선사의 종가입공관(從假入空觀 : 거짓 있음을 좇아 공에 드는 문)에 해당된다.
　지금 우리가 말함과 생각함에는 말과 생각의 실체가 있는 것이 아니라, 말할 때에는 말하는 자[能說]와 말하는 바[所說]가 서로 의지해서 말함을 이루고, 생각할 때에는 생각하는 자[能念]와 생각하는 바[所念]가 서로 의지해서 생각함을 이룬다. 그런데 생각되어지는 것과 말 되어지는 것이란 그것에 실로 그렇다 할 것이 없으므로 주체에 의해 생각되고 말 되어지며, 생각하고 말하는 주체도 말 되어지고 생각되어지는 대상을 통해서 생각하는 자로 되고 말하는 자로 되므로, 말하는 자[能說], 말함[說], 말 되어지는 것[可說]에 모두 그렇다 할 정해진 모습이 없는 것[無自性]이다.
　그러므로 비록 생각하되[雖念] 실로 생각하고 생각하는 바가 없고 비록 말하되 실로 말하고 말하는 바가 없으니, 생각과 말 속에서 생각과 말이 공한 줄 알아 생각과 말을 떠나면 이것이 바로 진여문(眞如門)에 들어감이다.
　현수법사는 진여문에 들어가 실로 한 생각도 일어남이 없게 됨을 돈교(頓敎)에 배대하는데, 생각이 바로 생각 없는 것이므로 생각 없음 또한 실체가 없어서 생각 없는 진여에서 만행(萬行)과 만덕(萬德)을 굴려 쓸 수 있는 것이다.
　그러므로 보조선사는 '한 생각도 나지 않음'을 돈교에 배대하여 선(禪)을 원교 밑에 두는 것은 '선의 무념(無念)'이나 '한 생각도 나지 않음〔一念不生〕'의 뜻이 다 드러나지 않았기 때문103)이라고 지적하고 있다.

---

103) 무념(無念)의 뜻이 다 드러나지 않음 : 선의 무념이 다만 생각 없음이 아니라 만행과 만덕을 갖춘 무념이므로 선의 돈오문(頓悟門)을 화엄원교 밑에 설정하는 것이 맞지 않음을 보이고 있다. 그러나 현수의 오교판도 여래장·불성을 보이는 언교와 관행의 자취까지 뛰어넘어야 걸림 없는 법계의 공덕을 온전히 쓸 수 있음을 말하기 위해 종교 다음에 말과 생각 끊어진 돈교, 돈교 다음에 원교를 세운 것이다. 이에 비해 조사선(祖師禪)의 돈오문(頓悟門)은 화엄원교(華嚴圓敎)의 불법지견까지 깨뜨려야 해탈법계에 이를 수 있음을 보이기 위해 경전의 가르침 밖〔格外〕에 이치와 뜻이 끊어진 산 말귀〔活句〕를 다시 보이는 것이다.

(2) 선문의 삼구(三句)

선문에서도 여러 가지 근기들이 진리의 문에 들어감이 조금씩 다르다.

어떤 이는 '오직 마음〔唯心〕'이며 '오직 앎〔唯識〕'인 도리를 의지하여 바탕 가운데 현묘함〔體中玄〕에 들어가니, 이는 첫 현묘한 진리의 문이다. 여기에 원교(圓敎)에서 말한 사법과 사법이 걸림 없는 가르침〔事事無礙之說〕이 있지만, 이 사람이 오래도록 불법의 알음알이를 마음에 두면 깨끗이 벗어난 대자유를 얻을 수 없다.

어떤 이는 본분사로 대꾸한 깨끗이 벗어난 지견을 의지하여 말귀 가운데 현묘함〔句中玄〕에 들어가 첫 현묘한 문의 불법지견을 깨뜨리니, 이 현묘한 문에는 바로 끊어 들어가는 문〔徑截門〕의 '뜰 앞의 잣나무', '삼서근104)' 등의 화두가 있다.

그러나 이 '세 가지 현묘한 문〔三玄門〕'을 세움은 옛 선사의 뜻이니, 본분사로 대꾸한 화두로써 병을 깨뜨리는 말을 삼기 때문에 이를 두 번째 현묘함에 두었다. 그러나 깨끗이 벗어난 지견의 언구를 다시 잊지 못하여 오히려 나고 죽음의 세계에 자재할 수 없으므로, 세 번째 현묘함 가운데 현묘함〔玄中玄〕을 세워 '가만히 있음〔良久〕'이나 '잠자코 있음〔默然〕', '몽둥이질〔棒〕'이나 '악 외치는 소리〔喝〕' 등의 작용으로 앞의 깨끗이 벗어난 지견까지 깨뜨리는 것이다.

그러므로 옛 선사는 '세 가지 현묘함을 베푸는 것이 본래 병을 없애기 위한 것이니 만약 옛 조사의 첫 종지에 비춰본다면 옳지 않다'고 말한다.

---

104) 부록 p.396 ⑭ 삼 서근이 부처이니〔麻三斤〕

또 이 선사는 다시 이렇게 말한다.
"요즈음 행각하는 사람들이 모두 '천태의 화정〔天台華頂〕'과 '조주의 석교〔趙州石橋〕'105)로 위로 향하는 한 길〔向上一路〕을 삼지만, 이것은 잠깐 지나쳐 가는 곳이요 끝내 몸을 편안히 하고 목숨을 바로 세우는 곳은 아니다."
그러므로 보안도(普安道) 선사는 소양(昭陽)의 뜻을 이어 삼구(三句) 밖에 따로 한 구절을 두어 말하였다.

> 사람에게 만약 들어 말하면
> 삼구가 어찌 갖출 수 있으리.
> 무슨 일인가 묻는다면
> 남악과 천태라 하리.
>
> 當人如擧唱　三句豈能該
> 有問如何事　南嶽與天台

그렇듯이 이 '천태와 남악'106) 등 아무런 맛없는 말이 삼구 안에 있으면 '병을 깨뜨리는 말〔破病言〕'이 되는 것이요, 삼구 밖에 있으면 병을 깨뜨리는 말이라 할 수 없고 이 '본분의 일을 온전히 들어 보이는 말〔全提言〕'이 되는 것이다.
그러므로 장노(長蘆) 선사는 이렇게 말한다.
"산승이 어떤 때는 반을 찢고 셋을 꺾어 종문의 일을 일찍이 들어보이지 않으나, 요즈음엔 반을 묶고 셋을 깨뜨려 온전히 이 일

---

105) 부록 p.385 ⑽ 조주의 돌다리〔趙州石橋〕
106) 부록 p.395 ㉒ 남악 천태(南嶽 天台)

을 이끌어간다."
또 이렇게 말한다.
"운문대사는 어떤 때는 삼구 안에서 법을 설하고 어떤 때는 삼구 밖에서 강령을 든다."
그러므로 알라. 옛사람도 또한 한 가지 화두로써 어떤 때는 '삼구 안의 병을 깨뜨리는 말'을 삼고 어떤 때는 '삼구 밖의 온전히 들어 보이는 구절'을 삼으니, 어찌 요즘 사람들이 바로 끊어드는 문의 화두가 고삐 줄을 이룬다고 그릇 아는 것을 괴이하게 여길 것이 있겠는가.

禪門 亦有多種根機 入門 稍異 或有依唯心唯識道理 入體中玄 此初玄門 有圓敎事事無礙之詮也 然 此人 長有佛法知見 在心 不得脫灑 或有依本分事祗對 灑落知見 入句中玄 破初玄門佛法知見 此玄有徑截門庭前栢樹子麻三斤等話頭

然 立此三玄門 古禪師之意 以本分事祗對話頭 爲破病之語故 置於第二玄 然 未亡灑落知見言句 猶於生死界 不得自在故 立第三玄中玄 良久黙然棒喝作用等 破前灑落知見

所以 云 三玄施設 本由遣病 若望上祖初宗 卽未可 故 此師云 近來行脚人 皆以天台華頂 趙州石橋 將爲向上一路 此是暫時行李之處 非究竟安身立命之地 然 普安道禪師 承昭陽之義 立三句外 別置一句曰

當人如擧唱 三句豈能該
有問如何事 南嶽與天台

然 此天台南嶽等無味之談 在三句內則爲破病之言 在三句外則非

謂破病 乃全提此事言也 故長蘆師云
　山僧有時 裂半折三 未嘗擧着宗門中事 如今 紐半破三 全提此事 去也 又云 雲門大師 有時 三句內說法 有時 三句外提綱 以是故知 古人亦以一例話頭 或爲三句內破病之言 或爲三句外全提之句 豈可足怪今時人 認徑截門話頭 成絡索者耶

해설

　붓다의 가르침이 연기(緣起)·공(空)·가(假)·중(中)의 차별된 모습을 띠어도 그 가르침이 돌아가는 곳은 부사의한 실상〔不思議法界〕이듯이, 선(禪)의 바로 끊어드는 말귀는 바로 세간법에 대한 집착은 물론 불법에 대한 지견까지 깨끗이 없애주는 실천의 무기이다. 그러나 붓다의 가르침이 돌아가는 존재의 실상 자체에는 말과 언설이 붙지 않지만, 중생의 병통에 따라 갖가지 방편과 법의 약이 시설되듯이, 조사의 경절언구에도 배우는 이의 병통에 따라 세 구절〔三句〕이 분별된다.
　삼구의 분별은 중생의 병으로 말미암은 것이므로 삼구의 가르침으로 단박 병을 치유할지언정 다시 삼구를 뜻으로 헤아리면 삼구가 죽은 말귀가 되어버린다. 그러므로 옛 선사는 '천태의 화정과 조주의 돌다리〔天台華頂 趙州石橋〕'라는 향상의 한 구절도 진정한 안심입명처가 아니므로 집착해서는 안 된다고 말한다.
　곧 삼구가 모두 중생의 병으로 말미암아 있는 것이므로 세 구절의 법문 안에서 병과 약이라는 자취가 남아 있으면 삼구 안에 갇혀 있는 자이다. 그러나 삼구의 법문을 통해 단박 병을 없애고 병을 없앰으로 약이라는 생각도 다해 마치면 삼구를 통해 구절 밖의 강령을 온전히 들게 되고 '병을 깨뜨리느니', '본분의 일을 온통 드러내느니' 하는 집착을 떠나게 된다.

'바탕 가운데 현묘함〔體中玄〕', '구절 가운데 현묘함〔句中玄〕', '현묘함 가운데 현묘함〔玄中玄〕'은 임제선사가 보인 세 가지 현묘함〔三玄〕이다. 처음 보인 '바탕 가운데 현묘함〔體中玄〕'이란 모습에 집착하거나 사물을 마음 밖에 실로 있는 것으로 집착하는 병을 깨뜨리기 위해 모습이 모습 아닌 당체를 보여준 법문이다. 그리고 '구절 가운데 현묘함〔句中玄〕'이란 지금 쓰는 일상화 가운데서 바로 현묘함을 보인 법문으로 모습 없는 진여를 다시 집착하거나 마음을 다시 집착하는 병을 깨뜨리는 법문이다.

'현묘함 가운데 현묘함〔玄中玄〕'은 체중현과 구중현이 모두 병을 깨기 위해 짐짓 세운 현묘함이므로 그 현묘함마저 현묘해서 얻을 것 없음을 보인 문이다.

보조선사는 '바탕 가운데 현묘함'에 만법이 오직 앎〔萬法唯識〕인 법문을 배대하고, '구절 가운데 현묘함'에는 근원을 바로 끊어 보인 여러 조사의 산 말귀를 들고, '현묘함 가운데 현묘함'에는 모든 사유와 말의 자취를 송두리째 쳐부수는 선사들의 몽둥이질〔棒〕이나 '악' 외치는 소리〔喝〕를 배대한다.

임제가 삼현의 법문으로 수행자들의 병을 깨뜨려 준다면, 천태선사는 온전히 '세 가지 그침 세 가지 살핌〔三止三觀〕'의 법으로 중생을 화도한다.107)

---

107) 부처님의 팔만장경(八萬藏經)의 가르침과 삼현삼요(三玄三要)로 표현된 임제가풍과 삼지삼관(三止三觀)으로 표현된 천태의 종지가 따로 있지 않으니, 『선문강요집(禪門綱要集)』에서는 이렇게 말한다.
"앞 부처님과 뒤 부처님이 널리 대천세계의 팔부대중을 위해 생사의 언덕에서 널리 설법하니, 바로 삼승, 십이분교의 일대장교요, 앞 조사와 뒷 조사가

220 제2부 산 말귀를 보아 의심을 결단하라〔看話決疑〕

곧 있음의 집착을 깨기 위해서 천태는 공관(空觀)과 체진지(體眞止)를 쓰고, 공의 집착을 깨기 위해서는 가관(假觀)과 방편수연지(方便隨緣止)를 쓰며, 병을 깨기 위한 공관과 가관의 언구마저 지양하기 위해 중도관(中道觀)과 식이변분별지(息二邊分別止)를 쓴다.

그러나 삼지삼관(三止三觀)108), 삼현삼요(三玄三要)109)의 언어상

바로 근기 높은 큰 지혜의 사람을 위해 한 기틀 한 경계 위에서 간략히 작용을 드러내니, 바로 삼현삼요, 사요간이다. 그러므로 예로부터 종사가 어떤 때는 이러하고 어떤 때는 이렇지 아니하며, 어떤 때는 이러함과 이렇지 않음이 모두 어울릴 수 없이 다만 한 말, 한 침묵, 한 방망이, 한 외침일 뿐이다.

운문이 이를 쓰면 '삼구와 일구'요, 임제가 이를 쓰면 '삼현삼요'〔부록 p.38 93 참조〕이며, 설봉이 이를 쓰면 '세 개의 나무공'〔부록 p.393 참조〕이요, 귀종이 이를 쓰면 '세 번 맷돌을 돌려 가는 것'〔부록 p.380 참조〕이요, 지자가 이를 쓰면 '삼지삼관'이요, 조주가 이를 쓰면 '차 마시고 가라 함'〔부록 p.3 81 참조〕이요, 구지가 이를 쓰면 '한 손가락 세움'〔부록 p.386 참조〕이니, 이제 새로 깨쳐드는 이들은 조사가 보이는 법들에 의지하는 것이다."

先佛後佛 普爲大千八部之衆 於生死岸頭 廣而說之則三乘十二分敎一大藏敎 先祖後祖 直爲上根大智 於一機一境上 略而現用則三玄三要四料簡也 故 自古宗師 有時伊麽 有時不伊麽 有時伊麽不伊麽摠沒交涉 但一語一默一棒一喝而已 雲門用之則三一句 臨濟用之則三玄三要 雪峯用之則三箇木毬 歸宗用之則拽磨三度 智者用之則三止三觀 趙州用之則喫茶去 俱低用之則竪一指 今始入之人 依其所示〈『선문강요집(禪門綱要集)』제5절 〉

108) 천태의 세 가지 그침 세 가지 살핌〔三止三觀〕
① 진리를 체달하여 그침〔體眞止 : 있되 있음 아닌 진제를 체달하여 있음에 대한 집착을 그침〕 - 거짓 있음을 따라 공에 드는 살핌〔從假入空觀〕
② 방편으로 연을 따라 그침〔方便隨緣止 : 공함이 다만 공함이 아니므로 방편으로 연을 따름으로써 공에 대한 집착을 그침〕 - 공함을 따라 거짓 있음에 드는 살핌〔從空入假觀〕
③ 두 가지 치우침을 쉬어 그침〔息二邊分別止 : 있음과 공의 집착을 모두 쉬어 중도를 발휘함〕 - 공함도 아니고 있음도 아닌 중도를 살핌〔中道觀〕
109) 임제의 삼현삼요(三玄三要), 사할(四喝), 사요간(四料簡), 사조용(四照用)

마저 집착하지 않는 길은, 취해야 할 의미가 없고 닫혀진 내용 없는

① 세 가지 현묘함〔三玄〕: 바탕 가운데 현묘함〔體中玄〕, 구절 가운데 현묘함〔句中玄〕, 현묘함마저 없는 현묘함〔玄中玄〕.

② 세 가지 요점〔三要〕: 선의 세 가지 요점이란 첫째 큰 기틀이 두렷이 응함〔大機圓應〕, 둘째 큰 작용이 온전히 드러남〔大用全彰〕, 기틀과 작용을 같이 베풂〔機用齊施〕이다.

곧 첫째 요점은 지혜의 비침이 비치되 고요하여〔照而寂〕 모습과 생각 끊어졌음을 밝히는 것이니, 이는 능히 비치는 주인을 잡아 보임이다〔第一要明照: 主〕. 둘째 요점은 지혜의 작용이 고요하되 비추어〔寂而照〕 모습과 생각 끊을 것 없음을 밝히는 것이니, 이는 지혜의 비춤이 경계 드러냄을 잡아 보임이다〔第二要明用: 賓〕. 셋째 요점은 지혜의 비치되 고요함과 고요하되 비춤이 둘이 아님을 밝히는 것이니, 지혜인 경계와 경계인 지혜가 둘이 아님을 보임이다〔第三要照用同時: 主賓〕.

③ 네 가지 할〔四喝〕: 임제 스님이 어떤 승려에게 물었다.

"어떤 때의 한 외침은 금강왕의 보배칼과 같고, 어떤 때의 한 외침은 땅 위에 웅크리고 걸터앉은 금빛 털사자와 같고, 어떤 때의 한 외침은 탐색하는 장대와 그림자 풀과 같고, 어떤 때의 한 외침은 한 외침의 작용마저 짓지 않는다. 너는 어떻게 아는가."

그 승려가 무어라 말하려 하니, 임제 스님이 '악' 한 소리 외쳤다.

師問僧 有時一喝 如金剛王寶劍 有時一喝 如踞地金毛獅子 有時一喝 如 探杆影草 有時一喝 不作一喝用 汝作麼生會 僧擬議 師便喝

④ 네 가지 요간〔四料簡〕: 첫째 요간은 사람을 빼앗고 경계를 빼앗지 않음〔奪人不奪境〕이고, 둘째 요간은 경계를 빼앗고 사람을 빼앗지 않음〔奪境不奪人〕이며, 셋째 요간은 사람과 경계를 모두 빼앗음〔人境俱奪〕이고, 넷째 요간은 사람과 경계를 모두 빼앗지 않음〔人境俱不奪〕이다.

⑤ 네 가지 조용〔四照用〕: 경계는 있되 있음 아닌 있음이라 주체의 비추는 바이자 주체의 활동인 경계이니, 비춤〔照〕은 경계를 없되 없지 않음으로 살려냄이요 씀〔用〕은 경계를 있음 아닌 있음으로 주체 안에 거둠이다. 그러므로 때로 비춤을 먼저 하고 작용을 뒤에 하기도 하고, 작용을 먼저 하여 비춤을 뒤로 하기도 한다. 곧 네 가지 조용의 첫째는 비춤을 먼저하고 작용을 뒤에 함〔先照後用〕이고, 둘째는 작용을 먼저 하고 비춤을 뒤에 함〔先用後照〕이며, 셋째는 비춤과 작용이 때를 같이 함〔照用同時〕이고, 넷째는 비춤과 작

'한 구절 산 말'을 잡아 불법지견까지 철저히 쳐부수되 다시 모든 뜻 없음과 말 없음에도 빠짐없이 뜻 없는 뜻과 말 없는 말, 모습 없는 모습을 자재하게 굴려쓰는 반야행자의 몫일 뿐이다.

참고로 고인들이 쓰던 삼구(三句)의 법문들을 몇 가지 소개해 보기로 한다.

〈운문삼구(雲門三句)〉

흔히 운문(雲門)삼구로 알려진 이 법문은 운문의 뜻을 이어 그의 제자인 덕산연밀(德山緣密)이 구성한 것이다.

첫째 구절 : 뭇 흐름을 다 끊어버림〔截斷衆流〕
둘째 구절 : 물결 따르고 물이랑을 좇음〔隨波逐浪〕
셋째 구절 : 함과 뚜껑 맞듯 하늘땅이 하나됨〔函蓋乾坤〕

〈암두삼구(巖頭三句)〉

암두선사가 배우는 이들을 접인해서 가르치던 수단.

첫째 구절 : 가고 머묾을 붙잡고 있음〔咬去咬住〕이니, 가고 머묾이 없지 않은 곳에서 법을 씀.
둘째 구절 : 가려 하나 가지 못하고 머물려 하나 머물지 못함〔欲去不去欲住不住〕이니, 곧 가고 머묾이 있지 않은 곳에서 법을 씀.
셋째 구절 : 어떤 때는 한결같이 가지 않고 어떤 때는 한결같이 머물지 않음〔或時一向不去 或時一向不住〕이니, 곧 가고

용이 때를 같이 하지 않음〔照用不同時〕이다.

맨 뒤 비춤과 작용이 때를 같이하지 않음이란 비춤일 때 작용이 온전히 비춤이고 작용일 때 비춤이 온전히 작용이라 때 같이함을 세울 것이 없음을 말하니, 비춤과 작용이 둘 아닌 곳에서 비춤과 작용을 자재히 굴림이다.

머묾을 동시에 부정하고 동시에 긍정하는 곳에서 법을 씀.

〈임제삼구(臨濟三句)〉
  임제의현선사가 학인을 끌어들이는 세 가지 방법
  첫째 구절〔第一句〕
    삼요의 도장이 열림에 붉은 점이 비스듬하니
    주인과 손님 나누는 것 따져 헤아림을 용납치 않네.
    三要印開朱點側 未容擬議主賓分
  둘째 구절〔第二句〕
    묘해가 어찌 무착의 물음 용납하리요마는
    방편 세움이 어찌 흐름 끊는 기틀 저버릴 것인가.
    妙解豈容無著問 漚和爭負截流機
  셋째 구절〔第三句〕
    단 위에서 꼭두각시 놀림을 보라.
    끌고 당김 모두가 속에 있는 사람이로다.
    看取棚頭弄傀儡 抽牽全借裏頭人

  위에 인용한 선사들의 삼구는 천태의 공·가·중 세 가지 살핌과 세 가지 그침의 법문과 별개의 법을 따로 말하고 있는 것은 아니다. 다만 시대의 변화와 대중의 요구에 따라 표현방법을 달리 하여 공부법을 제시하고 있는 것이다.
  임제선사는 다시 배우는 이를 가르치는 데에 네 가지 요간〔四料簡〕을 쓴다. 사요간이란 때로 사람을 빼앗고 경계를 빼앗지 않으며〔奪人不奪境〕, 때로 경계를 빼앗고 사람을 빼앗지 않으며〔奪境不奪人〕, 사람과 경계를 모두 빼앗으며〔人境俱奪〕, 사람과 경계를 모두 빼앗지 않는〔人境俱不奪〕네 가지 법을 쓰는 수단인데, 이는 천태선사의 주·객, 능·소에 대해 부정과 긍정을 자유롭게 전개해〔雙遮雙照, 遮照同時〕중생의 병통에 따라 중도의 진실상을 열어주는 가르침의 방식을 재구성한 것이다.

앞의 본문 가운데 보조선사가 선가의 말후구(末後句)로 인용한 '천태의 화정'이란 천태산의 화정봉(華頂峰)을 말한다. 화정봉은 지자선사가 선정 속에서 항마의 체험을 한 산봉우리이다. 곧 천태지자선사는 광주 대소산(光州 大蘇山)에서 혜사선사를 친견하고 스승의 가르침에 의지하여 법화삼매(法華三昧)를 깨달은 뒤, 다시 천태의 화정봉에서 깊이 선정을 닦다 붓다의 보리수하의 체험처럼 뭇 마군을 항복받는 체험을 한다.

고려 선사로 송(宋)에 들어가 천태선문 중흥조가 된 보운의통존자(寶雲義通尊者)의 제자 자운준식(慈雲遵式)법사가 「천태지자대사제기예찬문」에서 쓴 게송에서는 다음과 같이 천태선사의 대소산에서의 깨침과 화정봉에서의 항마를 노래한다.

> 머묾 없는 법계에 마음 노님에
> 모든 마음 언제나 고요하나니
> 해가 저 허공에 늘 의지하되
> 허공에 머물지 않음과 같네.
> 일념삼천 중도실상 단박 깨치니
> 팔만번뇌 진여와 평등하여라.
> 부처님의 영산회상 묘한 모임이
> 지금도 엄연함을 분명히 보고
> 다보불탑 전신불을 사무쳐 보네.

제2장 간화결의론과해(看話決疑論科解) 225

스승이신 혜사선사 못 뵈었다면
이와 같이 깊은 선정 누가 알리요.

遊心法界諸心寂　如日依空不住空
三千實相頓圓明　八萬塵勞等眞淨
靈山妙會依依見　寶塔全身了了觀
不是親逢南岳師　人誰識此深禪相

조각돌 위 외로이 선정 드시니
그 마음은 더욱 더욱 맑고 밝아라.
추워지면 깊고 넓은 구름 안으니
밤이 채 끝나기 전 새벽 무렵에
홀연히 일천의 우뢰 떨치고
딛고 있는 땅을 온통 흔들어대며
숨어서 틈을 보던 여러 요괴가
하늘을 뒤흔들며 몰려 왔도다.

마군이 곧 법계임을 깊이 깨치니
귀신들은 흩어져 사라져가고
다시금 부모의 모습이 되어
선사의 마음을 얽으려 하나
강하고 부드러운 마를 없앰은
선정의 고요하고 밝은 공이니
신승이 홀연히 앞에 나타나
선사의 지혜 높이 찬탄하도다.

孤禪片石心彌淨　寒擁深雲夜未央

제2부 산 말귀를 보아 의심을 결단하라〔看話決疑〕

忽震千雷動地束　潛窺百怪掀天至
始覺鬼神繾散滅　還爲父母更綢繆
强軟消魔寂照功　神僧出現親稱讚

 천태의 화정이 천태선사가 선정 속에서 마를 항복받았던 봉우리로써 법을 보이는 것이라면, '조주의 돌다리〔趙州石橋〕'는 조주의 관음원에 있던 외나무다리를 통해 보인 공안이다. 『선문염송집(禪門拈頌集)』을 보면 다음과 같은 문답이 나온다.

 조주선사에게 어느 날 어떤 승려가 물었다.
 '오래도록 조주의 돌다리를 들어왔는데, 와서 보니 외나무다리만 보입니다.'
 이로 인해 조주가 말했다.
 '너는 다만 외나무다리만 보고 돌다리는 보지 못하는구나.'
 그 승려가 말했다.
 '어떤 것이 돌다리입니까.'
 조주가 말했다.
 '나귀도 건네주고 말도 건네준다.'
 그 승려가 물었다.
 '어떤 것이 외나무다리입니까.'
 '하나 하나 사람을 건네준다.'110)

---

110) 조주의 돌다리〔趙州石橋〕: 『선문염송집(禪門拈頌集)』 438칙에 말한다.
 趙州因僧問 久響趙州石橋 到來只見略彴
 師云 汝只見略彴 不見石橋 僧云 如何是石橋
 師云 度驢度馬 僧云 如何是略彴
 師云 箇箇度人

'천태의 화정'과 '조주의 돌다리'로 법을 쓴 선사는 운문문언선사(雲門文偃禪師)이니, 어느 날 운문선사는 반산보적선사(盤山寶積禪師)가 대중에게 보인 다음 법문111)을 인용하여 법문하였다.

　　마음달이 외로이 밝으니
　　빛이 만상을 삼켰다.
　　빛은 경계를 비춤 아니고
　　경계는 있음 아니니
　　빛과 경계 모두 사라지면
　　다시 이 무슨 물건인가.
　　心月孤圓　光吞萬象
　　光非照境　境亦非存
　　光境俱亡　復是何物

운문문언선사는 반산보적의 위의 게송 가운데서 '빛과 경계 모두 사라짐에 다시 이 무슨 물건인가〔光境俱亡 復是何物〕'라는 구절을 들고 말하였다.

　　"바로 이렇게 말할지라도 오히려 길 가운데 있는 것이라 아직
　　한 길을 뚫어 벗어나지 못한 것이다."
　　한 승려가 물었다.
　　"무엇이 한 길을 뚫어 벗어남입니까."
　　운문이 말하였다.
　　"천태의 화정〔天台華頂〕이요, 조주의 돌다리〔趙州石橋〕로다."

---

111) 부록 p.379 (3) 마음달이 외로이 밝으니〔心月孤圓〕

운문문언선사는 '천태의 화정'과 '조주의 돌다리'를 아직 길 중간에 머물러 불법지견을 떨치지 못한 곳에서 향상의 한 길을 보여주는 법문으로 쓰고 있지만, 보조선사는 격 밖의 산 말귀라 하더라도 한 점 심의식(心意識)의 헤아림이 붙으면 구경의 안심입명처가 아님을 말하고 있다.

보조선사는 또 '남악과 천태'가 선문의 법을 보이는 맨 끝 구절〔末後句〕로 자주 쓰임을 인용하고 있다. 남악(南嶽)과 천태(天台)는 산 이름이지만, 남악은 천태의 스승인 혜사선사(慧思禪師)를 상징하고 천태는 바로 혜사의 제자 지자선사(智者禪師)를 상징한다.

남악선사와 천태선사는 교관일치(敎觀一致)의 회통불교를 건립하면서 팔만장교의 가르침을 선(禪) 한 글자로 귀일시키되, 선의 자기부정 속에서 교(敎)를 세우고 바라밀행을 발휘한 대선사112)들이다.

남악과 천태는 달마오종의 종파성에서 보면 산성(散聖)으로 분류되지만, 남악과 천태가 불교의 수행관을 전체적으로 집대성해낸 네 가지 삼매〔四種三昧〕와 세 가지 지관〔三種止觀〕113) 밖에 오종(五

---

112) 남악과 천태의 교관일치 : 조사선(祖師禪)의 교외별전(敎外別傳)과 불립문자(不立文字)는 교상에 떨어지고 언구에 갇힌 이론불교〔文字佛敎〕를 깨뜨려 부사의법계를 온전히 드러내기 위한 가르침이다. 그러나 실로는 언교와 문자가 곧 공하여 언교와 문자를 깨뜨릴 것이 없으니〔不破文字〕, 불립문자를 잘못 이해하여 문자상을 깨뜨리고 문자상을 여읜 조사선의 정법안장을 구하려는 사견을 부정하기 위해서는 다시 남악과 천태의 교관일치의 뜻이 강조되어야 한다.

113) 천태의 네 가지 삼매〔四種三昧〕와 세 가지 지관〔三種止觀〕 : 네 가지 삼매의 분류는 삼매 실천의 구체적 방법론을 말하고, 세 가지 지관은 단박 깨침과 단박 닦음, 점차 닦음을 중생의 근기에 맞춰 설정한 수행의 지침이다.
상좌삼매(常坐三昧) : 인간 주체의 모든 행위 양식을 앉음의 한 행에 거두어 선정을 실천하므로 일행삼매(一行三昧)라 한다.

宗)114)의 가풍이 따로 있는 것이 아니다. 그렇다면 남악과 천태는 『대승지관(大乘止觀：南嶽禪師)』, 『마하지관(摩訶止觀：天台禪師)』으로 여래선(如來禪)을 집성했을 뿐 아니라 불심인을 전한[傳佛心印] 대조사로써 조사선의 토대를 이룬 선사들이라 하지 않을 수 없다.
　보조선사가『간화결의론』에서 조종(祖宗)으로 삼고 있는 대혜종고 선사도 다음과 같이 남악과 천태의 먼 가풍을 들어 본분을 드러내 보인다.

　　○ 여름 해제에 대중에게 보였다.

　　상행삼매(常行三昧)：늘 걸어감의 한 모습 속에서 선정을 실천하므로 일상삼매(一相三昧)라 한다.
　　반행반좌삼매(半行半坐三昧)：행(行)과 좌(坐)를 반씩 해서 때로 앉고 때로 걸어감을 통해 선정을 실천하는 삼매법이다.
　　비행비좌삼매(非行非坐三昧)：걸어감과 앉음의 닫힌 형식을 부정하되 자유롭게 행과 좌를 전개하며 지금 쓰는 앎을 바로 돌이켜 삼매를 구현하므로 수자의삼매(隨自意三昧)라 한다.
　　세 가지 지관[三種止觀]：점차지관(漸次止觀), 부정지관(不定止觀), 원돈지관(圓頓止觀)을 세 가지 지관이라 하니, 점차지관은 그 앎[解]은 단박 깨쳐 알지만 닦아감[修]은 점진적인 지관이고, 원돈지관은 앎[解]과 행(行)이 모두 단박 이루어짐을 말하며, 부정지관은 그 행이 점차와 원돈으로 정해지지 않은 지관이다.
114) 달마오종(達摩五宗)：달마 문하의 선종은 처음 우두종과 동산종으로, 동산 문하의 선은 남종과 북종으로 갈라지고, 혜능의 남종선은 처음 하택종과 홍주종이 법통의 정통성을 다툰다. 그러다 달마남종에서 하택의 선맥은 단절되고 남악회양과 홍주 계열의 임제종(臨濟宗), 청원행사와 석두희천 계열의 조동종(曹洞宗), 회양문하의 다른 갈래인 위앙종(潙仰宗), 청원행사 밑인 설봉의존 문하의 운문종(雲門宗), 청량문익에 의해 이루어진 법안종(法眼宗)의 오종으로 나누어진다.

납승과 서로 보고 의심 시기하지 말라.
포대화상 묶은 머리 오늘에야 열리도다.
노주는 장삼 입고 남악으로 달려가고
등롱은 모자 벗고 천태산에 올라가네.

衲僧相見莫疑猜　布袋結頭今日開
露柱著衫南嶽去　燈籠脫帽上天台

갑자기 주장자를 들고 말하였다.
다만 운문의 목상좌가 있어서
해가 다하도록 옴도 없고 감도 없으나
어느 때엔 옛 병풍 끝 홀로 기대어
문 앞의 하마대를 갑자기 깨네.

只有雲門木上座　終年無去亦無來
有時獨靠古屛畔　覰破門前下馬臺

○ 대중에게 보였다.

첫째 구를 바로 들고 두 번째 구 들지 말라.
한 수를 지나치면 두 번째에 떨어진다.
귀한 것을 만나면 곧 바로 천해지고
천한 것을 만나면 곧 바로 귀해지니
맷돌 맞듯 꼭 맞아서 빠지는 곳 회피하네.

남악과 천태산에 가는 길 통했으니
그대는 서로 가고 나는 동으로 가네.
바람이 호랑이를 좇아 일어남이여

구름은 용을 따라 뭉게 뭉게 피어나네.

擧一不得擧二　　放過一著落在第二
遇貴則賤　　　　遇賤則貴
築著磕著　　　　沒處回避
南嶽天台去路通　君向西兮我向東
風從虎兮雲從龍

(3) 대혜선사의 활구법

그러나 지금 우리가 스승[宗]으로 삼는 경산대혜화상은 바로 조계의 밑으로 내려와 정맥115)으로 서로 전해진 제 17대 본분종사이기 때문에, 세운 바 바로 끊어드는 문에서 말귀를 참구하여 깨쳐 들어가는 방법이 지금까지 말한 방법과는 아주 다르다. 왜 그런가.

종사가 보여주는바 '뜰 앞의 잣나무'나 '삼서근', '개에게는 불성이 없다'는 등 화두는 도무지 바로 보여주는 법이 없어서, 다만 아무런 맛이 없고 붙잡아 쥘 것이 없는 화두를 준 뒤에 그에 따라 경계하여 말한다.

> 뜻과 알음알이를 깨뜨리지 못하면 마음의 불길이 활활 타오를 것이오. 바로 이러한 때에 다만 의심하는바 화두를 잡아 끌어가야 하오.
> 어떤 승려가 조주에게 '개에게도 불성이 있습니까'라고 묻자 조주가 '없다'고 했으니, 이 '없다'라고 함을 다만 한 생각으로 잡아 끌어가며 들어 살피되 왼쪽으로 해도 옳지 않으며 오른쪽으로 해도 옳지 않은 것이오.
> 있음에 대한 없음이라는 알음알이도 짓지 말며,
> 참으로 없음의 없음이라고 헤아리지도 말며,

---

115) 임제법맥(臨濟法脈) : 대혜종고선사로 내려오는 임제법맥은 다음과 같다. 남악회양(南嶽懷讓) - 마조도일(馬祖道一) - 백장회해(百丈懷海) - 황벽희운(黃檗希運) - 임제의현(臨濟義玄) - 흥화존장(興化存獎) - 남원도옹(南院道顒) - 풍혈연소(風穴延沼) - 수산성념(首山省念) - 분양선소(汾陽善昭) - 자명초원(慈明楚圓) - 양기방회(楊岐方會) - 백운수단(白雲守端) - 오조법연(五祖法演) - 원오극근(圜悟克勤) - 경산종고(徑山宗杲)

묘한 도리라는 알음알이도 짓지 말며,
뜻 뿌리 밑을 향하여 따져 헤아리지 말며,
눈썹을 치켜 올리고 눈을 깜빡이는 곳을 향하여 뿌리를 쌓지 말며,
말길 위에서 살림살이를 짓지도 말며,
생각을 드날려 일 없는 집 속에 있지 말며,
들어 일으키는 곳을 향해 알아차리지 말며,
문자 가운데서 이끌어 증명하지 말며,
어리석음을 가지고 깨달음을 기다리지 말며,
바로 쓸 마음이 없고 마음이 갈 곳이 없을 때 공에 떨어질까 두려워 마시오.
이 속이 도리어 좋은 곳이니, 갑자기 늙은 쥐가 소뿔에 들어가면 곧 거꾸러져 끊어짐을 보게 될 것이오.

이렇게 주각을 내려 화두를 주므로 배우는 이들이 열두 때〔十二時〕와 네 가지 몸가짐〔四威儀〕 안에서 다만 화두 한 생각을 잡아 이끌어가며 들어 살필 따름인 것이다. 그리하여 심성의 도리〔心性道理〕에 대해서도 도무지 이름 여의고 모습 끊어졌다는 알음알이도 없으며, 연기의 세계가 걸림 없다는 알음알이도 없으니, 겨우 한 생각이라도 불법의 알음알이가 있으면 곧 열 가지 알음알이의 병에 걸리게 되는 것이다.
그러므로 낱낱이 놓아버리되 또한 놓아버리고 놓아버리지 않음도 없으며, 병에 걸렸다거나 병에 걸리지 않았다거나 하는 헤아림도 없다가, 홀연히 아무런 맛없고 붙잡아 쥘 곳이 없는 화두 위에서 크게 솟구치듯 한번 터지면 한마음의 법계가 환하게 밝아질 것

이다.

  그러므로 마음 성품 속에 갖춘 바 백천의 삼매와 한량없는 뜻을 구하지 않아도 두렷이 얻게 되니, 지금까지 해왔던 하나의 치우친 방법인 '뜻과 이치를 들어 앎〔義理聞解〕'으로 얻은 바가 없기 때문이다. 이것을 선종의 바로 끊어드는 문에서 화두를 참구하여 깨달아드는 비결이라 말한다.

  원교(圓敎) 가운데 비록 열 가지 현묘함〔十玄〕의 걸림 없는 연기법문116)이 바로 '부사의승보살(不思議乘菩薩)'의 넓은 지혜의 경계〔普眼境界〕라 말했지만, 지금 관행하는 이에게는 들어서 아는 알음알이가 뜻에 걸리기 때문에, 비록 보고 들음〔見聞〕이 생기고 앎과 행〔解行〕이 생겨남을 거친 뒤에 깨쳐드는 것117)이지만, 깨

---

116) 십현연기(十玄緣起) : 법계의 걸림 없는 연기〔法界無礙緣起〕를 밝히는 화엄종의 열 가지 법문으로 열 가지 문은 다음과 같다.
  ① 때를 같이해 모두 갖추어 서로 응하고 있는 문〔同時具足相應門〕
  ② 하나와 여럿이 서로 받아들이면서도 같지 않은 문〔一多相容不同門〕
  ③ 온갖 법이 하나되어 자재한 문〔諸法相卽自在門〕
  ④ 인드라하늘 그물의 구슬이 서로 비치는 경계의 문〔因陀羅網境界門〕
  ⑤ 미세한 것 등이 서로 받아들여 그대로 서 있는 문〔微細相容安立門〕
  ⑥ 비밀스럽게 숨고 나타남이 함께 이루어져 있는 문〔秘密隱顯俱成門〕
  ⑦ 모든 가르침의 장이 순일함과 잡다함의 덕을 갖추고 있는 문〔諸藏純雜具德門〕
  ⑧ 십세가 하나되되 법을 따로 하여 달리 이루어져 있는 문〔十世隔法異成門〕
  ⑨ 오직 마음이 돌아 굴러 잘 이루고 있는 문〔唯心迴轉善成門〕
  ⑩ 사법에 의탁해서 법을 나타내 앎을 내게 하는 문〔託事顯法生解門〕이다.

117) 보고 들음과 앎과 행〔見聞解行〕 : 구경의 깨달음은 이루 말할 수 없고 생각할 수 없으므로 인과가 붙지 않으나, 보고 들어 믿음을 이루고 바른 지혜와 중도행을 현발하는 보현의 인행이 아니면 구경의 과덕을 이룰 수 없다.

쳐 들어감에 이르러서는 앞의 들어서 아는 알음알이를 벗어버리고, 생각 없음〔無思〕으로써 같음〔同〕에 계합하는 것이다.

이제 논하고 있는 선종의 교 밖에 따로 전한〔敎外別傳〕 '바로 끊어 들어가는 문〔徑截得入之門〕'은 모든 틀과 헤아림〔格量〕을 벗어났으므로, 다만 교학자만이 믿기 어렵고 들어가기 어려운 것이 아니라, 또한 선(禪)을 근본으로 하는 바로 이 종〔當宗〕에서도 낮은 근기와 얕은 지혜를 가진 이들은 아득히 알지 못하는 것이다.

然 今所宗徑山大慧和尚 是曹溪直下正脉相傳第十七代本分宗師所立徑截門語句參詳得入 迥異於此 何者 宗師所示庭前栢樹子麻三斤狗子無佛性等話頭 都無端的所示之法 但給沒滋味無摸索底話頭 然後 隨而誡之曰

情識未破則心火熠熠地 正當恁麼時 但以所疑底話頭提撕 如僧問趙州 狗子 還有佛性也無 州云 無 只管提撕擧覺 左來也不是 右來也不是 不得作有無會 不得作眞無之無 卜度 不得作道理會 不得向意根下 思量卜度 不得向揚眉瞬目處朶根 不得向語路上 作活計 不得颺在無事甲裡 不得向擧起處承當 不得文字中引證 不得將迷待悟 直須無所用心 心無所之時 莫怕落空 這裡郤是好處 驀然老鼠入牛角 便見倒斷也

如是下注脚 給話頭故 學者於十二時中四威儀內 但提撕擧覺而已 其於心性道理 都無離名絶相之解 亦無緣起無礙之解 才有一念佛法知解 便滯在十種知解之病故 一一放下 亦無放下不放下 滯病不滯病

곧 보고 들음, 앎과 행은 깨쳐드는 보현의 인행이니, 인행으로 과덕에 들지만 과덕에 들어서는 보고 들음과 앎과 행의 자취가 끊어지는 것이다.

之量 忽然於沒滋味無摸索底話頭上 噴地一發則一心法界 洞然明白
故 心性所具百千三昧 無量義門 不求而圓得也 以無從前一偏義理聞
解所得故 是謂禪宗徑截門話頭參詳證入之秘訣也 圓教中 雖談十玄
無礙緣起法門 是不思議乘菩薩 普眼境界 而於今時觀行者 以聞解當
情故 須經見聞生解行生然後證入 當證入生 透脫從前聞解 亦以無思
契同也

今所論禪宗教外別傳徑截得入之門 超越格量故 非但教學者 難信
難入 亦乃當宗 下根淺識 茫然不知矣

> 해설

① 간화선의 연원

이미 깨친 이들의 산 말귀나 삶에 관한 근원적인 물음을 배우는 이의 자기 물음〔疑情〕의 방식으로 제시하여 스스로 깨닫도록 하는 방법은 사실 대혜종고 이전부터 꾸준히 발전 계승되어온 것이다. 대혜선사가 가장 많이 간화의 구체적인 방법으로 제시해온 것은 조주선사의 무자(無字) 화두이다. 그런데 조주 이전에도 혜능선사는 법을 묻기 위해 찾아온 남악회양에게 '무슨 물건이 이렇게 왔는가'118)라고 되묻고 있고, 대유령에서 가사와 바루를 빼앗으러 온 도명에게 '선도 생각지 말고 악도 생각지 말라. 이런 때 어떤 것이 그대의 본

---

118) 시삼마화두(是甚麽話頭) : 법을 묻기 위해 찾아온 남악회양에게 '무슨 물건이 이렇게 왔는가〔甚麽物恁麽來〕'를 물었던 혜능의 가르침은 한국 불교에서 '이 무엇인가〔是甚麽〕'라는 말로 정형화되어 가장 널리 참구하는 공안이 되었다.
  근세 용성선사는 『수심정로(修心正路)』를 저술하여 '이 무엇인가' 화두를 올바로 참구하는 법을 자세히 결택해 주고 있다.

래 면목인가119)를 묻고 있다.

혜능조사를 달마남종(達摩南宗)의 육조로 현창한 하택신회(荷澤神會)는 신수선사(神秀禪師)를 동산법문(東山法門)의 방계이며 점문(漸門)으로 극렬하게 비판했다. 그러나 하택선사에 의해 점수론자로 통렬하게 비판된 신수선사야말로 사실은 간화적 방법으로 배우는 이들을 접인했던 선사였음이 문헌을 통해 드러나고 있다.

신수선사는 배우는 이들에게 늘 구체적인 사물을 가리켜서 연기의 뜻을 물어 스스로 깨닫도록 가르치고 있다[指事問義].

    이 마음에는 마음이 있는가. 마음이란 이 무슨 마음인가.120)

    빛깔을 볼 때에는 빛깔이 있는가. 빛깔이란 이 무슨 빛깔인가.121)

    네가 종치는 소리를 들을 때, 때릴 때에도 있는가, 때리지 않을 때에도 있는가. 소리란 이 무슨 소리인가.122)

    종소리를 쳐 울릴 때 다만 이 절 가운데 있는가. 시방세계에도 또한 종소리가 있는가.123)

    몸은 사라져도 그림자는 사라지지 않고 다리는 흘러가도 물은

---

119) 불사선 불사악(不思善 不思惡) : 不思善不思惡 正當伊麽時 阿那箇是 明上座本來面目
120) 此心有心不 心是何心
121) 見色有色不 色是何色
122) 汝聞打鍾聲 打時有 未打時有 聲是何聲
123) 打鍾聲 只在寺內有 十方世界亦有鍾聲不

238 제2부 산 말귀를 보아 의심을 결단하라〔看話決疑〕

흐르지 않는다.124)

새가 날아가는 것을 보고 물었다. 이 어떤 것인가.125)

그대는 나무가지 끝을 향해 좌선할 수 있는가.126)

보지 않을 때에도 보는가, 볼 때에 보는 것이 다시 보는 것인가.127)

『열반경』에서 말하기를 '몸이 가없는 보살이 있어서 동방에서 왔다'고 했으니, 보살의 몸이 이미 가 없다면 왜 다시 동방에서 왔는가. 왜 서방이나 남방, 북방에서는 오지 않는가. 그럴 수는 없는 것인가.128)

배우는 이로 하여금 스스로 의정을 일으켜 스스로 깨닫게 하는 신수선사의 공부지도 방법 이전에도 쌍림부대사는 경교의 언어가 아닌 일상화(日常話)로써 실상을 드러내 보이고 실상 자체인 산 연구를 통해 배우는 이들을 깨우쳤다. 부대사의 유명한 다음 게송129)은 신수선사도 일부를 인용해 쓰고 있다.

---

124) 身滅影不滅 橋流水不流
125) 見飛鳥過 問云 是何物
126) 汝向了樹枝頭 坐禪去時得不
127) 未見時見 見時見更見
128) 涅槃經說 有無邊身菩薩 從東方來 菩薩身旣無邊 云何更從東方來 何故不從西方來 南方北方來 可卽不得也
129) 부록 p.397 ㉖ 다리는 흐르고 물은 흐르지 않네〔傅大士頌〕

빈 손에 호미자루를 쥐고
걸어가면서 물소를 타네.
사람이 다리 위를 지나가는데
다리는 흐르고 물은 흐르지 않네.

空手把鋤頭　步行騎水牛
人從橋上過　橋流水不流

배우는 이가 자기 물음을 통해 스스로 깨닫게 하는 방법론은 『전등록(傳燈錄)』 가운데 달마와 혜가의 문답130)에서도 전적으로 드러난다.

혜가 : 모든 부처님의 법인을 들을 수 있겠습니까.
달마 : 모든 부처님의 법인은 사람에게서 얻는 것이 아니다.
혜가 : 제 마음이 편안하지 못합니다. 스님께서 편안히 해 주십시요.
달마 : 마음을 가져오라. 편안케 해 주겠다.
혜가 : 마음을 찾아도 얻을 수 없습니다.
달마 : 내가 그대 마음을 편안케 해 주었다.

慧可問　諸佛法印可得聞乎
答　諸佛法印匪從人得
問　我心未寧 乞師與安
答　將心來　與汝安
可曰　覓心了不可得
達摩曰　我與汝安心竟

---

130) 『전등록(傳燈錄)』 가운데 달마와 혜가의 문답

달마선사의 혜가에 대한 지도방법은 붓다의 사념처관(四念處觀)131)을 현실의 구체적 상황과 배우는 이의 절박한 삶의 문제 속에서 바로 적용하여 제시해 주고 있다.

남악혜사선사에 의하면 사념처관(四念處觀)의 관(觀)이란 이치와 뜻을 세워서 관념의 빛깔을 존재에 덧씌우는 일이 아니라, 이치와 뜻으로 헤아림을 단박 버리고 스스로 실상을 되물어가는 일이다. 그러므로 혜사선사는 심념처관(心念處觀)에 대해서 '삼계가 허망하여 오직 마음이 나타낸 바이니 이 마음은 어디서 왔는가〔三界虛妄 唯心所顯 心從何處來〕'라고 그 구체적인 방법론을 제시하면서 관(觀)이 바로 의정(疑情)임을 단적으로 보여주고 있다.

이렇게 보면 천칠백 공안을 통해 무념을 체득하는 간화선법과 사념처관의 정신을 서로 다른 것이라 해서는 안 될 것이니, 간화선법을 중심으로 한 조사선의 가풍이 아무리 고준한 강령과 언구를 구사하더라도 붓다의 깨달음과 가르침 밖에 따로 있다고 주장하는 것이야말로 바깥길을 맴도는 자들의 사설이라 말하지 않을 수 없다.

---

131) 사념처관(四念處觀) : 존재의 실상을 살피는 명료한 의식성이 능히 살피는 지혜〔能觀智〕라면, 몸·느낌·마음·법〔身·受·心·法〕이 네 곳은 살펴지는 대상〔所觀境〕인데, 능히 살핌은 살피는 바를 안고 일어나므로 살피는 지혜와 살펴지는 대상은 제6의식 안에 함께 주어진다. 대치관으로서의 사념처관은 몸은 깨끗하지 않다고 생각하고〔不淨觀〕느낌은 괴로운 것이라 생각하며〔苦觀〕마음은 무상하다 살피며〔無常觀〕법은 무아라 살핌〔無我觀〕이다.

이에 비해 실상관으로서의 사념처관은 신·수·심·법의 네 곳이 연기이므로 실로 남이 없음을 살펴 아(我)와 무아(無我), 상(常)과 무상(無常)의 치우침을 함께 넘어선다. 이 때 살펴지는 경계가 모습 없는 참모습으로 드러나면 경계는 고요하되 비쳐지며〔寂而照〕지혜는 비치되 고요해지므로〔照而寂〕주체의 생활은 머묾 없는〔無住: 止〕묘한 행〔妙行: 觀〕으로 전환된다.

존재를 신이 전변(轉變)했다고 하거나 어떤 요소가 모여서 이루어졌다〔積聚〕고 주장하는 기존의 사상을 철저히 배격하고, 보리수 밑에 나아가 존재의 실상과 삶의 출발점을 스스로 물어서 '만법이 연기이므로 남이 없음〔無生〕'을 사무쳐 통달한 붓다의 깨달음이야말로 모든 선법(禪法)의 출발점이며 가르침〔敎〕의 출발점이다.

붓다의 제자들은 이미 깨달은 붓다의 말씀을 듣고 말 아래 바로 깨닫기도 하고, 한마디 가르침에 깨닫지 못하면 숲속 나무 밑에 가 단정히 앉아 가르침의 뜻을 사유하고 스스로 가르침을 좇아 몸〔身〕과 느낌〔受〕, 마음〔心〕과 법(法)이 좇아 온 곳을 돌이켜 살펴〔四念處觀〕 깨달음에 들었다.

붓다를 스승으로 받들고 붓다의 가르침이 법계의 실상임을 믿는 원시교단 수행자들의 믿음은 간화선의 공부인이 공부의 기본 요건으로 갖추어야 하는 크게 믿는 마음〔大信心〕의 전형이다. 그리고 가르침의 자기 주체화를 위해 철저히 되묻고 철저히 살펴 관찰하는 마음은 바로 격 밖의 언구에 크게 의심을 내는 마음〔大疑心〕의 뿌리이다.

다시 사제법의 가르침을 통해 자신의 존재가 고통스러운 존재임을 자각하고〔苦諦〕 그 고통의 원인〔集諦〕을 스스로 밝혀 사유수(思惟修)와 팔정도의 실천행〔道諦〕을 통해 해탈〔滅諦〕을 구현하는 치열한 구도의 정신이야말로 간화의 공부인이 큰 분심을 일으켜 용맹정진하는 그 마음〔大憤心〕의 바탕이 된다.

② 대혜종고의 간화선

앞에서 간화적인 방법론이 몇몇 선사에 의해 창조된 것이 아니고 불교의 깊고 먼 연원에서 꾸준히 계승 발전되어 온 것임을 살펴보았다.

그러나 수행방편의 차별적인 전개를 놓고 보면, 묵조선(默照禪)132)
과의 방법론적인 차이점을 강조하면서 교리문이나 기존의 교리에
토대한 선관 또는 선정과 깨달음을 인과적 과정으로 설명하는 습선
(習禪)의 방편을 넘어, 간화법을 '바로 끊어 깨달음에 드는 문[徑截
門]'으로 체계적으로 제시한 이는 대혜종고선사이다.
 보조선사는 바로 『간화결의론』의 모든 사상적 전거를 대혜종고에
둠으로써 본서에서 자신이 '종(宗)으로 삼는 이[所宗]'라고 말하고
있다.
 대혜종고는 일생 묵조선의 선정주의자들을 삿된 무리들[邪輩]이라
고 공격하면서 간화선을 경절문으로 제창하였다. 이러한 묵조선에
대한 통렬한 비판의 저변에는 묵조선을 주장했던 많은 조동가풍의
선사들이 당시 금(金)나라와의 대치상황 속에서 주화파(主和派)의
입장에 섰고 대혜선사는 주전파(主戰派)였던 정치적 상황을 고려하
지 않을 수 없다.
 그러나 선 자체의 방법론만을 놓고 보면, 대혜의 묵조선 비판은 좌
(坐)의 한 행[一行]이 행(行)과 좌(坐)를 모두 부정해서 모두 긍정하
는 활발발한 선풍으로 전개되지 못하고, 앉아 있음의 적묵에 떨어진
선의 병폐를 부정함인 것이다.
 곧 천태선사가 네 가지 삼매 가운데 늘 앉아 있음[常坐]인 일행삼

---

132) 묵조선(默照禪)과 간화선(看話禪) : 의미로 한정할 길 없는 산 말귀를
잡아 이끄는 곳에서 바로 모든 허위의식과 집착을 깨뜨리고 화두일념을 지혜
인 선정으로 현발하는 선법이 간화선이라면, 선정의 고요함을 철저화해서
선정 자체를 선정인 지혜로 현발하는 선법은 묵조선이다.
 행법으로 보면 묵조선이 좌선의 한 행[一行]으로 제법의 실상을 통달하는
선법이라면, 간화선은 좌(坐)와 행(行)의 형식적 틀을 깨뜨리되 좌(坐)와
행(行), 동(動)과 정(靜)을 자유롭게 전개하는 선법이다.

매(一行三昧)의 참정신을 행(行)과 좌(坐)를 자재하게 굴리는 수자의삼매(隨自意三昧)와 둘 아님으로 보는 뜻과 대혜의 간화선 정신은 일맥상통한다.

이처럼 대혜선사는 좌(坐)의 한 행을 창조적으로 해석하고 창조적으로 전개하지 못하는 좌선일변도의 형식주의를 부정할 뿐더러, 선정(禪定)을 그대로 지혜인 선정으로 보지 못하고 선정을 깨달음의 예비과정으로 설정해서 선정 자체를 추구하는 삿된 선정주의를 부정하고 있다.

대혜가 부정하는 묵조선이라는 개념에는 이와 같이 '앉아 있음만으로 선을 삼으려는 이', '선정을 통해 깨달음을 기다리는 이'들에 대한 비판이 담겨 있다.

이에 대항해서 천동굉지선사(天童宏智禪師)가 「묵조명(默照銘)」을 지어서 방어하려 했던 묵조선의 긍정적 의미는 '선정 그대로인 지혜'와 '고요하되 늘 비추어〔默而常照〕고요함과 비춤이 둘 아닌〔寂照不二〕선풍'인 것이다.

설사 선정과 깨달음을 인과론적으로 보더라도 선정이 깨달음인 선정으로 되기 위해서는 깨달음이라는 결과를 통해서만 선정과 깨달음은 인과적 관계를 이루는 것이다. 그러므로 선정 자체를 완결적인 것으로 추구하거나 선(禪)을 '앉아 있음' 안에 가두는 것이야말로 붓다가 제시한 깨달음의 길과는 관계없는 삿된 선정주의가 될 것이다.

이런 뜻에서 대혜선사가 공격한 묵조선은 '앉음에 떨어진 정체된 선정'이며 지혜 없는 선정의 어두운 길이라면, 천동선사가 방어하고자 했던 묵조선은 '그침 그대로의 살핌〔卽止之觀〕'이자 '끝내 공한 진리의 자리에 앉아 있음'이 그대로 행(行)과 좌(坐)의 자유로운 전개로 되는 일행삼매(一行三昧)133)인 것이다. 대혜선사가 묵조의 삿된 선정을 공격했던 기본 입장을 『서장(書狀)』을 통해 살펴보자.

    요즈음 들어 한 가지 삿된 스승들이 묵조선을 말하여 하루 열두 때 가운데 사람들에게 이 일〔是事〕에는 관심 갖지 않도록 가르치며 '쉬고 쉬라' 하며 '소리도 내지 말라' 가르치고 있습니다.
    그들은 '지금 눈에 보이는 일〔今時〕'에 떨어질까 두려워하고 있소. 이따금 총명하고 날카로운 근기의 부리는 바 된 이들은 시끄러운 곳을 싫어하다가 언뜻 삿된 스승이 고요히 앉아 있으라고 한 지시를 받아 힘이 덜어지는 것을 보고서는 이로써 옳게 여겨 다시 묘한 깨달음을 구하지 않고 고요함으로써 극칙을 삼습니다.
    내가 입의 업을 아끼지 않고 힘써 이 폐단을 구하려 함에 이

---

133) 혜능선사의 일행삼매(一行三昧) : 사종삼매 가운데 늘 앉아 있음〔常坐〕의 삼매를 뜻하는 일행삼매를 혜능선사는 다음과 같이 창조적으로 해석한다.
    "선지식, 일행삼매란 모든 곳에서 가고 머물고 앉고 누움에 늘 하나의 곧은 마음을 행하는 것이 바로 이것이다. 『정명경』에 '곧은 마음이 도량이요 곧은 마음이 정토다'라고 했으니, 마음은 굽은 일을 행하고 입으로만 곧음을 말하거나 입으로는 일행삼매를 말하고 실제로는 곧은 마음을 행하지 않는 것처럼 이렇게 해서는 안 되니, 다만 곧은 마음을 행해서 온갖 법에 집착하지 말라.
    헤매는 사람은 법의 모습에 집착하고 일행삼매를 형식논리로만 이해하고 집착하여 앉아서 움직이지 않고 망녕되이 마음을 움직이지 않음이 바로 일행삼매라 말하나, 이렇게 이해하는 사람은 곧 무정과 같아서 도리어 도를 장애하는 인연이 된다."

    善知識 一行三昧者 於一切處行住坐臥 常行一直心是也 如淨名經云 直心是道場 直心是淨土 莫心行도曲 口但說直 口說一行三昧 不行直心 但行直心 於一切法 勿有執着 迷人着法相 執一行三昧 直言坐不動 妄不起心 卽是一行三昧 作此解者 卽同無情 却是障道因緣

제 점점 잘못을 아는 이들이 있습니다. 원컨대 당신은 의심 깨뜨려지지 않은 곳을 향하여 참구하여 가고 머물고 앉고 누움 속에서 놓아 버리지 마십시요.

어떤 스님이 조주에게 '개에게 불성이 있습니까'라고 물으니 조주가 '없다'라고 하셨습니다.

'없다'라고 한 말이야말로 나고 죽음의 의심을 깨뜨리는 칼입니다.134)

지금 묵조의 삿된 스승의 무리들은 다시 말 없음과 설함 없음으로 극칙을 삼아 위음왕불 저쪽의 일이라 부르며, 시간, 공간 이전의 일이라 불러 깨달음의 문이 있음을 믿지 않고, 깨달음으로 속임수를 삼으며, 깨달음으로써 두 번째의 것이라 하며, 깨달음으로써 방편의 말이라 하고, 깨달음을 사람들을 끌어들이기 위한 말이라 하오.

이러한 무리들은 사람들을 속이고 스스로를 속이며, 사람들을 그르치고 스스로를 그르치는 자들입니다.135)

위에 인용된 『서장』을 통해 보더라도 대혜선사는 깨달음으로 전개

---

134) 近來以來 有一種邪師 說默照禪 敎人十二時中 是事莫管 休去歇去 不得做聲 恐落今時 往往士大夫 爲聰明利根所使者 多是厭惡鬧處 乍被邪師輩指令靜坐 郤見省力 便以爲是 更不求妙悟 只以默然爲極則 某不惜口業 力救此弊 今稍 稍有知非者 願公只向疑 情不破處參 行住坐臥 不得放捨 僧問趙州 狗子還有佛性也無 州云 無 遮一字子 便是箇破生死疑心底刀子也〈『대혜보각선사서(大慧普覺禪師書)』상권 〉

135) 而今默照邪師輩 只以無言無說爲極則 喚作威音那畔事 亦喚作空劫已前事 不信有悟門 以悟爲証 以悟爲第二頭 以悟爲方便語 以悟爲接引之詞 如此之徒 謾人自謾 誤人自誤 亦不可不知〈『대혜보각선사서(大慧普覺禪師書)』하권 〉

되고 깨달음으로 발휘되지 못한, 선정을 위한 선정의 허구성과 거짓됨을 철저히 부정해서, 깨달음을 극칙으로 삼는 '지혜 그대로의 선정'과 '살핌 그대로의 그침'을 천명한다.

대혜선사에 의하면 지금 현전의 생각이 생각 아님을 통달하지 못하고, 나고 사라지는 생각으로 남이 없고 사라짐이 없는 '위음왕불 저쪽 일'을 찾는 일은 생사의 질곡과 캄캄한 무기공의 함정 속에 모두 빠진 속임수의 선정인 것이다.

대혜선사가 제시하는 화두법은 뜻과 이론으로 법을 헤아리는 환상을 모두 부정하고, '닫혀진 내용성과 취할 맛이 없는 산 말귀〔沒茲味〕'를 바로 잡아들여 생사의 질곡을 타파하도록 한다. 이는 모든 희론과 부질 없는 법〔無記法〕으로 연기의 실상을 헤아리는 허위와 환상을 부정하는 반야정신의 시대적 구현이라 할 것이니, '마하연의 게송'에서는 이렇게 말한다.

> 반야란 바로 하나의 법이지만
> 부처님이 갖가지 이름 말하신 것은
> 중생의 여러 가지 부류를 따라
> 그들 위해 다른 이름 세우심이네.
> 만약 어떤 사람이 반야 얻으면
> 헛된 따짐의 마음 다 사라지리니
> 마치 하늘에 해가 나타날 때에
> 아침 이슬 한 때에 사라짐 같네.

> 般若是一法　佛說種種名
> 隨諸衆生類　爲之立異字
> 若人得般若　戲論心皆滅

譬如日出時　朝露一時失

　대혜선사가 극력 제창하고 있는 바처럼 선(禪)도 말하지 않고 불법지견도 세우지 않고 다만 맛없는 산 말귀를 바로 들어서 모든 '나고 죽음의 마음〔生死心〕'을 깨뜨리려는 간화선의 정신은 반야의 해가 나타날 때 모든 희론의 마음이 사라진다는 반야정신의 다른 표현이다.
　또한 대혜선사가『서장』의 여러 글에서 무자화두(無字話頭)에서 열 가지 병을 경계하고 있는 것은 바로『반야경』에서 희론의 마음을 바로 쉬게 하는 뜻과 같다.
　반야의 바른 방향은 생각〔念〕이 생각 없음〔無念〕으로 지양되는 곳에 있는데, 나고 사라지는 생각에 머물러 있거나 생각 밖에 생각 없음을 세우거나 생각 밖에 절대의 이법을 세우는 것은 희론이다.
　곧 생각으로 뜻을 세워 없음을 헤아리거나, 생각 밑뿌리에 없음의 장을 설정하여 깨달음으로 삼거나, 작용하는 곳을 따라 아는 뿌리를 쌓거나, 일 없는 곳에 들어가 살림살이를 짓거나, 지금 생멸하는 미혹을 붙들어 쥐고 생멸 없는 깨달음을 구하거나, 그것들은 모두 지금 현재의 한 생각 범부의 마음에 주저앉아 법을 헤아리거나 현재의 한 생각 너머에 따로 법을 구하는 희론의 마음인 것이다.
　이에 대혜선사는『서장』에서 지금 나고 사라지는 허망한 마음에 머물지도 않고, 나고 사라지는 이 마음을 버리지도 않고, 바로 반야를 현전시키는 공부길을 다음과 같이 보인다.

　　참으로 바른 적멸을 현전시키고자 하면 반드시 불꽃 타듯이
　　하는 나고 사라짐 가운데서 갑자기 한번 솟구쳐 나와야 합니다.

그러면 한 털끝도 움직이지 않고 긴 강을 저어 소락을 삼고, 큰 땅을 변화시켜 황금을 지으며, 기틀에 응해 주고 빼앗으며 죽이고 살림이 자유롭게 되어, 남을 이롭게 하고 스스로를 이롭게 하여 베풀지 못할 것이 없게 됩니다.

앞 성인은 이를 '다함없는 공덕 곳간의 다라니문'이라 부르고 '다함없는 공덕 곳간 신통으로 노니는 문', '다함없는 공덕 곳간 뜻대로 되는 해탈문'이라 부르니, 어찌 참된 대장부가 할 일이 아니겠습니까.

그러나 이 일은 누가 시켜서 그런 것이 아니라 모두 우리 마음의 늘 그러한 본분일 뿐입니다.136)

---

136) 要得眞正寂滅現前 必須於熾然生滅之中 驀地一跳跳出 不動一絲毫 便攪長河爲酥酪 變大地作黃金 臨機縱奪殺活自由 利他自利無施不可 先聖喚作無盡藏陀羅尼門 無盡藏神通游戲門 無盡藏如意解脫門 豈非眞大丈夫之能事也 然亦非使然 皆吾心之常分耳〈『대혜보각선사서(大慧普覺禪師書)』 상권 〉

제2장 간화결의론과해(看話決疑論科解) 249

(4) 선문(禪門)의 깨친 기연을 보임

① 바로 끊어 들어가는 선문이 돈교와 원교의 깨쳐 들어감과 같지 않음을 보임

 이제 간략히 두세 마디의 깨쳐 들어간 인연을 이끌어, 믿지 못하고 알지 못하는 이들로 하여금 선문의 바로 끊어 들어가는 것이 돈교(頓敎)와 같지 않으며, 또한 원종(圓宗)에서 깨쳐 들어가는 자와 가르침을 의지하고 가르침을 여읨에 더디고 빠름이 아주 다름을 알도록 하겠다.

 今略引二三段得入因緣 令不信不知者 知有禪門徑截得入 不同頓敎 亦與圓宗得入者 依敎離敎 遲速逈異也

 저 수료(水潦) 화상이 등나무를 캐는 곳에서 마조(馬祖)에게 물었다.
 "어떤 것이 조사가 서쪽에서 오신 뜻입니까?"
 마조가 말했다.
 "가까이 오라. 너에게 말하여 주겠다."
 수료가 가까이 이르자마자 마조가 가슴을 잡아 한번 밟아 거꾸러뜨리니, 수료가 곧장 일어나 손뼉을 치며 '깔깔' 크게 웃었다.
 마조가 말했다.
 "너는 무슨 도리를 보았길래 곧 웃는가?"
 수료가 말했다.
 "백천의 법문과 한량없는 묘한 뜻을 오늘 한 털끝 위에서 바닥까

지 사무쳐 그 근원을 알았습니다."
　이에 마조가 저를 그대로 두고 상관치 않았다.
　수료화상이 마조에게 한번 밟히고서는 백천의 법문과 한량없는 묘한 뜻을 어디로부터 바닥까지 사무쳐 알았겠는가. 그러므로 '선종에서 높은 근기〔禪宗上根〕'가 깨쳐 들어가는 것은, 돈교 가운데 말이 끊어진 이치를 가르쳐서 다만 '생각 여읜 근기〔離念之機〕'를 위하는 것과도 관계없음이 분명한 줄 알아야 한다.

　如水潦和尙 於採藤處 問馬祖 如何是祖師西來意 祖云 近前來 向你道 水潦才近前 馬祖攔胸一踏踏倒 水潦不覺起來 拍手呵呵大笑 祖云 汝見箇甚麼道理 便笑 水潦曰百千法門 無量妙義 今日於一毛頭上 盡底識得根源去 馬祖便不管他 水潦和尙 只喫馬祖一踏 百千法門 無量妙義 自何而盡底識得耶 故知禪宗上根得入 不關頓敎中但詮言絶之理 但爲離念之機明矣

　　해설

　보조선사는 교문의 교리의 자취를 의지하지 않고 바로 깨쳐든 선문의 깨달음의 예로 수료선사를 들고 있다. 홍주수료선사는 마조를 찾아가 조사가 서쪽에서 오신 뜻을 묻고서 마조의 한번 넘어뜨림을 입고137) 크게 깨쳤다.
　선사는 나중 대중에 주지하면서 이렇게 말했다.

　　마조에게 한번 걸어 채인 뒤로

---
137) 부록 p.381 ⑤ 한 번 발로 걸어 채이고

곧장 오늘까지 웃음이 쉬지 않는다.

自從一喫馬師蹋 直至如今笑未休

수료선사의 깨달음에 대해 동림총(東林摠)선사는 이렇게 노래한다.

　수료가 기회를 보아 조사의 뜻 물었는데
　마조가 한번 차매 근원 환히 깨쳤네.
　허공이 떨어져 내려 빈 땅 없으나
　다시 넓은 바다 향해 무쇠배를 타도다.

　水潦承機徵祖意　馬駒一蹋曉根源
　虛空撲落無閑地　却向滄溟駕鐵船

수료선사의 깨달음은 문자를 의지하지 않고 스승의 한번 걷어참을 통해 바로 생사심을 단박 녹여 없앤 사례이다. 수료의 깨달음에는 닦아가는 인과의 실체성과 모습의 닫혀진 질곡이 털끝이라도 붙지 않는다. 그러나 깨달음은 그냥 구현된 것이 아니라 조사가 오신 뜻을 묻는 공부인의 간절한 한 생각이 스승의 한번 내려침을 만나 직하에 발현된 것이다.

깨달음은 인연법이 아니지만 인연을 통해 구현되는 것이니, 이 뜻이 바로 『법화경』「방편품」138)에서 '부처님의 씨앗은 연을 따라 난

---

138) 『법화경』「방편품」의 게송
　　모든 부처님 양족존께서는
　　법에 늘 자성 없음을 아셨지만
　　부처 씨앗 연을 좇아 일어나므로

다〔佛種從緣起〕'고 한 뜻이다.

　이처럼 깨달음이 인연을 좇아 나므로 모습이 모습 아님을 요달하는 깨달음에는 아무런 차별이 없지만, 깨쳐 들어가는 기연(機緣)과 모습이 모습 아님을 깨쳐 모습 아님에도 머묾 없이 모습을 쓰는 방편(方便)에는 한량없는 차별이 있다.

　지금 고통 속에서 깨달음을 구하는 주체의 각기 다른 삶의 요구와 지금까지 살아온 관성의 차이에 따라 깨쳐 들어가는 기연과 들어가는 문호에 또한 차별이 있다.

　그러므로 어떤 이는 이미 깨친 분의 소리 들음〔聲聞〕을 통해 단박 깨쳐 들고, 어떤 이는 뜻으로 인연의 법을 돌이켜 비추어〔緣覺〕깨쳐 들고, 어떤 이는 철저한 자기 버림의 활동〔波羅密行〕 속에서 반야의 눈을 뜨고, 어떤 이는 관행(觀行)으로 깨쳐 들고, 어떤 이는 문자(文字)로 깨쳐 든다.

　곧 혜가선사(慧可禪師)는 달마선사(達摩禪師)의 '마음을 가져오라'는 한마디에 깨치고, 혜문(慧聞)선사는 『중론(中論)』을 펼쳐 삼제게(三諦偈)를 한번 보고 바로 깨치고, 혜사선사(慧思禪師)는 구순안거 동안 늘 앉음〔常坐〕의 용맹정진으로 깨치고, 천태(天台)선사는 『법화경』「약왕보살본사품」의 한 구절에서 법화삼매를 증득하였다. 또 혜능(慧能)선사는 『금강경』의 '머무는 바 없이 그 마음을 낸다'는 한 구절에서 깨쳤고, 도명(道明)선사는 혜능선사의 '선도 생각지 말고 악도 생각지 말라. 이러한 때 어떤 것이 그대의 면목인가'라는 한마디에 깨쳤다.

　　일승의 가르침을 말씀하시네.
　　諸佛兩足尊　知法常無性
　　佛種從緣起　是故說一乘

경전의 회상에서 보면, 열반회상에서 법을 듣던 '넓은 이마 백정'은 칼을 놓고 선 자리에서 성불하고, 법화회상에서 '팔세 용녀'는 구슬을 바치고 몸을 바꿔 성불하며, 화엄회상에서 선재동자는 미륵보살의 손가락 한 번 튕김에 바로 생사를 벗어났다.

또한 영가(永嘉)선사는 네 가지 몸가짐 가운데 늘 선관을 닦아 『유마경』에서 불심종을 깨달았으며, 수료(水潦)선사는 마조에게 한번 걷어채인 뒤 바로 깨닫고, 고산(鼓山)선사는 설봉이 갑자기 가슴 붙잡음에139) 단박 깨치고, 덕산선감(德山宣鑑)은 용담숭신(龍潭崇信)이 촛불을 불어 끔에140) 바로 깨달았다. 협산(俠山)선사는 선자화상(船子和尙)이 강물에 빠뜨림141)을 입고 깨닫고, 향엄(香嚴)선사는 '기와조각이 대에 부딪히는 소리'를 듣고142) 깨닫고, 영운(靈雲)선사는 복숭아꽃을 보고143) 깨쳤으며, 경산종고(徑山宗杲)선사는 원오의 '훈풍이 남쪽에서 불어오니 전각이 서늘해진다'는 한 구절에서 깨닫고, 감산덕청(憨山德淸)선사는 승조(僧肇)의 「물불천론(物不遷論)」을 읽다 크게 깨쳤다.

우리 나라를 보면 백제 현광(玄光)선사는 법화안락행(法華安樂行)으로 깨쳤고, 신라 원효(元曉)대사는 해골물을 마시다가 깨쳤으며, 고구려 반야(般若)선사는 천태 문하의 선법으로 깨쳤으며, 보조(普照)선사는 『육조단경』과 『대혜어록』에서 깨쳤으며, 원묘(圓妙)선사는 천태의 『관무량수경소』에서 깨쳤으며, 백운경한(白雲景閑)선사

---

139) 부록 p.395 (23) 설봉이 한 번 붙잡음에
140) 부록 p.390 (16) 덕산이 방에 들어가
141) 부록 p.391 (17) 배우는 이를 물에 빠뜨리고
142) 부록 p.388 (14) 기와조각이 대를 치는 소리를 듣고
143) 부록 p.387 (13) 복사꽃을 보고 도를 깨치니

는 석옥청공선사와 무념(無念)의 뜻을 문답하여 깨쳤고, 경허(鏡虛)선사는 좌선 도중에 '콧구멍 없는 소'라는 언구를 듣고 깨쳤다. 그리고 경허의 제자 혜월(慧月)선사는 관음염불 도중 경허의 『수심결』 강설을 듣다 '다만 알지 못할 줄 알면 견성이다'라는 구절에서 깨쳤고, 용성(龍城)선사는 송광사 삼일암에서 『전등록』을 열람하다 '달이 시위 먹인 활과 같으면 날은 가물고 바람 잦으리'라는 구절에서 크게 깨쳐 '일면불 월면불(日面佛 月面佛)' 화두144)와 '개에 불성 없다'는 화두 등 모든 조사의 공안에 걸림 없는 경계를 수용했다.

이처럼 깨달음은 모든 경계[緣]가 아니지만 모든 경계를 떠남이 아니므로 깨쳐드는 기연은 한량없으나, 깨달음의 당처에는 기연의 차별상이 붙지 않는다. 그리고 깨달음은 모든 모습이 모습 아님을 요달함이나 참된 깨달음은 모습 아님에도 머묾 없이 모습을 창조적으로 굴려 씀이니, 모습을 굴려 쓰는 방편행 또한 한량없이 차별된다.

그러므로 어떤 이는 역행(逆行)으로 깨달음을 쓰고, 어떤 이는 순행(順行)으로 깨달음을 쓰며, 어떤 이는 말없이 벽을 향해 돌아앉음으로 법을 쓰고, 어떤 이는 입을 열어 사자같이 외침으로 법을 쓰니, 이것이 바로 『금강경』에서 말한바 '모든 현성이 다 함이 없는 법으로써 차별이 있다[一切賢聖皆以無爲法而有差別]'는 뜻이다.

② 영가선사를 들어 선문의 바로 끊어 들어감을 다시 보임

또 영가진각대사가 조계에 이르러 병을 지니고 갓을 쓰신 채 선상을 둘러 세 번 돌고 석장을 떨쳐 한번 내리치고 우뚝 서니 조사

---

144) 부록 p.379 (2) 햇님부처 달님부처[日面佛月面佛]

가 말했다.
"사문이라면 반드시 삼천의 몸가짐과 팔만의 세밀한 행을 갖추어야 하는데 대덕은 어디서 왔기에 큰 아만을 내오."
진각이 말했다.
"나고 죽음의 일이 크고 덧없음이 빠릅니다."
조사가 말했다.
"어찌 남이 없음을 체달하지 않으며 빠름 없음을 요달하지 않소."
진각이 말했다.
"체달함에 남이 없고 요달함에 본래 빠름이 없습니다."
조사가 말했다.
"그렇고 그렇소."
진각이 잠깐 사이 하직을 아뢰니 조사가 말했다.
"도리어 너무 빠르지 않소."
"본래 스스로 움직임이 아닌데 어찌 빠름이 있겠습니까."
"누가 움직이지 않음을 아오."
"인자께서 스스로 분별을 내십니다."
조사가 말했다.
"그대는 잘 남이 없는 뜻을 얻었소. 잠깐 하루밤 머물러 가오."
진각이 하룻밤을 자고 조계의 문 밖을 나와 깨친 도로써 말을 내어 이렇게 노래를 지었다.

　　배움 끊고 함이 없는 한가로운 도인은
　　헛된 생각 끊지 않고 참됨 또한 구하잖네.

무명의 참성품이 곧바로 불성이요
허깨비의 공한 몸이 곧바로 법신이네.
　　　…… ……

絶學無爲閑道人 不除妄想不求眞
無明實性卽佛性 幻化空身卽法身
　　　………… 乃至

설산의 비니풀엔 다른 섞임 없어서
비니풀 먹은 소는 제호만을 만드나니
제호의 좋은 맛을 내가 늘 받아 쓰네.
한 성품이 두렷이 온갖 성품에 통해 있고
한 법이 두루두루 온갖 법을 머금었네.
한 달이 온갖 물에 널리 다 나타나고
온갖 물의 달은 다시 한 달 속에 거둬지네.

雪山肥膩更無雜 純出醍醐我常納
一性圓通一切性　一法徧含一切法
一月普現一切水　一切水月一月攝

모든 부처 법의 몸이 내 성품에 들어오고
나의 성품 여래와 다시 합해 하나 되네.
한 지위에 온갖 지위 모두 다 갖췄으니
물질 마음 다 아니고 업 지음도 아니로다.
손가락을 튕길 사이 팔만 법문 다 이루고
삼아승지 오랜 겁이 찰나에 사라지네.

諸佛法身入我性 我性還共如來合

一地具足一切地 非色非心非行業
彈指圓成八萬門 刹那滅卻三祇劫

 이로써 미루어 보면 영가진각대사는 조사가 '어찌 남이 없음을 체달하지 않느냐'는 한 말 아래에서 바로 통 밑이 빠진 경계를 얻어서 단박 법계를 증득하고, 다만 '체달함에 남이 없고 요달함에 빠름이 없다'고만 말했다. 이것은 깨달음의 문에 이르러서는 많은 말을 쓰지 않지만 문 밖에서 말을 내어 노래할 때는 깨친 경계를 소리 높여 드러내 '한 성품이 두렷이 온갖 성품에 통해 있다'고 한 것이다.
 그러므로 다음 같음을 알아야 한다. 이 스님의 넓은 지혜의 경계[普眼境界]는 사법과 사법이 원융하고 중생과 붓다가 원융하며, 지위가 원융하고 팔만 법문이 원융하여 이와 같은 법계의 다함없는 공덕의 작용이 손가락 튕길 사이에 원만히 이루어진 것이다.
 어찌 이 경계를 돈교 가운데서 '초지가 곧 팔지이며 나아가서는 적멸한 진여에 무슨 차제가 있겠는가'하여 다만 모습 없는 진여의 이치를 들어 모든 차제와 모습을 없애는 것에 비할 수 있겠는가.

 又永嘉眞覺大師到曹溪 持甁戴笠 繞禪牀三匝 振錫一下 卓然而立 祖曰夫沙門 須具三千威儀 八萬細行 大德自何方來 生大我慢 眞覺曰 生死事大 無常迅速 祖曰 何不體取無生 了無速乎 眞覺曰 體卽無生 了本無速 祖曰 如是如是 眞覺須臾告辭 祖曰 返太速乎 眞覺曰 本自非動 豈有速耶 祖曰 誰知非動 眞覺曰 仁者自生分別 祖曰 汝善得無生之意 小留一宿 眞覺一宿 出曹溪門外 以所證之道 發言爲歌曰

제2부 산 말귀를 보아 의심을 결단하라〔看話決疑〕

絶學無爲閑道人 不除妄想不求眞
無明實性卽佛性 幻化空身卽法身
　　　　……乃至
雪山肥膩更無雜 純出醍醐我常納
一性圓通一切性　一法徧含一切法
一月普現一切水　一切水月一月攝
諸佛法身入我性　我性還共如來合
一地具足一切地　非色非心非行業
彈指圓成八萬門　刹那滅卻三祇劫
以此而推 永嘉眞覺大師 但於祖師 何不體取無生一言之下 直得桶底脫 頓證法界 但云體卽無生 了本無速 是當於證門 不消多言語也 而於門外 發言爲歌 唱出所證境界 則曰一性 圓通一切性等
故知此師 普眼境界 事事圓融 生佛圓融 地位圓融 八萬法門圓融 如是法界無盡德用 彈指之間 圓滿成就 豈可比於頓敎中 初地卽八地 乃至寂滅眞如 有何次第 但據理都泯耶

> 해설

영가선사는 『전등록』에서 육조 혜능선사의 제자로 되어 있지만, 『불조통기』에서는 천태 8조 좌계현랑선사(左溪玄朗禪師)와 동문으로 법화지위선사(法華智威禪師)의 제자라 말한다. 『육조단경』과 『전등록』 가운데 영가현각선사145)에 대한 기록을 살펴보자. 먼

---

145) 영가스님은 법명이 현각(玄覺)이고, 시호가 진각대사(眞覺大師), 무상대사(無相大師)이다.

저『단경』은 이렇게 말한다.

　　영가현각선사(永嘉玄覺禪師)는 온주(溫州) 대(戴)씨의 아들이다.
　　젊어서 경론을 익혀 천태지관법문(天台止觀法門)에 정통하였는데『유마경』을 보다가 심지(心地)를 밝혀 내었다.
　　마침 대사의 제자 현책(玄策)과 서로 만나 그와 함께 깊은 뜻을 격렬히 말하였는데, 말을 내는 것이 가만히 여러 조사의 뜻에 합치하였다.
　　현책이 말했다
　　"인자가 법을 얻은 스승은 누굽니까?"
　　"내가 방등경론을 들을 때는 각기 스승으로부터 이어 받음[師承]이 있었으나, 뒤에『유마경』에서 불심종(佛心宗)을 깨치고서는 증명해준 분이 없습니다."
　　현책이 말했다
　　"위음왕불 이전에는 그럴 수 있지만 위음왕불 이후에는 스승 없이 스스로 깨달음은 모두 타고난 외도입니다."
　　"원컨대 인자는 나를 위해 증거해 주오."
　　현책이 말했다.
　　"나의 말은 가볍소. 조계에 육조대사가 계시어 사방에서 배우는 이들이 구름처럼 모여드는데, 모두 이 법을 받는 이들입니다. 만약 그곳에 가겠다면 함께 가겠소."146)

---

146) 永嘉玄覺禪師 溫州戴氏子 少習經論 精天台止觀法門 因看維摩經 發明心地 偶師弟子玄策相訪 與其劇談 出言暗合諸祖
　策云 仁者得法師誰 曰 我聽方等經論 各有師承 後於維摩經 悟佛心宗 未有證明者

이렇게 영가선사는 현책선사의 인도로 혜능선사를 찾아가 본문에서 인용된 바와 같은 문답을 한다. 그런데 『불조통기』에서는 이렇게 말한다.

> 선사 현각은 영가의 대씨다. 출가해서 널리 삼장을 탐구하여 천태지관의 원묘한 법문에 정통하여 가고 머물고 앉고 눕는 네 몸가짐 가운데서 늘 선관을 그윽이 닦았다. 좌계랑선사가 권유함으로 인해 드디어 동양책선사와 같이 조계에 갔다.147)

『육조단경』과 『불조통기』를 종합해 보면, 영가선사는 천태지관에 정통해서 늘 선관을 실천하다 『유마경』에서 깨친 뒤, 동문인 좌계현랑선사의 권유로 조계에 가서 혜능과 '남이 없음〔無生〕'의 뜻을 문답한 것이다.

이렇게 보면 혜능선사의 '어찌 남이 없음을 체달하지 않느냐'는 한 마디에 영가선사가 '통밑 빠진 경계'를 얻어서 법계를 깨쳤다는 보조선사의 해석은 객관적 사실에 맞지 않음을 알 수 있다.

또 이미 『유마경』에서 중도정견을 증득하고 혜능을 만났으므로, 영가선사를 '하룻밤 자고 깨친 이〔一宿覺〕'라고 한 말도 선종의 주도권을 둘러싼 달마 문하와 천태 문하의 갈등 속에서 지어진 말임을 알 수 있다.

策云 威音王已前卽得 威音王已後 無師自悟 盡是天然外道
曰 願仁者 爲我證據
策云 我言輕 曹溪有六祖大師 四方雲集 竝是受法者 若去 則與偕行
147) 禪師玄覺 永嘉戴氏 出家遍探三藏 精天台止觀圓妙法門 四威儀中 常冥禪觀 因左溪朗公謝厲 遂與東陽策禪師 同詣曹溪

동양현책선사가 영가현각을 조계대사에게 인도할 때 위음왕불 이전에 '스승 없이 홀로 깨침〔無師自悟〕'은 '타고난 외도〔天然外道〕'라고 한 대목이 있다. 그런데 조계선에서 부정적으로 규정하는 무사자오〔無師自悟〕를 남악혜사선사는 법화삼매의 돈오선을 규정하면서 '스승 없이 스스로 깨쳐 빨리 성불하는 길〔無師自悟 疾成佛道〕'이라 하여 긍정적으로 사용한다.

그렇다면 무사자오를 천연외도라 하는 동양현책의 주장이 옳은가, 무사자오야말로 최상승 돈오선이라는 남악혜사의 가르침이 옳은가. 혜사선사는 무사자오(無師自悟)를 적극적으로 천명하여 깨달음의 자기 주체성을 주장하고 있다면, 인가를 중시하는 가풍에서는 선이 사적 체험으로 떨어질까 걱정하여 스승으로부터의 검증을 중시한 것이므로 형식논리만으로 그 말의 옳고 그름을 판단해서는 안 될 것이다.

다만 혜사선사가 '반야란 스승 없는 지혜이며, 스스로 그러한 지혜〔無師智 自然智〕'라는 반야부 경전의 뜻을 이어 대중 자신을 진리의 주체로 세워주고 있다면, 무사자오를 외도로 규정하는 선풍에서는 이미 깨친 이들의 종법적인 사자상승(師資相承)의 구조에 진리의 중심을 두고 스승에 의한 깨달음의 검증을 강조하고 있는 것이다.

깨달음의 지위에 대해서도 보조선사는 영가대사가 '한 지위에 온갖 지위를 모두 갖춘다'고 한 『증도가』의 한 구절을 들어, 영가선사의 이 경계는 항포문(行布門 : 차별문)이 바로 원융문(圓融門)임을 보이는 경계와도 다르고, 진여의 모습 없음 가운데에는 항포문의 차별된 지위점차가 없다고 말하는 입장과도 다르다고 해석한다.148)

---

148) 항포문(行布門)과 원융문(圓融門)
    장교의 항포문 : 실천의 인과가 없지 않은 곳에서 수행의 차제를 보임.

262 제2부 산 말귀를 보아 의심을 결단하라〔看話決疑〕

　십신(十信), 십주(十住), 십행(十行), 십회향(十廻向), 십지(十地), 등각(等覺), 묘각(妙覺)의 지위를 인과적인 단계로 설명하는 지위점차설은 연기문에 서서 깨달음의 인과적 향상을 말하는 입장이라면, '적멸한 진여에 무슨 차제가 있겠는가'라고 말하는 입장은 인과가 공한 입장에 서서 지위점차가 없음을 보이고 있는 것이다.
　그리고 '초지가 팔지이며 십지'라 함은 '거짓 있음의 문〔假有門〕'에 서서 지위점차의 실체성에서 벗어나되 현재의 단계를 부정하여 보다 높이 향상하는 실천의 인과가 없지 않음을 보인 것이다.
　그에 비하여 영가선사가 '한 지위에 온갖 지위를 다 갖춤'이라고 말한 것은 끊어야 할 번뇌가 없고 얻어야 할 깨달음이 없는 곳에 서서 지위와 계급에 떨어지지 않는 실천의 길을 바로 들어 보인 것이니, 『마하지관』은 원교(圓敎)의 두렷한 지위를 다음과 같이 말한다.

　　어떻게 두렷한 지위에 들어가는가. 초발심주에 들어갈 때 하나의 지위에 머물러서 온갖 지위에 머묾에 일체가 구경의 진리가 되고 일체가 청정하며 일체가 자재하니 이것을 두렷한 지위라 한다.149)

　영가선사가 『증도가』에서 '한 지위에서 온갖 지위를 갖추었다〔一地

　　통교의 원융문 : 실천의 인과가 공한 곳에 서서 진여 가운데 차제 없음을 보임.
　　별교의 원융문 : 실천의 인과가 공하되 공도 공한 곳에 서서 항포가 원융의 항포임을 설함.
　　원교의 원융문 : 실천의 인과가 중도인 실상에 서서 계급이 붙을 수 없는 참된 원융을 설함.
　149) 云何入圓位 入初住時 一住一切住 一切究竟 一切淸淨 一切自在 是名圓位

具足一切地'고 한 말은 『마하지관』에서 '하나의 지위에 머물러 온갖 지위에 머무른다〔一住一切住〕'고 한 말을 다시 구성한 것이다.

그런데 천태(天台)와 방산(方山)은 초발심주(初發心住)를 깨달음으로 보고, 일부 조사선 지상주의적인 선류들은 '견성이 성불이기 때문에 십지보살도 견성하지 못했다'라고 주장한다. 천태와 방산이 초발심주를 견성으로 보는 것은 '처음 바른 마음 낸 때가 바로 깨친 때〔初發心是便成正覺〕'라는 경전의 말에 의거한다.

그에 비해 구경각이 견성이기 때문에 십지보살은 견성하지 못했다는 주장은 '십지의 모든 성인이 법 설하는 것을 구름처럼 소나기처럼 하더라도 견성은 얇은 비단을 가려놓은 것과 같다〔十地諸賢 說法如雲如雨 見性如隔羅縠〕'는 조사들〔汾州, 雲門〕의 가르침에 기인한다.

두 주장의 비교는 주장에 깔린 논리적 전제를 살펴야 한다.

흔히 구경각만이 깨달음이라는 뜻의 이론적 전거로 『기신론』의 '미세한 생각을 멀리 여의므로 심성을 보아서 마음이 곧 항상 머물므로 구경각이라 한다〔以遠離微細念故 得見心性 心卽常住 名究竟覺〕'는 대목을 들고, 논의 뜻을 '미세한 망상까지 다 끊어야 구경각이 된다'고 풀이한다. 그러나 망상을 끊어서 구경의 깨침을 이룬다는 것은 연기론적인 언어 사용법이 아니니, 『기신론』은 '마음이 처음 일어남을 깨쳐 생각에 일어나는 첫 모습이 없음〔覺心初起 念無初相〕이 곧 망상을 여읨'이라 했다. 이는 망상이 실로 남이 없음을 요달할 때〔了心無生〕중생상을 없애지 않고 구경각이 구현됨을 보여주는 가르침이다.

『기신론』에 의하면 구경각은 오온이 공하므로 미세한 생각이 한 티끌이라도 남아 있어도 안 되지만, 공이 바로 오온이므로 구경각은 중생의 번뇌와 이승의 소리 들음과 연각의 사유와 보살의 만행을 없애고 따로 구현되는 것도 아니다.

그렇다면 미세한 생각을 멀리 여의어야 구경각이라는 뜻을 어떻게 보아야 할 것인가.

한 생각이 사라지는 것은 생각이 달라지는 모습이 있기 때문이고, 달라지는 것은 머묾이 있기 때문이고, 머묾이 있는 것은 생겨남이 있기 때문이다. 그러므로 일어나는 생각을 눌러 고요히 했다 해도 생각의 머무는 모습이 있으면 곧 미세한 망상이 있음이다. 미세한 망상을 멀리 여읨은 곧 생각이 나되 남이 없음을 깨달을 때 머물러 있는 미세망상을 곧 떠나는 것이다.

한 생각이 남이 없음을 깨달으면 그 곳이 곧 법계의 처소이니 그곳은 바로 중생이 중생되는 곳이자, 보살이 보살되는 곳이며 부처가 부처되는 곳이다. 그러므로 '생각에 첫 모습이 없음〔念無初相〕'을 깨치면 중생의 번뇌와 보살의 만행을 떠나지 않고 여래의 구경각을 이룰 수 있으며 보살의 한 지위에서 온갖 지위를 원만히 할 수 있으니 이곳이 곧 견성이며 원교의 초발심주이다.

그렇다면 십지보살도 견성 못했다는 조사의 말은 어떻게 이해해야 하는가. 여기서 십지보살은 높은 수행의 지위를 나타내지만 닦아가는 모습이 있고 구할 깨달음이 있는 행을 십지보살로 보인 것이니, 끊을 번뇌가 있고 얻을 보리가 있으면 견성이 아닌 것이다. 그러므로 초발심주가 견성이라는 천태선사의 뜻과 십지보살도 견성 못했다는 운문의 뜻이 실은 그 돌아감은 하나인 것이다.

그러나 이처럼 융회하지 못하고 '견성이 성불이고 구경각만이 깨달음'이라는 주장을 경지론적으로 쓰면 그러한 언어 사용은 자칫 깨달음을 어떤 절대적 완성의 세계로 느끼게 하는 함정을 지니게 된다. 그러므로 '구경각이 견성이므로 십지보살도 깨치지 못했다'라고 주장할 때는 『화엄경』 등의 방대한 교법체계와 그 주장의 형식논리상 모순을 올바로 해명해낼 수 있어야 한다. 운문조사의 뜻은 십지 보살로 닦아감의 자취가 다하지 못한 수행의 지위를 나타내고 있다면, 화엄원교와 천태선사에서는 십지(十地)의 뜻이 깨달음의 머묾 없는 활동상을 나타내는 뜻으로 쓰인다.

곧 십신(十信)의 믿음이 완성된 초발심주(初發心住)가 바로 견성이며 중도관이라 주장하는 입장에서는, 십주·십행·십회향·십지의 발전과정은 지위점차의 개념이 아니라 깨달음이 만행으로 전개됨을 표현하는 범주이며, 깨달음이 죽어 있는 절대정지의 세계가 아니라 살아 움직임을 보이는 개념인 것이다. 그리고 십지 이후 등각·묘각의 개념은 십행·십지 등의 만행이 끝내 법계 진리의 자기 모습임을 설명하는 범주이다. 이 주장에서는 깨달음이 바로 보현행원과 사회적 실천으로 전개됨을 보여주지만, 자칫 초발심주의 깨달음 위에 십행·십회향·십지로 발전하여 등각·묘각에 이르는 언어구조를 실재론적으로 이해하면 한번 깨친 뒤 육도만행을 닦아야 최고의 깨달음에 도달한다는 단계적 수증론(修證論)이 되어버린다.

망상이 본래 남이 없는 법계 처소[法界處]에서, 닦음 없는 닦음[無修之修] 행함 없는 행함[無行之行]이 일어남이 없이 일어나는 것으로 지위 점차의 언어를 이해하면, 구경각이 견성이라는 고조사들의 주장과 초발심주가 바로 깨달음이라는 남악과 천태, 방산의 주장이 형식논리의 모순에도 불구하고 두 주장이 동일한 결론에 이를 수 있는 이해의 지평이 열리게 된다.

남악혜사선사는 초발심주에서 구경각까지의 점차적 언어가 지위와 단계를 설명하는 범주가 아니라 깨달음의 역동성을 표현하는 말임을 다음과 같이 보인다.

처음 보리의 마음 냄으로부터 불도를 이룰 때까지 한 몸, 한 마음, 한 지혜이지만, 중생을 교화하려 하므로 만행의 이름이 차별되어 달라진 것이다.150)

초발심이 견성이라는 남악·천태와 달리 구경각이 견성이라고 말할 때에도 그 보는 바 성품〔見性〕이란 모습 밖의 절대성품이 아니라 세속제의 있는 모습도 얻을 것 없고 진제의 없는 모습도 얻을 것이 없는 중도제일의제(中道第一義諦)이다. 이처럼 이미 성품을 보는 곳에 진속이제(眞俗二諦)의 모습이 없다면 중도제의 모습도 세울 것이 없게 된다.

그러므로 구경각은 깨달음에 깨달음의 모습마저 지양된 곳이니, 구경각은 범부가 아니되 범부 아님도 아니며, 성문이 아니되 성문 아님도 아니며, 연각이 아니되 연각 아님도 아니며, 보살의 십주·십행·십회향·십지의 차제행이 아니되 그 모든 차별된 보살의 만행이 아님도 아니다.

그러므로 구경각은 끝내 머물러야 할 깨달음의 모습도 없이 중생에게 회향되고 역사에 회향되는 것이니 대혜선사는 다음과 같이 말한다.

옛 성인은 깨치면 그 깨치는 곳에서 일어나고 사라지는 마음을 없애버리지만 또한 고요한 곳에도 머물지 않으니, 이를 고요함이 눈 앞에 드러남이라 한다. 나고 사라짐이 바로 나고 사라짐이 아닌 고요한 곳에서 두 가지 뛰어남을 얻는다.

두 가지란 첫째는 위로 시방의 모든 붓다와 하나 되어 붓다와

---

150) 從初發心至成佛道 一身一心一智慧 欲爲敎化衆生故 萬行名字差別異

더불어 큰 사랑의 힘을 같이 하게 됨이고, 둘째는 아래로 여섯 갈래 고통의 길을 헤매는 삶들과 하나 되어 모든 중생으로 더불어 슬피 우러름을 같이 하게 됨이다.
　이것이 앞에서 말한 '크나큰 사랑을 일으키고 크나큰 슬픔을 움직여 악도 속에 있는 중생을 건져낸다'는 바로 그 뜻이다.151)

---

151) 古聖得了 便於得處 滅却生滅心 亦不住在寂滅地 謂之寂滅現前 於寂滅地獲二殊勝一者上合十方諸佛 與佛如來同一慈力 二者下合六道衆生 與諸衆生同一悲仰 前所云 興慈運悲 救拔惡道是也

(5) 다시 활구법을 보임

또 경산대혜화상은 경의 게송을 이끌어 이렇게 말한다.

　　보살은 이 생각할 수 없고 말할 수 없음에 머물되
　　그 가운데 생각과 말을 다할 것이 없으니,
　　이 생각할 수 없고 말할 수 없는 곳에 들어서는
　　생각과 생각 아님이 모두 적멸하도다.

　그렇듯 또한 적멸한 곳에도 머물지 말 것이니, 만약 적멸한 곳에 머물면 곧 법계라는 헤아림〔法界量〕에 갇히게 됨에, 교(敎) 가운데서는 이를 '법의 티끌에 걸린 번뇌〔法塵煩惱〕'라 한다.
　법계라는 헤아림마저 없애고 갖가지 빼어난 것들을 한 때에 없애 마쳐야 바야흐로 '뜰 앞의 잣나무'와 '삼 서근'과 '마른 똥 막대기'152)와 '개에 불성 없음'과 '한 입으로 서강의 물을 마셔 다함', '동산이 물 위로 감'153) 등의 화두를 비로소 잘 보게 되니, 홀연히 한 구절 밑에서 꿰뚫으면 바야흐로 '법계의 한량없는 회향〔法界無量廻向〕'이라 말하게 된다.
　실답게 보고 실답게 행하고 실답게 써야 곧 한 털끝에 보왕의 나라를 나툴 수 있으며, 가는 티끌 속에 앉아 큰 법바퀴를 굴려 온갖 법을 이루고 온갖 법을 깨뜨리게 된다. 그 모든 것이 나로 말미암음이 마치 장사가 팔을 폄에 남의 힘을 빌지 않음과 같

---

152) 부록 p.395 ⑵ 마른 똥 막대기〔乾屎橛〕
153) 부록 p.394 ⑳ 동쪽 산이 물 위로 간다〔東山水上行〕

고, 사자가 노님에 다른 짝을 구하지 않음과 같은 것이다.

 이로써 미루어 보면 선문에서 화두를 참구하는 이는 법계라는 헤아림을 없애고 갖가지 빼어난 것들 또한 깨끗이 마쳐 다한 뒤에, 바야흐로 잘 '뜰 앞의 잣나무' 등의 화두를 보아 홀연히 한 구절 아래서 꿰뚫어야 '법계의 한량없는 회향'이라 말하게 된다. 이럴 때 곧 한 털끝에서 보왕의 나라를 나투고 가는 티끌 속에 앉아 크나큰 법바퀴를 굴릴 수 있는 것이니, 화두의 의심을 깨뜨려 크게 솟구치듯 한번 터진 자라야 걸림 없는 법계를 몸소 증득하게 되는 것이다.
 그러니 어찌 선문의 열 가지 알음알이의 병을 없앰이 돈교의 한 무리 생각 여읜 근기에 해당한다 하겠는가.

又徑山大慧和尙 引經偈云
菩薩住是不思議 於中思議不可盡
入此不可思議處 思與非思皆寂滅
然 亦不得住在寂滅處 若住在寂滅處 卽被法界量之所管攝 敎中謂之法塵煩惱 滅郤法界量 種種殊勝 一時蕩盡了 方始好看庭前栢樹子 麻三斤 乾屎橛 狗子無佛性 一口吸盡西江水 東山水上行之類 忽然一句下 透得 方始謂之法界無量廻向 如實而見 如實而行 如實而用 便能於一毛端 現寶王刹 坐微塵裡 轉大法輪 成就種種法 破壞種種法 一切由我 如壯士展臂 不借他力 師子遊行 不求伴侶
 以此而推 禪門話頭參詳者 滅郤法界量 種種殊勝 亦蕩盡了然後 方始好看庭前栢樹子等話頭 忽然一句下 透得 方始謂之法界無量廻

向 便能於一毛端 現寶王刹 坐微塵裏 轉大法輪則話頭疑破 噴地一
發者 乃能親證無障礙法界矣 豈可以遣十種知解之病 當於頓敎一類
離念之機耶

> 해설

① 선(禪)과 법계무량회향(法界無量廻向)

간화행자가 산 말귀를 잡아 이끌어가는 것은 모습에 물들고 모습에 갇힌 생멸심(生滅心)을 깨뜨리기 위함이다. 그러므로 대혜선사는 장제형(張提刑)에게 답한 『서장』에서 생각과 말이 일어나고 사라지는 모습에 휘둘리는 것이 큰 병임을 지적하면서 이렇게 생각으로 헤아림〔思量〕의 병을 지적한다.

> 부처님은 이렇게 말씀했소.
> "여래는 온갖 비유로 갖가지 일을 말하지만 비유로 이 법을 말할 수는 없다. 왜냐하면 마음으로 아는 지혜의 길이 끊어져 생각할 수 없고 말할 수 없기 때문이다."
> 그러므로 사량하고 분별함이 도에 걸림됨을 믿어 알 수 있는 것이오.154)

본문에서 '생각할 수 없고 말할 수 없음에 머문다〔住是不思議〕'고 함은 바로 모든 모습과 생각의 공성을 통달하여 생각과 모습에 떨어지지 않음을 뜻하며, '그 가운데 생각과 말을 다할 것도 없다〔於中思

---

154) 佛言 如來以一切譬喩 說種種事 無有譬喩能說此法 何以故 心智路絶 不思議故 信知 思量分別障道必矣 〈 『대혜보각선사서(大慧普覺禪師書)』 상권 〉

議不可盡]'고 함은 생각이 생각 아니며 말에 말의 모습이 없으므로
생각과 말을 실로 없애는 것도 아님을 말한다. 곧 반야의 길은 생각
과 모습 자체가 생각 아니고 모습 아님을 통달하는 것이므로, 생각
이 적멸한 줄 알아 생각에 머물지 않지만, 생각 없음에도 머물러야
할 생각 없음을 보지 않는 것이니, 이 뜻을 대혜선사는 '생각과 생각
아님이 모두 적멸하다'고 말한다.

곧 생각이 생각 아닌 참된 중도의 길에는 깨달음이라는 모습과 중
도라는 자취 또한 없는 것이니, 그 뜻을 대혜선사는 적멸한 곳에 머
물면 '법계라는 새로운 집착[法界量]'에 떨어진다고 말한다. 초기불
교의 교설로 보면 모든 존재는 여러 법[諸法]이 연기한 것이므로 그
렇다 할 자기 모습[我]이 없지만, 존재를 내는 여러 법 또한 실체가
없는 것이다[諸法無我]. 곧 아(我)가 바로 무아(無我)이므로 무아에
도 머물 모습이 없으니, 아(我)와 무아(無我)에 모두 머묾이 없을 때
깨달음에 돌아가고 니르바나에 돌아가는 것이다.

깨달음과 니르바나란 제법이 무아인 생활의 실상 밖에 따로 세워
지는 초월의 장이 아니다. 니르바나는 제법으로 표시된 삶의 열려진
실상 자체이니, 깨달음과 니르바나에도 머물러야 할 모습이 없는 것
이다. 그러므로 현실의 있는 모습에 대한 집착을 떠나 보리에 회향
[菩提廻向]하고 실제에 회향[實際廻向]하는 자는 보리와 실제의 고요
함에도 머물 것이 없음을 알아 중생의 세간에 돌아오고[衆生廻
向]155) 현실 모습의 세계에 돌아오는[還相] 것이다.

---

155) 삼처회향(三處廻向) : 보리회향(菩提廻向), 실제회향(實際廻向), 중생
회향(衆生廻向)을 세 가지 곳에 회향함이라 한다.
　　보리회향이란 있음에 집착하고 없음에 빠져 허우적대는 허위의식을 돌이
켜 반야에 돌아감이고, 실제회향이란 반야를 통해 있음과 없음에 갇히지 않
는 생활의 자유가 구현되고 있음이 아니고 없음이 아닌 존재의 실상이 구현

그 뜻을 『원각경』은 '중생의 온갖 장애가 바로 구경각이며 생각 잃고 생각 얻음이 해탈 아님이 없다'고 하고, 대혜선사는 『화엄경』의 말씀을 이끌어 법계무량회향(法界無量廻向)이라 한다.

법계무량회향은 『화엄경』「십회향품」의 법문인데, 바로 법계의 진실한 모습 그대로의 회향이다. 그 뜻은 모습〔相〕과 모습 없음〔無相〕에 모두 머묾 없을 때 깨달음에 회향하는 것이지만, 깨달음이란 현실 밖에 따로 머물 장이 아니므로 보리회향(菩提廻向)이 끝내 만행으로 발현되고 중생회향으로 귀결됨을 보인 법문이다.

「십회향품」의 열 가지 보살의 회향이란 다음과 같다.

> 불자여, 보살마하살의 회향에는 몇 가지가 있는가.
> 불자여, 보살마하살의 회향에는 열 가지가 있으니, 삼세의 모든 부처님이 함께 같이 연설하신다.
> 무엇이 열 가지인가.
> 첫째, 온갖 중생을 구호하되 중생의 모습을 떠나는 회향이며,
> 둘째, 무너뜨리지 않는 회향이며,
> 셋째, 온갖 모든 부처님과 평등한 회향이며,
> 넷째, 온갖 곳에 이르는 회향이며,
> 다섯째, 다함없는 공덕의 회향이며,
> 여섯째, 온갖 평등한 선근에 들어가는 회향이며,

됨을 말한다.
그리고 중생회향이란 열반과 실제의 모습이 있음과 없음으로 주어지는 현실의 모순 밖에 있는 것이 아니라, 있음이 있음 아닌 있음으로 전환되고 없음이 없음 아닌 없음으로 드러난 곳 자체이므로, 보살은 머물러야 할 열반과 깨달음의 모습도 보지 않고 유·무가 대립하는 현실의 세계에 복귀하고 고락이 악순환하는 중생의 삶에 귀착함을 말한다.

일곱째, 온갖 중생을 평등하게 따르는 회향이며,
여덟째, 진여의 모습인 회향이며,
아홉째, 묶임 없고 집착 없는 해탈의 회향이며,
열째, 법계의 한량없음에 들어가는 회향이다.
불자여, 이 보살마하살의 열 가지 회향은 과거, 미래, 현재의 모든 부처님들이 이미 말씀하셨고, 앞으로 말씀하실 것이며, 지금 말씀하고 계신다.156)

또 『화엄경』은 열 가지 보살의 회향 가운데 '법계의 한량없음에 드는 회향〔入法界無量廻向〕'을 이렇게 말한다.

불자여, 보살마하살은 또 여러 선근을 이와 같이 회향한다.
곧 법계의 일어남이 없는 성품과 같이 회향하며,
법계의 근본 성품과 같이 회향하며,
법계의 자체 성품과 같이 회향하며,
법계의 의지함이 없는 성품과 같이 회향하며,
법계의 잊지 않는 성품과 같이 회향하며,
법계의 공하여 자성 없음과 같이 회향하며,
법계의 고요한 성품과 같이 회향하며,

---

156) 佛子 菩薩摩訶薩 廻向有幾種 佛子 菩薩摩訶薩廻向有十種 三世諸佛咸共演說 何等爲十
一者 救護一切衆生 離衆生相廻向 二者 不壞廻向 三者 等一切諸佛廻向 四者 至一切處廻向 五者 無盡功德藏廻向 六者 入一切平等善根廻向 七者 等隨順一切衆生廻向 八者 眞如相廻向 九者 無縛無着解脫廻向 十者 入法界無量廻向
佛子 是爲菩薩摩訶薩十種廻向 過去未來現在諸佛已說當說今說

법계의 처소 없는 성품과 같이 회향하며,
법계의 흘러 움직임 없는 성품과 같이 회향하며,
법계의 차별 없는 성품과 같이 회향한다.157)

『화엄경』의 회향의 가르침에 의하면 깨달음의 세계인 법계에 돌아 감이란, 법계에 머물 모습이 본래 없으므로 법계의 처소 없는 성품 그대로 중생의 구체적인 삶에로 돌아오고 일상의 창조적 행으로 발현됨을 보여준다. 여기에서 우리는 세간법, 출세간법에 모두 머묾 없이 향상의 한 길을 가는 간화(看話)의 길이 바로 법계무량회향이며 중생회향이란 대혜의 주장을 보게 된다.

그런데 대혜스님은 '뜰 앞의 잣나무', '동산이 물 위로 감'이라는 산 말귀를 참구하여 홀연히 깨닫는 곳에 가서야 참으로 법계회향이 된다고 말한다. 이것은 참으로 깨쳐 불법지견까지 소탕되어야 진정한 중생회향이 된다는 뜻이지만, 중생의 번뇌가 일어나는 곳과 여래의 구경각이 발현되는 곳이 원래 둘이 아니라면, 법계회향의 정신은 보살이 해탈을 지향하는 첫걸음에 이미 토대가 되어야 하는 것이니, 끝내 산말귀를 잡아 이끌어가는 일 그 자체가 법계의 처소에 서서 바로 법계의 한량없음에 회향하는 보살의 일이 되어야 한다.

② 조사공안

본 장에서 대혜선사는 조사가 보인 산 말귀로서 '뜰 앞의 잣나무',

---

157) 佛子 菩薩摩訶薩又以善根 如是廻向 所謂 如法界無起性廻向 如法界根本性廻向 如法界自體性廻向 如法界無依性廻向 如法界無忘失性廻向 如法界空無性廻向 如法界寂定性廻向 如法界無處所性廻向 如法界無遷動性廻向 如法界無差別性廻向

'삼서근', '마른 똥 막대기', '개에 불성 없음', '한 입으로 서강의 물을 마셔 다함', '동산이 물 위로 감' 등을 들고 있다. 위 공안들의 출처를 참고 삼아 간략히 살펴보자.

○ 뜰 앞의 잣나무〔庭前栢樹子〕
 조주에게 어떤 승려가 물었다.
 "어떤 것이 조사가 서에서 오신 뜻입니까."
 그로 인해 선사가 말했다.
 "뜰 앞의 잣나무다."
 승려가 말했다.
 "화상께서는 경계를 가지고 사람에게 보이지 마십시오."
 선사가 말했다.
 "나는 경계를 가지고 사람에게 보이지 않는다."
 승려가 말했다.
 "어떤 것이 조사가 서에서 오신 뜻입니까."
 선사가 말했다.
 "뜰 앞의 잣나무다."

 이 공안은 조주선사의 법문 가운데 가장 널리 알려진 공안 가운데 하나로 공부 지어가는 핵심 요점은 '조사가 서쪽에서 오신 뜻을 물었는데 왜 뜰 앞의 잣나무라 했는가'이다.

○ 삼서근〔麻三斤〕
 동산선사(洞山禪師)께 어떤 승려가 물었다.
 "어떤 것이 부처입니까."

그로 인해 선사가 말했다.
"삼 서근이다."

위 공안은 오대송초(五代宋初) 운문종 동산수초선사(洞山守初禪師)의 공안이다.
삼서근은 그 스님이 물을 때 동산의 눈앞에 있던 물건이니, 이것이 바로 이미 정형화된 공안을 일률적으로 주는 교육방법이 아니라 바로 당장 눈앞에서 공안을 이루어〔現成公案〕납자를 깨우치는 방법이다. 이 공안에 의정을 짓는 방법은 '부처를 물었는데 왜 삼서근이라 했는가, 삼서근이라 한 뜻이 끝내 무엇인가'이다.

○ 마른 똥 막대기〔乾屎橛〕

운문에게 어떤 승려가 물었다.
"어떤 것이 부처입니까."
이로 인해 선사가 말했다.
"마른 똥 막대기이다."

위 공안은 운문문언선사의 법문으로 공부짓는 방법은 '부처를 물었는데 왜 똥 막대기라고 했는가'이다.

○ 개에 불성 없음〔狗子無佛性〕

조주에게 어떤 승려가 물었다.
"개에게도 불성이 있습니까."
그로 인해 선사가 말했다.
"있다."

승려가 말했다.
"있다면 무엇 때문에 이 가죽부대에 들어갔습니까."
선사가 말했다.
"그가 알면서도 짐짓 저질렀기 때문이다."

또 어떤 승려가 물었다.
"개에게 불성이 있습니까."
선사가 말했다.
"없다."
그 승려가 말했다.
"온갖 중생이 다 불성이 있는데 개에게는 왜 불성이 없습니까."
"그에게 업식이 있기 때문이다."

위 공안은 조주선사의 법문으로 간화의 방법으로 가장 널리 채택된 공안이다. 무자 화두의 의심 지어가는 방법은 '중생이 모두 불성이 있다 했는데 왜 조주선사는 없다 했는가. 없다는 뜻이 끝내 무엇인가'이다.

○ 서강의 물을 한 입에 마셔 다함〔一口吸盡西江水〕
마조도일선사에게 방거사가 물었다.
"만법으로 짝이 되지 않는 자는 어떤 사람입니까."
그로 인해 선사가 말했다.
"그대가 한 입에 서강의 물을 마셔 다함을 기다려 말해 주겠소."
거사가 말 아래 알아들었다.

위 공안은 마조도일선사의 공안인데, 이 공안에 의심 짓는 방법은
'한 입에 서강의 물 마셔 다한다는 뜻이 무엇인가'이다.

○ 동산이 물 위로 감〔東山水上行〕
  운문에게 어떤 승려가 물었다.
  "어떤 것이 모든 부처님이 몸을 내신 곳입니까."
  그로 인해 선사가 말했다.
  "동쪽 산이 물 위로 간다."

위 공안은 운문문언선사의 법문인데, 공부 짓는 방법은 '부처님이 몸을 내신 곳을 묻는데 왜 동산이 물 위로 간다 했는가. 동산이 물 위로 간다는 뜻이 무엇인가'이다.

대혜선사의 깨달음은 '동산이 물 위로 간다'는 이 공안과 관계가 깊다. 대혜선사는 처음 담당무준선사(湛堂無準禪師)를 참방하여 칠년을 시봉하였는데, 무준은 임종 때 대혜에게 원오극근(圜悟克勤)에게 가서 공부할 것을 당부한다. 선사는 나이 37세 때 원오를 참방하여 그 회상에서 사십일쯤 되었다. 하루는 원오가 개당하여 다음과 같이 설법하였다.

  어떤 스님이 운문에게 '어떤 것이 모든 부처님이 몸을 내신 곳입니까'하니, 운문은 '동산이 물 위로 간다'고 하였다.
  그러나 나는 곧 그렇지 않으니 너에게 말해주겠다.
  훈훈한 바람 남에서 불어오니
  전각이 서늘해진다.

薰風自南來　殿角生微凉

　대혜는 이 법문을 듣고 홀연히 앞뒤가 끊어졌다.
　나중 원오의 방 가운데서 어떤 스님이 '있다는 말과 없다는 말이 등나무 줄기가 나무에 의지함과 같다〔有句無句 如藤倚樹〕'는 화두를 묻는 것을 듣고 원오화상에게 물었다.
　"들으니 화상이 당시에 오조법연선사의 회상에 계시면서 이 화두를 물었다 하오니 어떻게 말씀하셨는지 모르겠습니다."
　원오가 웃으며 대답하지 않으니 대혜가 물었다.
　"화상께서는 이미 대중의 물음에 대꾸해주셨는데 이제 말함이 무슨 방해가 되겠습니까."
　원오가 어쩔 수 없어서 말했다.
　"내가 '오조연선사께 있다는 말과 없다는 말이 등나무 줄기가 나무에 의지함과 같다는 뜻이 무엇입니까'라고 물으니 오조께서 말씀하셨다."
　"본뜨려 해도 본뜰 수 없고 그리려 해도 그릴 수 없다."
　또 물었다.
　"나무가 넘어지고 등나무 줄기가 마를 때 어떠합니까."
　오조가 말씀했다.
　"서로 따라 온다."
　원오선사가 이같이 들어 보이는 대목에서 대혜선사는 활연히 크게 깨쳐서 간화의 공부법으로 널리 배우는 이들을 깨우쳤다. 대혜선사가 크게 깨친 뒤 대중을 위해 법을 쓰는 수단을 몇 가지 엿보기로 한다.

선사는 당에 올라〔上堂〕 반산보적의 다음 법어를 들어 말하였다.

마음달이 외로이 밝으니
빛이 만상을 삼켰다.
빛은 경계를 비춤 아니고
경계는 있음 아니니
빛과 경계 모두 사라지면
다시 이 무슨 물건인가.

心月孤圓　光吞萬像
光非照境　境亦非存
光境俱亡　復是何物

이 법문에 대해 동산스님은 이렇게 말했다.

빛과 경계 사라지지 않았으니
다시 이 무슨 물건인가.

光境未亡　復是何物

대혜선사가 이에 대해 이렇게 말하였다.

흰 해오라기 밭에 내리니
천점의 흰 눈이요
노란 꾀꼬리 나무에 오르니
한 줄기 꽃송이로다.

白鷺下田千點雪
黃鸝上樹一枝華

선사는 당에 올라〔上堂〕『금강경(金剛經)』의 다음 가르침을 들어 말하였다.

"마땅히 이와 같이 알고 이와 같이 보고 이와 같이 믿어 알아서 법의 모습을 내지 말라."158)

선사가 털이〔拂子〕를 들고 일렀다.

"이것은 경산의 털이이다. 무엇을 법의 모습 짓는다 하는가. 법의 모습 이미 얻을 것이 없다면 안다는 것은 무엇이고, 본다는 것은 무엇이며, 믿는다는 것은 무엇이며, 이해한다는 것은 무엇인가."159)

다시 털이를 들고 말하였다.

"이것이 바로 법의 모습이다. 도리어 무엇으로 털이라 하는가. 털이를 이미 얻을 수 없으면 이와 같이 알고 이와 같이 보고 이와 같이 믿어 아는 것이다.

그런데 또 무슨 허물이 있는가. 바로 이러한 때 몸을 돌리는 한 구절을 어떻게 말할 수 있는가."160)

---

158) 應如是知 如是見 如是信解 不生法相
159) 這箇是徑山拂子 喚甚麽作法相 法相旣不可得 又知箇甚麽 見箇甚麽 信箇甚麽 解箇甚麽
160) 這箇是法相 却喚甚麽作拂子 拂子旣不可得 如是知 如是見 如是信解 又有甚麽過 正當恁麽時 轉身一句 作麽生道

천 겹을 싸고 백번 돌아도 서로 돌이킴 없으니
여러분들의 고요한 곳이 사바하로다.

千重百匝無回互　大家靜處薩婆訶

선사가 당에 오르니〔上堂〕 어떤 승려가 물었다.

회주의 소가 벼를 먹으니
익주의 말이 배가 부르네.
천하의 의원들 찾아서
돼지 왼쪽 어깨 위 뜸뜨네.

懷州牛喫禾　益州馬腹脹
天下覓醫人　灸猪左膊上

"두순법사는 위와 같이 노래했는데161) 이것은 신통묘용(神通妙用)입니까, 법이 스스로 그러함〔法爾如然〕입니까."

선사가 말하였다.
"이것은 신통묘용도 아니고 법이 스스로 그러함도 아니다."
그 스님이 나서서 물었다.
"끝내 어떻습니까."
선사가 말했다.
"여덟 자 눈썹털이 턱 밑에 난다〔八尺眉毛頷下生〕."
그리고는 말하였다.

큰 도는 다만 눈앞에 있으나
눈앞에서 보려 하면 보기 어렵다.

---

161) 부록 p.399 ㉗ 회주의 소가 벼를 먹으니

큰 도의 참된 바탕을 알려 하면
소리와 빛깔과 말을 떠나지 말라.
만약 소리와 빛깔, 말에 그대로 나아가
도의 참된 바탕을 구하려 하면 바로
이것은 불을 헤치며 거품을 찾는 격이요.
만약 소리와 빛깔, 말을 여의고
도의 참된 바탕을 구하려 하면
마치 함원전에 있으면서 장안을 찾는 꼴이다.

大道只在目前　要且目前難覩
欲識大道眞體　不離聲色言語
若卽聲色言語求道眞體　正是撥火覓浮漚
若離聲色言語求道眞體　大似含元殿裏更覓長安

그러나 모두 그렇지 않으니 끝내 어떠한가.

비취를 밟아 뒤집으니 연잎 위의 물방울이요,
흰 해오라기 서로 부딪치니 대숲의 안개로다.

翡翠蹋翻荷葉雨　鷺鷥衝破竹林煙

5. 비밀히 전하는 문 따로 세우는 이유를 보임〔示別立徑截門之緣由〕

1) 원교 밖에 비밀히 전하는 문 세우는 이유를 물음

어떤 이가 물었다.
 그렇다면 선종에서 깨쳐 들어가려는 이는 비록 돈교의 기틀에 거두어지지 않으나, 사법과 사법이 걸림 없음을 증득하므로 원교의 사람이라 할 수 있습니다. 그런데 왜 원교 밖에 따로 비밀히 전하는 문의 기틀이 있다 합니까.

問 然則禪宗得入者 雖不攝頓敎之機 以證事事無礙故 當於圓敎簡者 何得言圓敎外 別有密傳之門之機耶

> 해설

 여래의 가르침의 언교(言敎)는 다만 뜻과 생각을 전달하는 말이 아니라 법계(法界)를 깨친 지혜가 언어로 발현된 것이다. 그러므로 법계에서 연기한 가르침은 법계로 중생을 인도하는 곳에 언어의 자기실현이 있다. 가르침의 언어는 실로 있음도 아니고 실로 없음도 아니니, 가르침에 버려야 할 언어의 모습을 보는 자는 취해야 할 언어의 모습을 보는 자이다.
 중생이 붓다의 가르침을 통해 온전히 선정(禪定)과 지혜(智慧) 바라밀행을 실천하여 법계에 복귀하면, 가르침은 스스로를 부정하여 스스로를 실현하게 된다. 그래서 설사 돈교·원교의 가르침이라 하더라도 그 언교를 신비화하거나 언어를 통해 불법지견을 일으키면, 중생의 그 지견의 장애로 말미암아 법계에 돌아가지 못하므로 다시 그 불법지견을 깨뜨리기 위해 맛없고 뜻 없는 산 말귀 이룸의 비밀한 문을 세운 것이다.

이제 언교를 통해 실천해야 할 선정과 지혜를 사제교설로 살펴보자.

사제법에서 도제(道諦 : 고통을 지양하는 해탈의 실천)가 선(禪)에서 말하는 길 가는 일[途中事]이라면, 멸제(滅諦 : 고통이 지양된 해탈의 세계)는 집안 속의 일[家裏事]162)일 것이다. 그런데 도제 너머에 멸제가 따로 있는 것이 아니므로 길 가는 일이 바로 집안 속 일인 것이니, 선정과 지혜의 길이야말로 불교가 제시하는 실천의 핵심인 것이다.

앞에서 지적한 바처럼 교 밖에 산 말귀 보아 바로 끊어드는 문, 비밀히 전한 문을 따로 세우는 것은 가르침의 귀착처가 선정과 지혜인 줄 모르고 문자상에 갇힌 자나 불법지견을 떨치지 못한 채 아직 현실의 질곡에 헤매는 이들에게 쓰는 가장 높은 치료의 처방이다.

이제 배우는 이가 불법지견까지 깨뜨려 법계의 한량없는 회향처에 바로 들어가는 경절문의 참 뜻을 알지 못하므로, 원교 밖에 경절문 세우는 까닭을 다시 묻는다.

---

162) 도중사(途中事)와 가리사(家裏事) : 목표를 향해 길을 걸어가는 힘든 노동이 없는 집안 속 소식이 한갓 허황된 신기루와 같다면, 집 안에 당도하지 못하는 걸음걸이란 한갓 길 잃은 자의 허둥댐과 헤매임에 지나지 않을 것이다. 길가는 일은 집 안에 당도함으로써만 힘겹게 걸어온 일의 자기 값을 얻게 되는 것이고, 꽃 피고 새 우는 집안 속 소식은 길 가는 노동이 아니면 얻어질 수 없지만, 길 가는 일 속에 이미 집안 일이 있고 집안 일을 떠나지 않고 길 가는 일이 일어나는 것이다. 그처럼 정혜쌍수, 육바라밀, 화두참구로 표현된 관행을 통해 구경각이 구현되지만, 지금 범부의 관행은 구경각을 이미 자기 일 속에 안고 있어야 하고, 구경각은 다시 육바라밀의 창조적인 행으로 발현되어야 한다.

2) 선(禪)이 교문(敎門)과 다름을 자세히 보임

(1) 의리(義理)를 통한 깨침

앞에 말하지 않았던가. 원교(圓敎)에서 십현(十玄)의 걸림 없는 법문을 말한 것이 비록 부사의승 보살의 넓은 지혜의 경계이지만, 지금의 범부가 관행하는 문에서는 들어서 아는 말길과 뜻길이 있으므로 분별없는 지혜를 얻지 못하고, 반드시 보고 듣고서 앎과 행〔解行〕이 생김을 거친 뒤에야 깨쳐드는 것이다.

깨쳐 들어감에 닥쳐서는 또한 선문에서 생각 없음으로 서로 응하는 것과 같다.

그러므로 『화엄론』은 '먼저 가르침을 듣고 바로 알아서 믿어 들어가고, 나중 생각 없음으로써 같음에 계합한다'고 한다.

答曰 前不云乎 圓敎談十玄無礙法門 雖是不思議乘菩薩 普眼境界 而於今時凡夫觀行門 以有聞解語路義路故 未得無分別智 須經見聞解行生然後 證入矣 當於證入 亦如禪門無念相應故 論云 先以聞解信入 後以無思 契同

> 해설

불교가 제시하는 실천의 바른 방향은 모습에서 모습 떠나고 생각에서 생각 떠나 모습을 모습 아닌 모습으로 생각을 생각 아닌 생각으로 전환시키는 곳에 있지, 결코 뜻과 생각을 세워 생각 밖에 있는 부사의한 이치를 탐구하는 길이 아니다. 경에서 말과 뜻을 세움도 결국 말과 뜻의 방편을 통해 생각 없음〔無念〕과 모습 없음〔無相〕을 체달함에 있다.

(2) 선문의 맛없는 화두

 선문의 바로 끊어 깨쳐드는 이는, 처음부터 법의 뜻을 들어 아는 알음알이〔法義聞解〕가 뜻에 맞닥뜨림이 없이, 곧 아무런 맛없는 화두를 다만 잡아 이끌어서 들어 살필 따름인 것이다. 그러므로 말길과 뜻길이 없고 마음의 알음알이로 생각하는 곳이 없으며 또한 보고 들어서 앎과 행이 나는 등 시간의 앞뒤가 없는 것이니, 홀연히 화두가 크게 솟구치듯 한번 터지면 앞에서 논한바 한마음의 법계가 환하게 두렷이 밝아진다.
 이에 원교의 살펴 행하는 이〔圓教觀行者〕로 선문의 한 번 터지는 이에 비하면, 교의 안〔教內〕과 교의 밖〔教外〕이 아주 같지 않으므로 시간의 더딤과 빠름 또한 같지 않은 것을 그대로 알 수 있을 것이다.
 그러므로 '교 밖에 따로 전함이 교승과 아주 달라서 얕은 지혜를 가진 이들은 감당할 수 없다'고 말한다.

 禪門徑截得入者 初無法義聞解當情 直以無滋味話頭 但提撕擧覺而已 故無語路義路心識思唯之處 亦無見聞解行生等時分前後 忽然話頭 噴地一發則如前所論一心法界 洞然圓明
 故與圓教觀行者 比於禪門一發者 教內教外 迥然不同故 時分遲速亦不同 居然可知矣 故云教外別傳 迥出教乘 非淺識者 所能堪任

> 해설

　불법지견도 또한 병이 되고 법계라는 헤아림〔法界量〕도 또한 장애가 되므로, 선문(禪門)에서는 이치와 뜻이 붙을 수 없는 산 말귀를 잡아 이끌어 바로 한마음의 법계를 사무쳐 깨닫도록 한다.
　그러나 교(敎)의 자취를 집착하는 병을 깨뜨리기 위해 교 밖〔敎外〕이라는 말을 세운 것이니, 교(敎)가 교(敎)가 아니라 지혜인 교(敎)이며 실상인 교(敎)인 줄 알아 문자반야를 통해 단박 실상에 복귀하는 자에게는 교 안〔敎內〕과 교 밖〔敎外〕의 분별이 붙지 않는다.

　(3) 선문의 여러 병통
　선문에도 또한 비밀히 부치는 선법을 감당할 수 없는 '가운데 부류'와 '낮은 부류들'이 말 여의고 생각 끊음으로써 마음을 그윽이 하여 이치에 들어감이 있으나, 눈앞에 연기되는 현실법을 꿰뚫어 내지 못하기 때문에 경산대혜선사는 이렇게 꾸짖는다.
　"굳이 쉬고 쉬어가는 자는 바로 생각 잊고 비어 고요함을 지키어서 알음알이를 내는 자이다."
　어떤 이는 범부가 날로 쓰는 평상의 마음을 인정하여 지극한 도를 삼으며, 묘한 깨달음을 구하지 않고 다만 그대로 놓아지내면서 그 스스로 있는 데 맡기고, 마음 나고 생각 움직임을 관계할 것이 없다고 하며 생각 일어나고 생각 사라짐이 본래 실체가 없다고 한다.
　그러므로 대혜선사는 또한 이렇게 꾸짖는다.
　"이러한 사람들은 스스로 그러한 바탕을 지키어 구경법을 삼고서 알음알이를 내는 자이다."

　禪門 亦有密付難堪中下之類 或以離言絶慮 冥心入理 而於目前緣起事法 未能透得故 徑山大慧禪師 訶曰硬休去歇去者 此是守忘懷空寂而生解者也
　或認凡夫日用平常心 以爲至道 不求妙悟曰但放曠任其自在 莫管生心動念 念起念滅 本無實體
　故大慧禪師 亦訶曰這箇 又是守自然體 爲究竟法而生解者也

[해설]

　범부의 집착은 있음[有]과 없음[無]을 실체화하는 두 가지 치우침으로 나타나기도 하고, 존재가 아주 끊어져 없어진다고[斷] 하거나 늘 있을 것이라고[常] 하는 두 가지 얽매임으로 나타난다. 수행자의 선병(禪病) 또한 단견(斷見)과 상견(常見)을 토대로 있는 것을 억지로 끊으려 하거나, 스스로 그러한 바탕을 지키어 깨달음을 삼거나, 있는 것 너머에 없음[無]이나 절대적인 실재를 세워 그곳에 안주하는 경향으로 나타난다.
　대혜선사의 『서장』[書狀 : 答陳少卿]은 다음 같이 수행자의 선병을 지적한다.

　　요즈음 도를 배우는 이들은 많이들 자신의 마음을 믿지 않고, 자신의 마음을 깨닫지 않고, 자기 마음의 밝고 묘함을 받아 쓰지 못하고, 자기 마음의 편안하고 즐거운 해탈을 얻지 못하고, 마음 밖에 망녕되이 '선의 길[禪道]'을 두어 망녕되이 기특함을 세우고 망녕되이 취하고 버림을 내오.
 이렇게 하면 비록 수행해도 외도와 치우친 수행자들의 선정의 고요함과 단견의 경계에 떨어질 것이니, 이것이 이른바 수행해도 끊어져 없음과 항상함의 구덩이에 빠질까 걱정된다고 함이오.
 끊어져 없다는 견해란 자기 마음의 본래 묘하고 밝은 성품을 없애버리고 한결같이 마음 밖을 향해 공(空)을 집착하거나 선정의 고요함에 걸리는 것이오, 항상함의 견해란 온갖 법이 공한 줄 깨닫지 못하고 세간의 함이 있는 법에 집착하여 구경의 진리를 삼는 것이오.163)

 대혜선사는 선병(禪病)을 말하면서 존재에 관한 절대주의적인 사고〔常見〕와 허무주의적인 사고〔斷見〕, 억지로 끊음과 스스로 그러한 바탕을 지킴으로 선병을 나누고 있다. 다시 『원각경』 「보각보살장」에서는 수행자가 떠나야 할 선병을 짓고〔作〕, 맡기고〔任〕, 그치고〔止〕, 없애는〔滅〕 네 가지로 요약하여 다음과 같이 말한다.

 선남자여, 저 선지식이 깨치는바 묘한 법은 마땅히 네 가지 병을 여의어야 한다. 무엇이 네 가지 병인가.
 첫째는 짓는 병〔作病〕이니, 어떤 사람이 '나는 본마음 가운데 갖가지 행을 지어 두렷한 깨달음을 구하겠다'고 말하면, 저 두

---

163) 如今學道人 多不信自心 不悟自心 不得自心明妙受用 不得自心安樂解脫 心外妄有禪道 妄立奇特 妄生取捨 縱修行 落外道二乘禪寂斷見境界 所謂修行恐落斷常坑
 其斷見者 斷滅却自心本妙明性 一向心外著空 滯禪寂 常見者 不悟一切法空 執著世間諸有爲法 以爲究竟也〈『대혜보각선사서(大慧普覺禪師書)』 상권〉

렷한 깨달음의 성품은 억지로 지어서 얻는 것이 아니므로 병이라고 말한다.

둘째는 맡기는 병[任病]이니, 어떤 사람이 '우리들은 지금 나고 죽음을 끊지도 않고 니르바나를 구하지도 않는다. 니르바나와 나고 죽음은 모두 일어나거나 사라진다는 생각이 없으니, 모든 것에 그냥 맡기고 모든 법의 성품에 따라 두렷한 깨달음을 구하겠다'고 말하면, 저 두렷한 깨달음의 성품은 그냥 맡겨서 있는 것이 아니므로 병이라고 말한다.

셋째는 그치는 병[止病]이니, 어떤 사람이 '우리들은 지금 우리 마음에서 모든 생각을 길이 쉬어 일체의 성품이 고요하고 평등하게 됨을 얻음으로써 저 두렷한 깨달음을 구하겠다'고 말하면, 두렷한 깨달음의 성품은 그쳐서 합하는 것이 아니므로 병이라고 말한다.

넷째는 없애는 병[滅病]이니, 어떤 사람이 '나는 이제 온갖 번뇌를 길이 끊어 몸과 마음이 끝내 공하여 있는 바가 없으니 하물며 육근과 육경이겠는가. 허망한 경계가 모두 길이 고요한 것으로 두렷한 깨달음을 구하겠다'고 말하면, 저 두렷한 깨달음의 성품은 고요하게 할 모습이 아니므로 병이라고 말한다.

이 네 가지 병을 떠난 이가 곧 깨끗함을 알 것이니, 이렇게 살피는 것을 바른 살핌[正觀]이라 하고 만약 달리 살피는 것은 삿된 살핌[邪觀]이라 한다.164)

---

164) 善男子 彼善知識 所證妙法 應離四病 云何四病 一者作病 若復有人 作如是言 我於本心 作種種行 欲求圓覺 彼圓覺性 非作得故 說名爲病 二者任病 若復有人 作如是言 我等今者 不斷生死 不求涅槃 涅槃生死 無起滅念 任彼一切 隨諸法性 欲求圓覺 彼圓覺性 非任有故 說名爲病 三者止病 若復有人 作如是言 我今自心 永息諸念 得一切性 寂然平等 欲求圓覺 彼圓覺性 非止合故 說名爲病 四者滅

『원각경』의 네 가지 병 가운데 짓는 병〔作病〕은 중생의 행위와 일거리에는 실로 함이 없고 지음 없는 것이므로 함〔爲〕에 함이 없으면〔無作〕 선(禪)이 구현되는데, 억지로 조작하는 행위를 두어 깨달음을 구하는 병이고, 그치고 없애는 병〔止病, 滅病〕은 생각과 번뇌가 본래 일어남이 없고 본래 고요한 줄 모르고 억지로 생각과 번뇌를 그치어 쉬거나 끊어 없애는 병이며, 맡기는 병〔任病〕은 생각의 생각 없음을 체달하여 생각에서 생각을 벗어나지 못한 채 번뇌성에 그대로 맡겨 깨달음이라고 생각하는 병이다.

본문 가운데서 대혜선사가 꾸짖고 있는 쉬고 쉬어서 생각을 잊고 공적함을 지키는 자들은 생각이 본래 생각 아님을 요달하지 못한 자들이니, 이들은 『원각경』의 표현에 의하면 억지로 그치고 없애서 깨달음을 찾는 병에 떨어진 자라 할 것이다. 그에 비해 평상의 물든 마음을 그대로 인정하거나 스스로 그러한 바탕〔自然體〕을 지키어 지극한 도를 삼고 깨달음을 구하지 않는 자들은 『원각경』에서 번뇌성에 그대로 맡겨 깨달음이라 말하는 병에 떨어진 자들인 것이다.

『원각경』은 번뇌의 물든 마음을 내지도 않고 번뇌를 실로 쉬지도 않으며, 번뇌에 머무르지도 않고 번뇌를 떠나 따로 찾지 않을 때 짓고 그치고 맡기고 없애는〔作, 止, 任, 滅〕 네 가지 선병을 떠나게 된다고 말한다. 그리하여 병통에 빠짐이 없이 향상(向上)의 한 길을 가는 바른 공부법을 다음과 같이 가르친다.

病 若復有人 作如是言 我今永斷 一切煩惱 身心畢竟 空無所有 何況根塵 虛妄境界 一切永滅 欲求圓覺 彼圓覺性 非寂相故 說名爲病 離四病者 則知淸淨 作是觀者 名爲正觀 若他觀者 名爲邪觀

온갖 때에 있으면서 망녕된 생각 일으키지 말고
모든 망녕된 생각에서 쉬어 없애려고 하지 말며
망녕된 생각의 경계에서 알려 하지 말며
알 것이 없는 데서 진실을 가리지 말라.

居一切時　不起妄念
於諸妄心　亦不息滅
住妄想境　不加了知
於無了知　不辨眞實

　위 게송에서 망념을 일으키지 않음이란 모습이 모습 아님을 알아서 모습에 물든 망념을 내지 않음이고, 망념을 쉬어 없애지 않음이란 생각이 생각 아닌 줄 알아서 망념을 억지로 쉬어 그치지도 않는다는 뜻이다.
　그리고 망상의 경계에 머물러 알려 하지 않음이란 망념은 허위의 식[妄想]과 허망한 경계[妄境界]가 맞물려 일어난 것이므로 실로 그렇다 할 것이 없는 줄 알아서 허망함에 새로운 허망함을 보태지도 않는다는 뜻이며, 알 것이 없는 데서 진실을 밝히지 않음이란 망념에 알 것이 없는 줄 알면 바로 진제(眞諦)이므로 알 것이 없는 데에서 따로 진제를 찾지도 않는다는 뜻이다.
　대혜종고선사는 임판원(林判院)에게 답한 『서장』에서 위 『원각경』 게송의 뜻에 대해 다음 같이 노래로 보여 일깨운다.

　이 늙은이가 옛날 운문암(雲門菴)에 지낼 때 일찍이 이에 대해 이렇게 노래했소.

연잎은 둥글둥글 거울처럼 둥글고
마름의 뿔 뾰족뾰족 송곳처럼 뾰족하네.
버들가지에 바람 부니 터럭공들 휘날리고
배꽃에 바람 치니 나비떼들 날아가네.

荷葉團團團似鏡 菱角尖尖尖似錐
風吹柳絮毛毯走 雨打梨花蛺蝶飛

  다만 이 말을 가져다 얼굴 위에 놓아두고, 경의 글을 가져다 게송 밑에 옮겨오면 게송이 곧 경이요 경이 곧 게송이 될 것이오.
  시험 삼아 이와 같이 공부를 지어갈지언정 깨닫고 못 깨닫고를 상관 마시오.
  마음머리에서 바쁨을 쉬되 또한 놓아 느슨하게 해서도 안 되오.
  거문고를 고루는 법과 같이 팽팽함과 느슨함이 그 맞는 바를 얻으면 곡조가 저절로 이루어질 것이오.
  돌아가서 다만 충밀스님 등과 서로 가까이 지내 서로 바꾸어 다듬고 갈면, 도의 업 이루지 못할 자가 없을 것이오.
  빌고 비오.165)

---

165) 老漢昔居雲門菴時 嘗頌之曰 荷葉團團團似鏡 菱角尖尖尖似錐 風吹柳絮毛毯走 雨打梨花蛺蝶飛 但將此頌放在上面 却將經文移來下面 頌却是經 經却是頌 試如此做工夫看 莫管悟不悟 心頭休熱忙 亦不可放緩 如調絃之法 緊緩得其所 則曲調自成矣 歸去但與沖輩相親 遞相琢磨 道業無有不辦者 祝祝

(4) 선(禪)과 교(敎)의 교화방식

선종에서도 어떤 분들은 삼계가 오직 마음[唯心]이고 만법이 오직 앎[唯識]이라 사법과 사법이 원융함으로써 살피는 문을 삼기도 하니, 이는 바로 첫 현묘한 문 가운데 법안화상과 천태덕소선사166)가 세운 바이다.

이렇게 살피는 문이 원교와 같으나 다만 법을 베풂에 넓고 간략함의 다름이 있을 뿐이다.

---

166) 법안가풍(法眼家風) : 법안종은 설봉의존선사(雪峰義存禪師 : 雲門宗)의 곁 갈래로 현사사비(玄沙師備), 지장계침(地藏桂琛), 법안문익(法眼文益), 천태덕소(天台德韶), 영명연수(永明延壽)로 이어지는 종파이다.

천태덕소선사는 천태산의 운거(雲居)에 머물며 천태지자선사의 유적을 복구하고, 천태종의 나계희적과 더불어 천태 전적을 모아 천태 교관을 복원했으며, 덕소의 제자 영명연수는 법화삼매행법으로 일생 수행하였고, 『종경록』 백권을 편집하여 선교일치의 정신으로 선종과 화엄, 법상을 융회하였다.

서산의 『선가귀감(禪家龜鑑)』은 법안가풍(法眼家風)을 다음과 같이 노래한다.

　말 가운데 메아리 있고 구절 속에 칼날 감췄네.
　해골은 늘 온 세계 간섭하고 콧구멍은 집안 풍속 불어내네.
　바람 부는 나뭇가지 달 비치는 저 물가 참된 마음 드러내고
　푸른 대 노란 꽃은 묘한 법을 밝혀내네.
　言中有響 句裡藏鋒
　髑髏常干世界 鼻孔磨觸家風
　風柯月渚 顯露眞心 翠竹黃花 宣明妙法

　법안종을 알려는가.
　바람은 조각구름 싣고서 고갯마루 돌아가고
　달빛 어려 흐르는 물 다리 지나 오도다.
　要識法眼宗麼
　風送斷雲歸嶺去 月和流水過橋來

규봉종밀선사는 말한다.

"붇다의 법은 만대에 의지가 되므로 이치를 반드시 자세히 보여주고, 조사의 가르침은 있는 자리에서 곧 해탈케 함이라 뜻이 그윽이 통하도록 한다. 그윽이 통함은 반드시 말을 잊음에 있으므로 말 아래 그 자취를 남겨 두지 않으니, 뜻의 땅에 자취가 끊어지고 공한 이치가 마음 근원에 나타난다."

그러므로 종사가 대중의 기틀을 상대하여 보여주는바 '사법과 사법이 걸림 없는 법문〔事事無碍法門〕'은 가장 간략하니, 그 요점은 '바로 끊어 깨쳐 들어감〔直截悟入〕'이라 풀이하여 알게 함을 허락하지 않는 것이다.

불안선사(佛眼禪師)가 털이〔拂子〕를 들고 이렇게 일렀다.

"대중아 위로 좇아 여러 현성이 다 산승의 털이 머리 위에 있어서 각각 큰 연꽃에 앉아 미묘한 법을 설하니, 빛을 엇갈려 서로 벌려 있음이 마치 보배실로 엮은 그물과 같다. 믿을 수 있겠는가."

또 말산의 비구니 요연(了然)167)이 먼저 화엄대경을 듣고 뒤에 조사의 도를 참구하여 큰 일을 밝혀내고 이에 다음 같은 송을 지었다.

오온산 머리맡의 옛 부처 집에

---

167) 부록 p.386 ⑿ 말산의 비구니 요연

비로자나 밤낮으로 털빛을 놓네.
지금 이 곳 같고 다름 아닌 줄 알면
화엄이 곧 시방세계 두루하리라.

五蘊山頭古佛堂 毘盧晝夜放毫光
若知此處非同異 卽是華嚴徧十方

 이와 같은 종사들이 '사법과 사법이 걸림 없는 법문'으로 배우는 이들에게 가르쳐 보여 곧바로 알아듣게 한 이가 자주 있으니, 이를 가져 교(敎) 가운데 '현묘한 문'에 비하면 뜻과 이치는 더욱 넓고 깨친 지혜는 더욱 융통한 것이다. 그러므로 원효공(元曉公)은 말한다.

 "지혜로운 이의 살피는 행은 밖으로 모든 사물의 이치를 잊고
 안으로 스스로의 마음을 구한다. 그러므로 이치 없는 지극한 이
 치에 이를 수 있는 것이다."

 마땅히 알라. 선문 종사가 보여주는 걸림 없는 법문이 비록 원교와 같으나, 언구가 간략하므로 깨쳐드는 문에는 매우 가까운 것이다.
 그렇듯이 선문의 실다운 언구를 만약 교문에 비하면 비록 아주 간략하나, 만약 바로 끊어드는 문의 화두에 비하면 불법의 알음알이가 있으므로 열 가지 병을 벗어나지 못하는 것이다.
 그러므로 '배움에 드는 이는 반드시 산 말귀를 참구하고 죽은 말귀를 참구하지 말라. 산 말귀 아래서 얻으면 영겁에 잊지 않고,

죽은 말귀 아래서 얻으면 자기 몸도 구하지 못한다'고 말한다.
 이로써 대혜선사는 아무 맛없는 화두로써 배우는 이로 하여금 참구케 하여 열 가지 병에 걸리지 않고 곧바로 깨닫도록 하여 세 구절〔三句〕을 부릴 수 있어 세 구절에 부리는 바 되지 않게 하니, 어찌 돈교(頓敎)의 '가려 막는 말씀〔遮詮〕'으로 같이 논할 수 있겠는가. 그런데도 왜 현수국사는 문득 이 선문(禪門)과 선의 기틀〔禪機〕을 취해 돈교(頓敎)에 거두어 묶었단 말인가.
 청량국사와 규봉선사도 또한 모두 이렇게 가려 말한다.

 "선종의 생각을 여의고 생각 없음이 또한 이 가운데 자취를 떨치고 허물을 막아줌이 있지만, 다만 마음으로써 마음을 전해 비밀한 뜻을 가리켜주는 곳은 지금 글을 가려 논할 바가 아니다."

 이러한 말들이 선문이 교리의 자취와 다른 밝은 증거이다.

 禪宗 或有以三界唯心萬法唯識事事圓融爲觀門 此是初玄門中 法眼和尙韶國師所立 同於圓敎 但設法廣略 有異耳
 主峰密禪師 所謂佛敎 爲萬代依憑 理須委示 師訓 在卽時度脫 意使玄通 玄通必在亡言故 言下不留其迹 迹絶於意地 理現於心源矣 心故 宗師對機所示事事無礙法門 最爲省略 要在直截悟入 不許注解知之
 佛眼禪師 擧拂子云 大衆 從上許多賢聖 摠在山僧拂子頭上 各各坐大蓮花 說微妙法 交光相羅 如寶絲網 還信得及麽
 又末山尼了然 先聽大經 後參祖道 發明大事 乃有頌云

五蘊山頭古佛堂 毘盧晝夜放毫光
若知此處非同異 卽是華嚴徧十方
　如是等宗師 以事事無礙法門 指示學人 直下承當者 比比有之 將此 比於敎中玄門則義理 彌廣而證智 彌融矣 故 曉公云 智人觀行 外忘諸理 內求自心 所以 能得至無理之至理也
　當知禪門宗師 所示無礙法門 雖同圓敎 而言句 省略故 於證入之門 切近耳 然 禪門此等如實言句 若比敎門 雖是省略 若比徑截門話頭則以有佛法知解故 未脫十種病 所以 云
　未參學者 須參活句 莫參死句 活句下薦得 永刧不忘 死句下薦得 自救不了
　是以 大慧禪師 以沒滋味話頭 令學者參詳 不滯十種病 直下承當 便能使得三句 不爲三句所使 豈可與頓敎遮詮 同論 而賢首國師 輒取此門此機 收束於頓敎耶 淸凉國師 圭峰禪師 亦皆簡辨云 禪宗離念無念 亦是此中 拂迹遮過 但以心傳心密意指授之處 非今簡牘所論 此其明證也

> 해설

　보조선사는 선(禪)과 교(敎)의 교화방식을 세 가지로 분류한다.
　첫째는 경전의 말씀을 의지해서 깨닫게 하는 방식이고, 둘째는 선종의 종지에 입각하되 널리 경전의 가르침을 이끌어 깨우쳐주는 방식이며, 셋째는 뜻과 이치를 세우지 않고 바로 산 말귀를 참구하게 하는 간화(看話)의 바로 끊어드는 문이다.
　부처님은 만대에 스승이 되고 뭇 삶들의 의지처가 되므로 그 가르침은 넓고 커서 거두지 않는 바가 없고 싸안지 않는 바가 없다.

그러므로 부처님은 때로 점차적 방법을 써서 말과 뜻을 세워 다양한 수행의 방편을 제시하며 대중의 근기를 끌어올려 깨달음에 들게 하기도 하고〔漸敎〕, 때로 있음도 아니고 없음도 아닌 으뜸가는 존재의 뜻을 바로 들어 보여 단박 깨치게 하기도 한다〔頓敎〕. 또 때로는 돈과 점을 정하지 않고 대중의 기틀 따라 바로 깨치는 법과 점차 깨치도록 하는 법을 비밀하게 설하기도 하고〔秘密敎〕, 돈과 점을 자유롭게 설해서 대중이 돈교에서 홀연히 점교의 이익을 얻기도 하고 점교에서 홀연히 돈교의 이익을 얻게 하기도 한다〔不定敎〕.

그리고 어떤 때는 법이 인연으로 남〔生生法 : 藏敎〕을 설해 부사의법을 깨치게 하고, 어떤 때는 법이 나되 남이 없음〔生不生法 : 通敎〕을 설해 부사의법을 깨치게 하며, 어떤 때는 법이 남이 없되 남〔不生生法 : 別敎〕을 설해 부사의법을 깨치게 하고, 어떤 때는 법이 남도 아니고 남이 없음도 아님〔不生不生法 : 圓敎〕을 설해 부사의법을 깨치게 한다.

이처럼 팔교(八敎)로 분류되는 모든 가르침이 다 선정과 지혜에 귀착되고 부사의법에 귀착된다면, 중국불교의 교판사상 속에서 구분된 선(禪)과 교(敎), 현교(顯敎)와 밀교(密敎), 난행도(難行道)와 이행도(易行道)168)가 모두 이 팔교로 가름되는 붇다의 가르침을 벗어

---

168) 선교(禪敎), 현밀(顯密), 난행이행(難行易行) : 위와 같은 교설의 구분은 중국 종파불교에서 행해진 교상판석(敎相判釋)의 산물이다.
　교종과 선종의 구분은 선종에서 선은 교 밖에 따로 전함〔敎外別傳〕이라고 자기 정의하고, 선종 밖의 모든 실천 행법은 교 안〔敎內〕이라고 판별함에서 형성되었다. 그러나 선(禪)과 지혜(智慧)를 불교의 모든 교설이 제시하는 실천의 내용이라고 보면 선교판별적 교판이 갖는 절대적인 의미는 없어진다.
　현교와 밀교의 구분은 밀종(密宗)에서 법신인 비로자나가 친설한 다라니 법문은 밀교이고, 그 밖의 화신인 석가모니불이 설한 모든 교설은 현교라고 함에서 형성되었다. 그러나 석가모니불의 지혜 자체가 법신이며 모든 언어

날 수 없다.

　그러나 조사교는 팔만장교의 귀착처가 무념(無念)이며 머묾 없는 묘한 행[無住妙行]인 줄 알지 못하고 문자에 집착하는 이들을 다시 부정하기 위해 교(敎) 위에 경절문을 세워 뜻과 이치가 붙지 않는 산 말귀를 참구하도록 한다. 그러므로 산 말귀 보아 바로 끊어 들게 하는 가르침은 차제적 방편을 세우지 않고 바로 깨달아 들게 하며, 비유와 해설을 두지 않고 산 말귀 한 수[一着子]를 잡아 이끌어 제 스스로 여래의 땅을 밟아가도록 한다.

　보조선사는 이 단에서도 선(禪)을 오교 가운데 돈교에 배대하여 원교 밑에 두는 현수법사의 교판에 문제를 제기하며, '활구선의 길은 선문의 삼구에도 걸리지 않고 삼구를 마음대로 쓰는 것인데 돈교의 가르침과 어찌 같이 논할 수 있겠는가'라고 지적한다.

　붇다의 가르침인 팔만장교는 깨달음의 언어화이며 역사화이다. 그러므로 교(敎)를 무시하면 언어를 통해 대중과 만날 수 없고 깨달음을 사회와 역사 속에 넓히고 전승할 수 없을 것이다. 그러나 교상(敎相)에 집착하면 두 번째 달[第二月]에 떨어져 생동하는 삶 자체의 진리에 복귀할 수 없을 것이다.

상이 그대로 고요한 법계의 모습이라고 보면, 현밀의 교판 자체도 새롭게 해석되어야만 한다.
　난행도와 이행도의 구분은 정토종에서 행해졌다. 곧 아미타불의 원력을 믿고 아미타불의 이름을 불러 정토에 태어날 수 있다는 법문은 모든 대중이 쉽게 행할 수 있는 법문이고, 제 스스로 수행을 통해 깨달아가도록 하는 여타의 가르침은 행하기 어렵다는 해석에서 난행·이행의 교판이 나왔다. 그러나 선(禪)의 자력이 닫혀진 주관이 아니고 정토의 타력이 절대 타자가 아닌 줄 알고, 자력 수행의 첫걸음에 법계진리의 몸인 여래의 공덕과 지혜가 함께 하는 줄 알면 타력의 쉬움과 자력의 어려움도 절대적 구분이 될 수 없는 것이다.

붇다의 교설은 교설을 듣는 자에 의해 선정과 지혜에로 지양되어질 때에만 비로소 교(敎)의 자기 값을 실현한다. 그러므로 교상(敎相)을 부정해서 선(禪)을 실현하고, 닫혀진 선상(禪相)을 부정해서 새로운 산 말귀〔活句〕를 세워내고 창조적 바라밀행을 실현하는 참된 선사(禪師)는, 선과 교를 쌍차〔禪敎雙遮〕하고 또 쌍조(雙照)하며, 길 가는 일 속에서 집안일을 밝혀내고 집안 일 속에서 길 가는 일을 떠나지 않는다.

대혜선사는 경(經) 보는 일이란 문자를 보는 것이 아니라 '번뇌의 티끌을 깨 대천의 경권을 펼쳐내는 일'이며, 깨달음〔覺〕이란 어두운 선정에 앉아 있는 일이 아니라 '금강 같은 지혜로 보현행을 발하여 고통의 세계 속에 경전을 다시 굴려내는 일임'을 다음과 같이 노래한다.

  열 가지 힘 갖추신 크신 도사께
  머리 숙여 지심으로 절하옵나니
  부처님은 삼계에 홀로 높으사
  그 어느 누구와도 비할 수 없네.
  부처 이룸 보이시고 법륜 굴리사
  끝없는 경전바다 널리 설하니
  중생 마음 생각 생각 모두 다름에
  굴리신 바 법의 바퀴 차별되도다.
  법륜 공덕 헤아릴 수가 없으니
  생각과 힘 다 기울여도 잴 수 없어라.

  한 티끌 속 크나큰 경이 있어서
  그 크기 삼천대천 세계 같나니

이 세간에 밝은 지혜 통달한 이와
하늘 눈 갖춘 이는 다 알고 보아
티끌을 깨뜨리고 경권을 내서
부처님의 거룩한 일 항상 짓지만
실다우니 실답지 않다니 하는
모든 생각 전혀 짓지 아니하도다.

다시 또 끝이 없는 법계 허공을
부처님 몸 한 털구멍에 거둬들이고
수미산과 철위산과 큰 바다까지
낱낱이 털구멍 속 받아들여도
조금이라도 비좁지 아니하나니
한 털구멍 이미 곧 이와 같음에
나머지 털구멍도 모두 그렇고
도사의 방편 또한 이와 같다네.

생각 생각 모든 털구멍에 두루하며
생각 생각 금강 같은 지혜 얻으며
생각 생각 부처님의 보리 이루며
생각 생각 보현보살 원을 채우되
희론하는 마음을 내지 않으며
또한 다시 깊은 경계 머물지 않고
꿈 같고 허깨비 같고 물의 달 같고
우담발라 이 세간에 나타남 같이
이와 같이 크나큰 경 항상 굴리되

굴림과 굴리는 바 없음 깨치네.

삼세의 부처님과 모든 보살과
성문 연각 하늘 무리 모든 사람과
지옥 수라 귀신과 축생의 무리
낱낱이 다 이 경의 힘 받아 쓰나니
나는 이제 다시 모든 불자와 함께
부처님 법 아주 높아 비할 데 없고
만나 보기 어렵다는 마음을 내며
이 경 다시 한 티끌에 거둬 돌려서
비로자나 법보장에 편히 머물리.

稽首十方大導師　三界獨尊無比況
示現成佛轉法輪　廣演無邊契經海
衆生心想念念殊　所轉法輪亦差別
法輪功德不可量　盡思竭力無能測

有大經卷在一塵　量等三千大千界
世有聰慧明達人　具足天眼悉知見
破塵出經作佛事　不作實與非實想

又以無邊法界空　納在佛身一毛孔
須彌鐵圍及大海　一一包容無迫隘
一毛旣爾餘悉然　導師方便亦如是

念念普遍諸毛孔　念念克證金剛慧

念念成就佛菩提　念念滿足普賢願
而不生於戱論心　亦不住於深境界
如夢如幻如水月　如優曇華出世間
如是常轉大經卷　了無能轉所轉者

三世諸佛諸菩薩　聲聞獨覺及天人
地獄修羅鬼畜等　一一皆承此經力
我今復與諸佛子　各生殊勝難遇心
還攝此經一歸塵　安住毘盧法寶藏

(5) 뜻의 참구와 산 말귀의 참구

선종에 어떤 이들은 그 근원과 갈려 나옴이 모두 다르다고 논함이 있어서 말하기를, '법이 다르고 문이 다르고 기틀이 다르다'고 하나 이 뜻은 그렇지 않다.

처음 번뇌에 묶인 범부의 지위에서 바로 끊어 깨쳐드는 것은 문이 다르고 기틀이 다르다고 말하나, 어찌 크나큰 보살이 한마음의 법계〔一心法界〕를 몸소 깨닫는 곳 또한 다르다고 말할 수 있겠는가. 그러나 고덕이 '조사의 도를 깨달아 반야를 발휘하는 이는 말법시대에는 있지 못하다'고 하니, 이 뜻을 의거해 보면 화두에는 뜻을 참구함과 산 말귀를 참구하는 두 뜻이 있다.

요즈음 의심을 깨뜨린 이는 거의 다 뜻을 참구하고 산 말귀를 참구하지 못하므로 원돈교문(圓頓敎門)의 바른 앎을 밝혀낸 자와 한 가지인 것이다.

이와 같은 사람이 관행에 마음을 쓰는 것도 또한 보고 들음과 앎과 행의 공이 있지만, 다만 지금의 문자만을 따지는 법사〔文字法師〕들이 관행하는 문 가운데 안으로 마음 있음을 헤아리고 밖으로 모든 사물의 이치를 구하여, 이치를 구함이 더욱 미세해지고 밖의 모습을 더욱 취하는 병과는 같지 않은 것이다.

그런데 어찌 문자법사의 관행을 산 말귀를 참구하는 문에서 의심을 깨뜨려 몸소 한마음을 깨달아 반야를 발휘하여 넓고 크게 흘러 통하게 하는 자와 함께 논할 수 있겠는가.

이처럼 증득한 지혜가 현전한 이를 오늘날 보기 드물고 듣기 드물므로 지금 다만 화두의 뜻 참구하는 문을 의지해서라도 바른 지견을 밝혀내는 것을 귀하게 여길 따름이다.

선문에서 뜻을 참구하는 이 사람의 보는 곳으로써 교(敎)를 의지해 관행하되 아직 뜻과 알음알이를 여의지 못한 자와 비하면 하늘 땅처럼 아득히 떨어진 까닭이다.

禪宗 或有源派俱別之論曰法別門別機別 此義不然 但言初從縛地位 徑截得入 有門別機別 豈可言大菩薩 親證一心法界亦別耶 然 古德云 能悟祖道 發揮般若者 末季 未之有也 據此義則話頭 有參意參句二義

今時疑破者 多分參意 未得參句故 與圓頓門正解發明者 一般矣 如是之人 觀行用心 亦有見聞解行之功 但不如今時文字法師 於觀行門中 內計有心 外求諸理 求理彌細 轉取外相之病耳 豈可與參句門疑破 親證一心 發揮般若 廣大流通者 同論耶 此證智現前者 今時罕見罕聞 故 今時 但貴依話頭參意門 發明正知見耳 以此人見處 比於依敎觀行 未離情識者 天地懸隔故也

해설

　불교 관행(觀行)의 기본 방향은 생각에서 생각을 떠남으로 모습에서 모습을 떠나고, 모습에서 모습을 떠남으로 생각을 생각 아닌 생각으로 지양하는 데 있다. 그런데 생각을 세워 밖에 있는 사물의 이치를 헤아려보거나 개념의 틀 안에 앉아 법계의 연기를 따지려 하면, 생사심(生死心)을 깨뜨리지 못하고 생각과 모습의 질곡에서 벗어나지 못한다. 이러한 관행을 보조선사는 안으로 마음 있음을 헤아리고 밖으로 사물의 이치를 헤아리는 문자법사(文字法師)들의 잘못된 관행이라 한다.
　앞 단에서 원효성사(元曉聖師)가 '지혜로운 이의 살피는 행은 밖으로 모든 사물의 이치를 잊고 안으로 스스로의 마음을 구한다. 그러므로 이치 없는 지극한 이치에 이를 수 있는 것이다'라고 함은 안으로 내면적인 관념의 신비를 구하라는 뜻이 아니다. 그것은 한 생각이 현전할 때 세계는 지금 마음인 세계이므로 마음이 마음 아닌 마음[無念之念]인 줄 살펴 알 때, '주체의 세계에 대해서 그렇다 함'과 '주체의 그렇다 함에 상응하는 세계의 꼭 그러함'을 깨뜨리고, '마음의 그렇지 않은 크게 그러함[不然之大然]'과 '세계의 이치 없는 큰 이치[無理之大理]'를 실현할 수 있다는 뜻이다.
　문자법사의 뜻과 이치에 모두 걸린 관행을 넘어 보조선사는 산 말귀를 참구하는 바른 관행을 열어 보인다. 여기서 뜻의 참구[參意]란 공부의 바른 방향은 잡았으되 아직 뜻과 이치가 공한 곳에서 한번 크게 터지는 곳을 발하지 못하고 뜻과 이치의 자취가 남아 있는 공부법이다. 보조선사는 뜻의 참구란 '뜻으로 이치를 헤아리는 삿된 관행'과는 같지 않으나, 산 말귀를 바로 잡아 이끌어 법계의 한량없음에 바로 드는 경절문의 간화법에는 비할 수 없다고 말한다.
 그러나 산 말귀를 참구한다고 하면서 지금 번뇌망상을 '화두라는 고삐 줄'에 억지로 매려 하거나, 생각을 억지로 쉬어 '생각 없는 캄캄한 집 속의 살림살이'를 짓거나, 선상(禪相)에 머물러 한 걸음도 역사 밖으로 나오지 못하거나, 지금 화두 못 깨친 그 마음을 가지고 화두 깨치기를 기다린다면, 이 또한 암증선(暗證禪)의 잘못된 선정법이라 할 것이다.
 그렇다면 산 말귀를 잡아 바로 법계의 한량없는 회향을 실현하는 길은 문자법사(文字法師)와 암증선사(暗證禪師)를 넘어 뜻과 이치에 머물지 않되, 뜻과 이치 없는 데 살림살이를 짓지도 않는 것이라 할 것이다.
 지금 산 말귀를 잡아가는 공부법은 길 가는 일 속에서 구경의 깨달음 그 집안의 일을 여의지 않고, 구경의 깨달음 그 집안일 속에서 십자가두에 먼지를 둘러쓴 범부의 일상을 여의지 않는 공부법인 것이다. 그러므로 산 말귀를 참구하는 참된 선사(禪師)는 집안 일에 앉아 길 가는 일을 일으키며 길 가는 일 속에서 집안일을 쓰는 자이자, 행(行)인 선(禪)으로 선(禪)인 행(行)을 머묾 없이 일으켜 세간을 선정과 지혜의 힘으로 꾸미고 가꾸는[定慧力莊嚴] 자라 할 것이다.

6. 활구선법의 유통을 원함〔流通徑截門〕

엎드려 바라노니 관행하여 세간을 벗어나려는 이들이 선문의 산 말귀를 참구하여 빨리 깨달음을 얻는다면 참으로 다행하고 참으로 다행한 일이다.

伏望觀行出世之人 參詳禪門活句 速證菩提 幸甚幸甚

> 해설

보조선사는 문자법사들의 치우친 관행을 부정하고 활구경절문을 세워 이 경절문의 선법이 이 세상의 많은 이들에게 공유되기를 바란다. 그러나 우리는 문자법사(文字法師)들의 교상(敎相)에 갇혀 선(禪)이 되지 못하고 지혜(智慧)가 되지 못한 잘못된 불교관을 부정할 뿐 아니라, 아무런 이론의 지표가 없이 선상(禪相)에 갇힌 암증선사(暗證禪師)들의 어두운 선정도 극복되어야 한다고 주장한다.

그리고 보조선사는 이 경절문 화두법을 의지하여 많은 이들이 세간의 고통에서 벗어나 깨달음에 돌아가고〔菩提廻向〕 열반실제에 돌아가도록〔實際廻向〕 발원한다. 그런데 생각에서 생각을 떠나고 모습에서 모습을 떠나는 보리회향의 길이 다만 생각 없음과 모습 없음에 안주함이 아니라, 생각 아닌 참 생각으로 되돌아 나오고 모습 아닌 참 모습을 굴려 씀으로 귀착한다면, 보리회향과 실제회향은 끝내 중생회향이 되고 산 말귀를 참구하는 공부길은 바로 '법계의 한량없는 회향〔法界無量廻向〕'의 길이 되어야 한다.

흔히 요즈음 한국불교는 바른 선지식(善知識)169)이 없어서 공부

169) 선지식(善知識) : 선지식은 진리의 세계와 해탈의 길로 우리를 이끌어주는 스승을 말한다. 천태선사의 『소지관』에서는 선지식을 외호선지식(外護善知識), 동행선지식(同行善知識), 교수선지식(敎授善知識)으로 분류하여, 다만 가르쳐주는 분만 선지식이 아니라 바른 수행과 세상에 옳은 일을 함께 하는 이나 그 일을 밖에서 돕는 이들도 모두 선지식이라 하였다.
  『화엄경』은 이렇게 열 가지 선지식을 규정한다.
  "열 가지 선지식이란, 첫째 보리심에 머물도록 하는 선지식, 둘째 선근을 내도록 하는 선지식, 셋째 여러 가지 바라밀을 행하게 하는 선지식, 넷째 일체법을 해설하도록 하는 선지식, 다섯째 일체 중생을 성숙시키는 선지식, 여섯째 결정된 변재를 얻게 하는 선지식, 일곱째 일체 세간에 집착하지 않도록 하는 선지식, 여덟째 일체겁의 수행에서 싫증내지 않도록 하는 선지식, 아홉째 보현행에 편안히 머물도록 하는 선지식, 열째 사람들로 하여금 일체 부처님의 지혜의 처소에 들도록 하는 선지식이다."
  十種善知識者 一令住於菩提心之善知識 二令生善根之善知識 三令行諸波羅蜜之善知識 四令解說一切法之善知識 五令成熟一切衆生之善知識 六令得決定辯才之善知識 七令不著一切世間之善知識 八令於一切劫修行無厭倦之善知識 九令安住於普賢行之善知識 十令人一切佛智所入善知識〈 80권 『화엄경(華嚴經)』 53卷 〉
  위 『화엄경』의 가르침에 의하면 선지식은 스스로 선지식이 되는 것이 아니라 바른 지혜가 선지식을 선지식으로 규정하며, 모든 중생을 해탈의 땅에 성숙시키고 보현행에 머물도록 하는 헌신적 보살행이 선지식을 선지식으로 규정한다. 그러므로 선지식에는 선지식이라고 붙잡을 고정된 모습이 없는 것이니, 대혜종고선사는 다음과 같이 말한다.〈『대혜보각선사어록』 15권〉
  "53선지식을 찾아 붙잡을 수 없는 곳이·바로 여러 사람이 날로 쓰는 소식이며, 여러 사람을 찾아 붙잡을 수 없는 곳이 바로 53선지식이 날로 쓰는 소식이다. 여러 사람이 날로 쓰는 소식을 53선지식이 결정코 찾아 붙잡을 수 없고, 53선지식이 날로 쓰는 소식을 여러 사람이 결정코 찾아 붙잡을 수 없다. 그러므로 경은 말한다."

  모든 법은 실체적인 작용 없으며
  또한 다시 정해진 체성 없도다.
  그러므로 저 있는바 모든 것들은

인이 나오지 않고 선(禪)과 반야의 종풍이 쇠퇴한다고 말한다. 그러나 선지식이란 결코 선험적으로 전제된 어떤 분이 아니다. 선지식은 반야의 눈으로 연기의 실상을 통찰해내고 선과 교의 바른 방향을 올바로 판석해내며 방편의 지혜로 역사의 흐름을 정확히 꿰뚫어보는 지혜의 행이 선지식에 선지식의 이름을 준다.

또한 처음 배우는 이를 깔보거나 얕잡아 보지 않고 그들에 대한 뜨거운 애정으로 세간의 어두운 밤길에 등불이 되어 주고 미혹의 중생에게 해탈의 활로를 열어주는 치열한 노동이 선지식을 비로소 선지식으로 규정해낸다.

그렇다면 스승과 제자가 창조적으로 반야와 선(禪)을 가르치고 배우는 일이야말로 미혹과 혼란의 역사 속에 선지식을 출현시키는 중생회향과 보리회향의 불사인 것이니, 선지식 탓만 하고 있는 것은 위없고 바른 깨달음을 이미 짊어진 자, 보디사트바의 올바른 자세라 할 수 없다.

온갖 언교는 중생의 미망과 고통을 위해 세워진다. 그러므로 한 사

> 제각기 서로 서로 알지 못하네.
> 마치 저 크나큰 불 무더기에
> 맹렬한 불꽃 한때에 피어나지만
> 제각기 서로 알지 못함 같나니
> 모든 법의 자성 없음 이와 같아라.
>
> 五十三人善知識摸索不著處 卽是諸人日用消息 諸人摸索不著處 卽是五十三人善知識日用消息 諸人日用消息 五十三人善知識決定摸索不著 五十三人善知識日用消息 諸人決定摸索不著 所以道
> 諸法無作用 亦無有體性
> 是故彼一切 各各不相知
> 亦如大火聚 猛焰同時發
> 各各不相知 諸法亦如是

상의 지나친 관념화와 실천의 고답화, 신비화는 그 사상과 실천이 시대와 역사 속에서 사멸해가는 마지막 징표가 된다. 그러한 뜻에서 이제 선(禪)을 '앉아 있음'만으로 한정하거나 깨달음을 못난 중생은 깨쳐들 수 없는 '아득한 곳'으로 설정하는 치우친 수행관, 대중이 알아먹을 수 없고 이해할 수 없는 방식으로 '눈먼 방망이'와 '캄캄한 외침'을 비 오듯이 쏟아 붓는 '중국 선불교의 말폐'는 시급히 청산되어야 할 것이다.

선(禪)이라는 법약은 깨달음에 겨워 사는 잘난 도인의 것이 아니라 좌절과 고통 속에 헤매이는 못난 중생 자신의 것이니, 지금 이곳, 이 땅, 이 시대 대중의 일상언어로 새롭게 선(禪)과 깨달음[覺]을 다시 말하지 않고서는 한국불교의 인식론적, 실천적 위기는 극복될 수 없다.

선(禪)은 이제 각운동(覺運動)의 토대이자 각운동 자체로 역사와 대중 앞에 다시 표출되어야 한다.

7. 선(禪)과 역사(歷史)

1) 정혜쌍수(定慧雙修)의 실천적 의미

『간화결의론』을 우리말로 옮기고 해석하면서 계속 문제로 되었던 것은 선(禪)과 교(敎)에 관한 중국불교의 교판(敎判)이었다. 지금 많은 이들이 교판사상 자체도 중국불교의 역사적 산물인 줄 모르고 교판의 형식논리에 집착해서, 만대의 스승인 붓다의 말씀을 의거하면 교종(敎宗)이라고 규정하고, 중국 선불교의 몇몇 선사들의 어록에 의지하면 선종(禪宗)이라 규정한다.

그러나 선(禪)은 제 스스로 있는 어떤 것이 아니라 가르침에 의거해 선정과 지혜를 생활하는 실천에 붙인 가명인 것이며, 선정과 지혜를 통해 발현된 언어적 실천을 다시 교(敎)라고 가명한 것이다.

이렇게 보면 붓다의 가르침만 교(敎)인 것이 아니라 많은 선사들의 어록도 교(敎)인 것이며, '교 밖에 따로 세워졌다'고 주장하는 간화경절문도 사실은 선정과 지혜를 실천하는 법 가운데 하나인 것이다.

보조선사는 당시 선 없는 교의 병폐를 미친 지혜[狂慧]로, 교 없는 선의 병폐를 어리석은 선정[痴禪]으로 비판하면서, 선정과 지혜를 아울러 닦고[定慧雙修] 밝음과 고요함을 평등하게 지니도록[惺寂等持] 가르친다. 이 주장은 바로 '선정과 지혜가 한 몸[定慧一體]'이라는 혜능조사의 주장과 다름없는 것이며, 지(止)는 관(觀)인 지이며 [卽觀之止] 관(觀)은 지(止)인 관[卽止之觀]이라는 천태선사의 지관구행(止觀俱行)170)의 정신과 다름없는 것이니, 이는 결국 선정바라밀이 바로 지혜바라밀이며 선바라밀이 보시바라밀과 다름없다는 육바라밀171)의 선적 구성인 것이다.

혜능선사는 선정과 지혜가 하나임을 이렇게 보인다.

선지식들이여, 나의 이 법문은 선정과 지혜로 근본을 삼으니 대중은 헤매어 선정과 지혜가 다르다고 말하지 말라. 선정과 지

---

170) 정혜쌍수(定慧雙修)와 지관구행(止觀俱行) : 선정과 지혜를 함께 실천한다는 정혜쌍수의 바른 뜻은 정혜를 지관으로, 닦음[修]을 행(行)으로 바꾸어 볼 때 그 뜻이 전체적으로 드러난다.

지(止)는 허위의식을 억지로 그침이 아니라 의식[心]과 존재[色], 있음[有]과 없음[無]의 실체성을 벗어나는 일이며, 관(觀)은 그것들의 연기적 실상을 바로 드러냄이니, 선정과 지(止)가 주·객, 유·무를 동시 부정함[雙遮]이라면, 지혜와 관(觀)은 주·객, 유·무의 실상을 동시 긍정함[雙照]이다. 그러므로 불교의 선은 결코 내면의 신비나 절대적인 경지로 표시될 수 없고, 늘 모순으로 주어지는 현실운동 가운데서 현실의 모순에 머물지도 않고 버리지도 않는 창조적인 행으로 표시된다.

171) 선(禪)과 육바라밀(六波羅蜜) : 불교 본래의 실천관인 육바라밀은 선정이 지혜와 둘일 수 없고, 선정이 일상의 창조적인 행과 둘일 수 없음을 표현하니, 육바라밀행으로서의 선이 붓다가 제시한 바른 실천의 길이며 바른 선(禪)이다.

흔히 육바라밀 곧 육도만행(六度萬行)은 삼아승지겁을 닦아야 성불하는 점차적인 수행이고, 단박 깨쳐드는 조사선법만이 최상승이라는 주장은, 존재의 실상을 바로 깨치는 지혜의 행이 없이 만행을 닦아서 깨달음에 점진적으로 접근하려는 치우친 수행자의 집착을 깨기 위해서 설정된 방편설일 뿐이다.

육바라밀행 가운데 반야바라밀은 모든 희론과 망집을 떠나 존재의 실상을 바로 주체화하는 실천이므로 반야바라밀이 선종에서 말한 바 견성(見性)인 것이니, 육바라밀행 밖에 최상승선이 따로 세워질 수 없다. 오히려 선(禪)을 행(行)인 선(禪)으로 세워주는 육바라밀의 기본 입장과 달리 선을 내면의 신비나 관조적인 경지로 설정하는 것이야말로 불교가 제시하는 바른 길이 아닌 바깥 길[外道]이며 삿된 길[邪道]이라 할 것이다.

혜는 하나요 둘이 아니니, 선정은 바로 지혜의 바탕이요, 지혜
는 바로 선정의 작용이다.
  곧 지혜일 때 선정이 지혜에 있고, 곧 선정일 때 지혜가 선정
에 있으니, 만약 이 뜻을 알면 선정과 지혜를 평등히 배움인 것
이다.172)

그렇다면 선정과 지혜가 둘일 수 없는 본질적인 이유가 무엇인가.
그것은 선정이 내면의 고요한 상태나 경지가 아니라 자아와 세계의
실체성에서 철저히 해방됨이며, 지혜란 자아와 세계의 실체성이 본
래 없음을 사무쳐 보아 그 실체성에 머묾 없되, 자아와 세계의 연기
적 활동상을 올바로 드러내는 인식활동이며 실천이기 때문이다. 혜
능선사는 이렇게 선정을 정의한다.

  선지식아, 무엇을 선정이라 하는가.
  밖으로 모습을 여의면 선이 되고 안으로 어지럽지 않으면 정
  이 되니, 밖으로 모습을 집착하면 곧 안으로 마음이 어지럽고,
  밖으로 모습을 여의면 곧 마음이 어지럽지 않다.173)

곧 모습이 모습으로 굳어지므로 생각이 모습에 물들면 망(妄)이
되지만, 모습이 모습 아님을 통달하여 생각에 생각 없으면 선정이
되고, 생각 없음에도 머물지 않으면 지혜가 된다.

---

172) 善知識 我此法門 以定慧爲本 大衆勿迷 言定慧別 定慧一體 不是二 定是慧
  體 慧是定用 卽慧之時 定在慧 卽定之時 慧在定 若識此義 卽是定慧等學
173) 善知識 何名禪定 外離相爲禪 內不亂爲定 外若着相 內心卽亂 外若離相 心
  卽不亂

『기신론(起信論)』의 표현대로 보면, 말하고 생각함 속에서 능히 말함과 말 되어지는 것, 능히 생각함과 생각 되어지는 것에 실체 없음을 통달하여 진여문(眞如門)에 들어가는 것이 선정이라면, 말함이 없되 말하지 않음도 없고 생각함이 없되 생각하지 않음도 없으면 지혜이다.

이와 같이 선정과 지혜를 해석하면, 선정과 지혜란 주체의 고요하고 밝은 생활을 떠난 것은 아니나 내면의 경지가 아니며, 역사와 사회의 끝없는 변화와 관계의 그물이 아니나 변화와 관계를 떠남도 아닌 것이다.

선정이란 연기된 법이 있되 실로 있지 않음에 상응하고 지혜란 공도 공하여 현실의 연기가 없지 않음에 상응하니, 연기론의 세계관에서 보면 선정과 지혜의 실천이라는 도중사(途中事)를 떠나 구경각이라는 가리사(家裏事)가 없다. 그렇다면 구경각을 범부가 가까이 갈 수 없는 절대의 경지로 설명하는 것이야말로 연기론적 실천의 바른 방향이 아닌 것이다.

흔히 『기신론』에서 말한 '미세한 생각을 멀리 떠나야 심성을 보아 마음이 곧 상주하여 구경각이라 한다'는 대목이 최고의 깨달음을 설명하는 교설로 인용된다. 그러나 그 뜻은 미세한 망념의 있는 모습을 세워 놓고 그것까지 다 끊어야 구경각이 된다고 해석되어서는 안 된다.

연기론의 교설은 연기론적 언어로 해석하고 연기론적으로 나의 삶 속에 적용해야 한다. 위의 『기신론』의 뜻은 물질 자체가 본래 공하므로 물질을 없애고 공이 되는 것은 아니나, 물질 자체가 본래 공하므로 물질의 자취가 극미라도 남아 있으면 참된 공이 아니라는 뜻과 같다. 곧 참된 깨달음은 생각이 생각 아님을 사무쳐 통달함이므로 생각의 자취가 미세한 작은 티끌이라도 남지 않아야 되지만, 생각이 생각 아닌 것이므로 생각을 끊어 없애고도 깨달음의 성취란 있을 수 없는 것이다.

그렇다면 생각 없음의 자취도 없고 자취 없다는 자취까지 지양하여 다시 중생에로 회향되고 역사와 사회로 복귀되는 깨달음 아닌 깨달음을 구경각174)이라 이름해야 하는 것이니, 구경각은 미망의 세간 속에 이미 현전해 있고 무명의 중생이 이미 쓰고 있는 것이다.

---

174) 구경각(究竟覺) : 중생이 아직 번뇌의 지위에 있어도 이미 해탈 법계에 서 있는 것이며, 제불보살이 비록 구경의 깨달음을 얻는다 해도 한 법도 실로 얻은 바가 없다. 그러므로 보지공(寶誌公)의 『대승찬(大乘讚)』은 구경의 깨달음이 곧 다시 빛깔과 소리로 드러나는 현실의 세계에 돌아옴을 다음 같이 보인다.

> 크나큰 도는 늘 눈 앞에 있다.
> 비록 눈 앞에 있으나 보기 어려우니
> 만약 도의 참 바탕 보려거든
> 빛깔 소리 언어를 떠나지 말라.
> 언어가 곧 도이니라.

> 大道常在目前 雖在目前難覩 若欲見道眞體 不離聲色言語 言語卽是道

2) 선(禪)과 역사(歷史)

앞에서 우리는 선정과 지혜의 실천이라는 도중사가 구경각이라는 가리사를 떠나지 않으며, 불교의 구경각은 깨달음의 모습[覺相]까지 지양하여 끝내 중생과 역사에로 복귀됨을 말하였다.

우리는 흔히 역사라는 말을 듣거나 선과 깨달음을 역사와 결부시키면, 붓다의 깨달음을 오늘 일[今時]에 떨어뜨리고 두 번째 달[第二月]에 빠뜨리는 것으로 생각한다.

여기서 우리가 사용하는 역사란 뜻은 서구적 개념의 틀에 한정되는 뜻이 아니고 불교술어 오온(五蘊)의 시대어인 것이니, 오온은 의식과 존재, 자아와 세계, 시간과 공간이 서로 겹쳐지고 어울려 존재를 구성해가는 삶의 총체적 지평을 기술하는 범주체계이다.

오온은 연기이므로 있되 있음 아니고 연기이므로 없되 없음이 아니다. 오온이 실로 있음 아님을 통달한 곳에 선정이 있고, 오온이 실로 없음 아님을 통달한 곳에 지혜가 있다. 불교의 깨달음은 역사와 사회의 관계와 과정의 흐름에 매몰된 채 이기적 욕망으로 허덕이는[我執] 범부의 삶을 부정할 뿐 아니라, 역사와 사회의 실체성에 집착한 채[法執] 역사참여와 구세운동을 말하는 입장까지 넘어선다.

그러므로 선의 깨달음은 역사와 사회 밖으로의 초월과, 역사와 사회의 관계와 과정의 그물에 얽히거나 물듦을 모두 넘어서는 것이니, 보살은 본디 고요한 법계의 땅에 서서 예토의 역사를 정토의 역사로 장엄해가는 고난의 일을 버리지 않으며[不捨菩薩業], 자신의 고난에 찬 일상의 노동을 깨달음의 자기 발현으로 정립한다.

그렇다면 오늘의 간화선(看話禪) 행자는 이제 산 말귀 보는 한 일 가운데 보리회향과 중생회향을 하나되게 하기 위해, 새롭게 위음왕불 저쪽의 공겁 전 자기〔空劫前自己〕와 역사와 사회에 발 딛고 있는 현전의 자기가 같은가 다른가를 철저히 물어가야 한다.175)

 그리하여 힘들고 고된 일상의 짐을 지고 살아가는 너와 나, 우리 모두에게 이 시대의 창조적인 현성공안(現成公案)을 다시 제출해야 할 것이다.

---

175) 공겁 전 자기와 현전의 자기가 같은가 다른가 : 선의 화두는 결코 추상적 관념의 물음이 아니다. 선의 물음은 현실에 주어진 구체적인 삶의 문제를 산 말귀의 근원적인 물음으로 거두어 되묻고 있는 것이니, 활구선의 행자는 말귀 속의 모순을 돌파함〔話頭打破〕으로써 현실의 모순을 돌파하고 현실의 문제를 풀어낸다. 고봉선사(高峰禪師)의 『선요(禪要)』는 역사적 현존으로서 자기와 시간 공간 이전의 자기가 둘이 없는 뜻을 다음과 같이 묻고 있다.

 주장자를 들고 말했다.
 이 속에 이르러서는 사람과 법을 모두 잊고 마음 알음알이의 길이 끊어졌다. 걸음을 들어 일으키면 큰 바다가 물결을 쳐 올리고 손가락을 튕기면 수미산이 높이 솟아 겹침이니, 진흙덩이·흙·자갈이 큰 광명을 놓고 풀뿌리와 박과 오이가 불타오르듯 늘 말하도다. 그러나 비록 이와 같으나 만약 서봉문하에 이를진댄 아직 팔은 길고 소매는 짧아서 한 작대기 드러남을 면치 못한다. 바로 모름지기 정수리의 바른 눈〔頂門正眼〕환히 열어야 공겁 이전의 자기가 허깨비의 빈 몸과 더불어 둘이 없고 다름없음을 엿보아 사무칠 것이다.
 또 말하라. 어떤 것이 공겁 이전의 자기인가. 에잇!
 주장자를 세워 한 번 내리치고 말했다.
 금강이 쇠몽둥이를 맞으니
 진흙 소가 눈에 피를 내도다.

 拈柱杖云 到者裏 人法俱忘 心識路絶 擧步則大海騰波 彈指則須彌崒嵂 泥團土塊 放大光明 瓠子冬苽 熾然常說
 然雖如是 若到西峰門下 未免臂長袖短 露出一橛 直須廓頂門正眼 覷破空劫已前自己 與今幻化色身 無二無別
 且道 如何是空劫已前自己聻 卓柱杖一下云
 金剛喫鐵棒 泥牛眼出血

간화선(看話禪)의 참가풍은 기존의 모든 낡은 것들의 허구적 권위를 철저히 배격하되 모든 낡은 것에 활발발한 새 생명의 숨결을 다시 불어넣는 일이기에 …….

부·록

1. 보조선사의 선 수행관과 『간화결의론』
2. 조계산 수선사 보조선사 비명과 서문
   [曹溪山 修禪社 普照禪師 碑銘幷序]
3. 본서에 인용된 주요 공안(公案)

1. 보조선사의 선 수행관과 『간화결의론』

1) 보조선사의 생애와 사상

(1) 보조선사의 수행과정과 기본사상

선사께서는 사람들에게 외워 지니도록 권하시는 것은 늘『금강경(金剛經)』으로 하셨고, 법을 세워 뜻을 연설하심에는 반드시『육조단경(六祖壇經)』으로 하셨으며, 종지를 펴심에는 이통현의『화엄론(華嚴論)』과『대혜어록(大慧語錄)』을 양쪽 날개로 삼으셨다. 가르침의 문을 여는 데에 세 가지가 있으니, '밝음과 고요함을 평등히 지니는 문〔惺寂等持門〕'과 '원돈의 가르침으로 믿고 이해해 깨쳐 들어가는 문〔圓頓信解門〕'과 '바로 끊어 들어가는 문〔徑截門〕'이다.176)

위에 인용된 글은 김군수(金君綏)가 쓴「불일보조국사비명(佛日普照國師碑銘)」의 한 구절이다. 위의 짤막한 글귀에 나타난 바와 같이 보조선사가 대중교화와 자기 수행의 기본 지침으로 사용했던『금강경』,『육조단경』은 지금껏 한국불교 승가 구성원들이 주로 의지하는 바가 되어 있고, 선(禪)과 화엄(華嚴)을 융회한 보조의 수행관은 한국불교 승가의 지배적인 사상이 되고 있다.

지금껏 한국불교 강원에서 전통적으로 쓰고 있는 교재는『도서(都序)』,『법집별행록절요(法集別行錄節要)』,『서장(書狀)』,『선요(禪要)』

---

176) 其勸人誦持 常以金剛經 立法演義則意必六祖壇經 申以華嚴李論 大慧語錄 相羽翼 開門曰 有三種 曰惺寂等持門 曰圓頓信解門 曰徑截門

의 사집(四集)이다. 이 가운데 『도서』와 『법집별행록』은 규봉종밀선사(圭峰宗密禪師)의 저작인데, 보조선사는 규봉의 『법집별행록』의 주요 법문을 뽑아 기록〔節錄〕하고 거기에 자신의 의견〔私記〕을 덧붙여 하나의 저작으로 유행시켜 수행자의 귀감을 삼도록 하였다. 이처럼 초기의 보조선사는 조사선의 정통종문에서 방계로 내쳐진 하택·규봉의 종지를 중시하고 있다. 보조선사의 저작인 『수심결』과 『정혜결사문』에서 '선정과 지혜를 아울러 닦음〔定慧雙修〕', '단박 깨쳐 점차 닦아감〔頓悟漸修〕', '불조의 실다운 언교로써 바른 지견을 가려준 뒤 문자와 알음알이를 놓고 선지를 참구함'이라고 한 보조의 수행지침은 바로 규봉종밀선사의 사상을 받은 것이다.

『서장(書狀)』은 대혜종고선사가 사대부들에게 간화법을 보인 서간문으로서, 보조선사가 공부인에게 '바로 끊어 드는 문〔徑截門〕'을 세워 '화두를 보아 의심을 결단하도록〔看話決疑〕' 하는 주장은 모두 대혜선사의 가르침을 다시 천명한 것이다.

이렇게 보조선사가 정혜쌍수(定慧雙修), 성적등지(惺寂等持), 원돈신해(圓頓信解), 활구경절(活句徑截)의 문을 세운 뒤로 그 사상관의 기본 골격은 조선조 때 벽송지엄선사의 사집(四集)의 편집으로 계승되고, 오늘날까지 승가교육의 기본 교과과목으로 전승되고 있는 것이다. 또한 선교합일(禪敎合一)적인 보조선사의 수행관은 한국불교 승가 수행관의 기본 토대로 자리하고 있다 할 것이다.

최근 성철화상이 돈오점수(頓悟漸修)를 주장하는 하택(河澤), 규봉(圭峰), 보조(普照)야말로 지해종사로서 종문(宗門)에 큰 해독을 끼친 이들이라고 신랄하게 공격하기 이전까지 『보조법어』는 한국불교 선가(禪家)에서 금과옥조처럼 받들어져 왔다. 근래 혜안이 통투한 선사로 알려진 혜월(慧月)선사는 관음염불 도중 경허선사(鏡虛禪師)

의 『수심결』 강의를 듣고 활연히 깨쳤으며, 선교를 겸비한 대종장 용성선사(龍城禪師)는 송광사 삼일암에서 『전등록』을 열람하다 크게 깨친 뒤, 한국불교사상 최초로 우리말 선어록 번역서인 『선문촬요(禪門撮要)』177)를 발간하면서 그 안에 보조의 『수심결』과 『진심직설』을 번역해 수록하였다.

경허선사의 한 제자인 한암(漢巖)화상은 공부인의 기본 교과서로 『보조법어』를 현토하고 편집하여 발간한 바 있고, 한암선사의 제자인 화엄좌주(華嚴座主) 탄허(呑虛)화상은 한암선사의 현토를 토대로 『보조법어』를 국한역하여 발간하였다. 한국불교 선수행자의 대다수는 실제 화두선을 하든 않든 거의 간화선(看話禪)을 표방한다. 그런데 화두선에 대해 『간화결의론』을 저작하여 한국불교 최초로 간화법을 경절문으로 제시해낸 이는 바로 보조선사이다.

이처럼 강원교과의 기본틀이 보조선사의 사상기조를 계승하고 있으며, 한국불교사상 맨 처음 체계적인 간화선 이론서를 저술한 점 그리고 근래 선사들에게까지 지대한 영향을 미친 점을 살펴본다면, 보조에 대한 다른 한 쪽의 극단의 내리깎음이 있다 하더라도 보조선사가 한국불교에 큰 영향력을 끼친 선사이자 사상가인 것은 아무도 부인할 수 없을 것이다.

보조선사가 살았던 12~13세기 고려 사회는 지배층 내부의 상호 모순, 지배계층과 민중 사이의 모순, 자주세력과 사대세력의 모순이 극명하게 표출된 시대였으며, 몽고의 외침이 시작된 시기였다. 지배

---

177) 『선문촬요(禪門撮要)』: 한국불교에서 맨 처음 「선문촬요」라는 이름으로 선어록서를 발간한 이는 용성진종선사(龍城震鍾禪師)이다. 요즈음 덕숭산(德崇山) 혜암화상(慧庵和尙)의 이름으로 발간된 『선문촬요』가 실은 바로 용성선사 편역의 『선문촬요』이다.

326 부 록

　세력 내부의 모순이 새롭게 세력관계를 재편해내면서 문인에서 무인으로 권력의 주도권이 바뀌고, 그와 맞물려 불교 교단 또한 교종으로부터 선종으로 주도권이 바뀐다.
　보조의 수선사(修禪社)와 같은 시기, 원묘선사(圓妙禪師)의 백련사(白蓮社)는 이러한 시대상황 속에서 불교 내부의 자기 개혁의 요구와 출가 중심적인 보조결사에 대한 새로운 비판과 보완의 요구를 통해 결성된다. 보조선사가 결사운동의 이론적 지침서로『금강경』,『육조단경』,『화엄론』,『대혜어록』을 제시하고, 늘 대중에게 읽도록 권장한 것은 그대로 선사의 일생 수행과정을 반영한다.
　알다시피『금강경』은 오조홍인, 육조혜능, 하택신회에 의해 가장 크게 강조된 경전으로 혜능은 홍인의『금강경』설법에서 깨달아 늘『금강경』독송을 대중에게 권유하였다. 보조는『육조단경』에서 처음 선지를 밝힘으로써 자연히 혜능선사의 소의경인『금강경』을 강조하게 된다.
　보조선사는 출가하여 승선에 합격한 뒤 창평 청원사(淸源寺 : 전남 나주)에 머무르며 정진하다『육조단경』의 '진여인 자성이 생각을 일으키므로 육근이 비록 보고 듣고 깨달아 알지만 만상에 물듦 없이 참된 성품이 늘 자재하다〔眞如自性起念178)六根雖見聞覺知 不染萬像而

---

178) 진여자성기념(眞如自性起念) : 지금 존재와 인식을 해명하는 데 있어, 본성론적으로 기술된 불교용어들의 연기론으로의 복귀가 시급히 요청된다. 진여자성이 생각을 일으킨다는『단경』의 뜻을 초기불교의 표현으로 보면, '육근과 육경이 실체가 없으므로 안과 밖이 어울려 앎〔識〕이 일어나지만, 앎〔識〕은 육근이 낸 것도 아니고 육경이 낸 것도 아니며, 육근과 육경을 기계적으로 합한 것도 아니나 육근과 육경을 떠나지도 않는다〔非自作 非他作 非自他作 非無因作〕'라고 재구성할 수 있다.『단경』의 진여자성은 육근과 육경이 서로 의지해 앎〔識〕이 나므로 앎〔識〕이 본래 공하지만, 공도 공하여 허무가 아님을 나타내는 선종적인 기술 방식일 뿐이다. 그러므로 그 뜻을 어떤 원리

眞性常自在]'는 대목에서 일찍이 있지 않았던 경계를 얻는다. 그 뒤 하가산 보문사에서 대장경을 열람하다 이통현 장자의 『화엄론』에서 더욱 확실한 믿음을 내게 되고 『단경』에서 얻은 지견이 더욱 밝아지게 되었다.

보조선사는 승안 3년 무오 봄에 참선하는 도반 몇 사람과 같이 지리산 상무주암(上無住庵)에 올라가 정진하다, 『대혜보각선사어록(大慧普覺禪師語錄)』을 보고 그간의 불법지견까지 깨끗이 소탕하게 된다. 보조선사가 읽고 크게 깨친 대혜의 가르침은 다음 구절이다.

> 선은 고요한 곳에도 있지 않고 또한 시끄러운 곳에도 있지 않으며, 나날이 써 대상에 응하는 곳에도 있지 않고, 헤아려 분별하는 곳에도 있지 않다. 그러나 먼저 고요한 곳과 시끄러운 곳, 나날이 써 대상에 응하는 곳과 헤아려 분별하는 곳을 버리고 찾아서는 안 된다. 홀연히 지혜의 눈이 열리면 이 모든 것이 집안 일인 줄 바야흐로 알게 된다.179)

위 법문은 행(行)과 좌(坐)에 머물지 않되, 행(行)과 좌(坐)를 떠나지도 않으며, 현전하는 한 생각[現前一念]을 돌이켜 바로 삼매를 구현하는 수자의삼매(隨自意三昧)의 정신을 대혜선사가 일상화(日常話)로써 다시 전개한 것이다. 보조선사는 위 법문을 통해 『단경』과 『화엄론』에서 얻은 불법의 지견까지 다시 깨끗해지는 훤칠한 경계를 밝혀낸다.

적인 절대 성품이 앎[識]을 일으킨다고 보아서는 안 된다.
179) 禪不在靜處 亦不在鬧處 不在日用應緣處 不在思量分別處 然第一不得捨却 靜處鬧處 日用應緣處 思量分別處參 忽然眼開 方知是屋裡事

『대혜어록』을 통해 이루어진 보조선의 일대 전환을 인식론적으로 설명해보자. 『대혜어록』에서 깨달음이란, 인간의식을 진여자성(眞如自性)이 일으킨다는 『육조단경』의 방편의 가르침과 화엄에서 보광명지(普光明智)의 법문을 듣고, 만법을 절대지의 발현으로 보았던 보조 스스로의 절대 관념론적인 법집마저 일시에 사라짐을 뜻한다. 『대혜어록』에서의 깨침을 통해 보조선사의 선(禪)은 비로소 주체의 일상의식과 일상성의 중도적 활동으로 전개되게 되었다.

보조선사가 일생 깨뜨림의 대상으로 삼았던 수행자들의 병적인 태도는 지혜 없는 어두운 선정〔痴禪〕과 선정 없는 미친 지혜〔狂慧〕였다. 보조선사는 두 가지 치우침을 치유하기 위해 '선정과 지혜를 함께 닦음〔定慧雙修〕', '밝음과 고요함을 평등하게 지님〔惺寂等持〕'을 제창하고 여실언교(如實言敎)를 토대로 한 선지의 참구를 주장한다. 선과 교에 관한 보조선사의 입장을 불교학자 법운거사(法雲居士) 이종익은 주선융교(主禪融敎: 선을 주로 하여 교를 융섭함)의 관점이라 정의한다.

이러한 보조선사의 입장은 남악(南嶽)과 천태(天台)가 '교 없는 선'의 치우침에 떨어진 암증선사(暗證禪師)와 '선 없는 교'의 치우침에 떨어진 문자법사(文字法師)를 부정하기 위해, 지관구행(止觀俱行)과 교관일치(敎觀一致)를 강조한 점과 유사하다.

그러나 보조선사의 선교관은 교(敎)의 자기 지양 속에서 선(禪)을 세우고, 선(禪)의 고요함마저 고요한 곳에서 뜻과 언어를 연기적으로 세워내는 남악과 천태의 관점과는 달리, 교(敎)가 늘 선의 종지에 깨쳐들기 위한 보조수단〔藉敎入宗〕이거나 선(禪)의 예비과정〔捨敎入禪〕으로 표시된다.

요즈음 한국불교의 선문(禪門) 가운데에는 선(禪)이라는 종지(宗

旨) 자체보다는 법통의 계보에 지나치게 집착하는 일부 선류들이 있어서, 임제종 자체도 중국불교의 다양한 선 유파 가운데 한 종이라는 사실에 깊이 착안하지 못하고 있다. 그리하여 1600여년 한국불교의 넓고 깊고 먼 사상의 역사를 임제 일종의 종파적 틀에 가두려한다. 간화선이 임제종의 한 종장인 대혜종고에 의해 크게 제창된 것은 사실이나, 방법론으로서 간화선과 선 문파인 임제종은 동일어로 함께 처리될 수 있는 개념이 아니다.

한국 선가에서 임제만으로 불심인(佛心印)의 정통을 설명하려는 많은 선사들은 태고가 임제의 정맥을 이은 이라고 말하고, 그 임제의 맥은 간화선을 주로 한 수행 유파인 것처럼 생각한다. 그러나 태고가 법을 이은 임제종사 석옥청공(石屋淸珙)은 대혜종고와 동문인 호구소륭(虎丘紹隆)의 후예로서 간화선과 묵조선의 융회적 선풍이라 할 수 있는 무심선(無心禪), 무념선(無念禪)을 제창했던 선사이고, 그 수행가풍을 바로 이은 이는 고려 백운경한선사(白雲景閑禪師)[180]이다.

한국 불교 승가의 주된 구성원들은 서산(西山)과 부휴(浮休)의 문파이고, 서산 이후 태고법통설이 확립되었으므로 혈맥상 태고 문하로 기술되고 있다. 그리고 근세 선풍 진작의 양대맥이라 할 수 있는

---

[180] 석옥청공(石屋淸珙)선사가 백운경한선사에게 임종시에 전한 게송〔辭世頌〕은 다음과 같다.
  흰 구름을 모두 사려 맑은 바람 팔았더니
  집안 살림 다 흩어져 뱃골까지 가난하네.
  한 칸의 초가집만 겨우 남겨 두었으나
  길 떠나면서 그 집마저 불에 던져 태우노라.
  白雲買了賣淸風 散盡家私澈骨窮
  留得一間茅草屋 臨行付與丙丁童

경허(鏡虛), 용성(龍城)이 모두 서산 문하 환성지안(喚醒志安)의 법계임을 선언함으로 해서 출가 대중의 종법(宗法)적인 선맥을 기술하는데 있어서는 태고법통설이 많은 설득력을 가진다.

그러나 불교 사상과 실천의 다양한 전승과정 가운데 한 흐름인 임제, 태고의 종파적 틀로 불교 정신의 보편성을 제약하려는 것은, 제법실상(諸法實相) 밖에 모든 환상과 권위를 부정하려는 불타정신에 비춰볼 때 결코 바람직한 태도라 할 수 없다. 지금 태고종통설181) 마저 연기적 산물이며 역사적 산물인 줄 모르고 지나치게 거기에 매달리는 많은 이들이 임제종(臨濟宗)과 간화선(看話禪), 태고종통(太古宗統)182)을 같은 신념체계로 붙들고 있다. 그러나 실로는 태고가

---

181) 임제・태고법통설 : 임제종도 불교가 중국에서 이루어놓은 사상적 성과의 일부이며, 불법의 큰 뜻〔體〕을 깨치기 위한 여러 실천 방안〔宗〕 가운데 하나이다. 그러므로 임제의 종지를 철저히 회득하여 제법실상에 돌아감은 타당하나, 종(宗) 자체를 절대화하는 것은 '부처를 만나면 부처를 죽이고 조사를 만나면 조사를 죽인다'는 임제 가풍 자체에 가장 배치되는 관점이다. 태고법통설과 삼교합일론(三敎合一論)은 서산 당시 성리학파와의 사상적 대결 속에서 불교가 자기를 보위하기 위해 내세운 호교의 이데올로기이다. 태고로 한국 선종을 국한하면 태고 이전까지 전승되어온 조계업(曹溪業)은 배제될 것이며, 그렇다고 9산선문 중심으로 한국 선종을 기술한다 해도 천태업과 조계업으로 양분된 선종의 객관적 전승구조에 맞지 않는다. 또한 오교(五敎)로 기술된 화엄, 법상 등 교리문을 중심으로 한 제종도 한국 불교 사상사의 전체성 안에 포괄될 수 없게 된다.

182) 임제종은 달마선과 천태선, 달마 문하 오가칠종(五家七宗)으로 흘러간 선의 문파(門派)를 기술하는 개념이며, 간화선(看話禪)은 수행방법론을 표현하는 개념이며, 태고종통은 서산 당시 불교의 자구적 보위책으로 내세운 법통설이다. 그러므로 이 세 가지를 동일한 신념체계로 묶어 세우는 것은 옳지 못하다. 태고법통설로 보면 태고보우는 환암혼수에게 환암혼수는 귀곡각운에게 이어지고, 벽계정심이 귀곡각운에게 원사하고 벽계는 벽송지엄에게 벽송은 부용영관에게 부용은 부휴선수, 청허휴정에게 법을 전한 것으로

이은 임제맥은 무심선을 수행했던 유파이고, 지해종사라 비판해마지 않는 보조선사가 실은 간화의 대종장 대혜를 이어 한국불교에 체계적으로 간화선을 제창한 선사라는 점은 하나의 역설이라 하지 않을 수 없다.

(2) 돈오점수설과 돈오돈수설, 그리고 성수불이(性修不二)의 실천관

보조선사가 제창한 강령 가운데 가장 문제시되고 있는 점이 돈오점수설(頓悟漸修說)이다. 돈오점수설을 단적으로 표현하고 있는 곳은 『수심결(修心訣)』의 다음 대목이다.

> 단박 깨침[頓悟]이란 다음과 같다.
> 범부가 헤매일 때에는 사대(四大)로 몸을 삼고 망상(妄想)으로 마음을 삼아 자성(自性)이 참 법신이며 자기의 신령한 앎이 참 부처인 줄 알지 못하고 마음 밖에 부처를 찾아 물결 따라 어지럽게 달린다. 그러다가, 홀연히 선지식이 들어가는 길 가르쳐 줌을 입어 한 생각에 빛을 돌이켜 자신의 참모습을 보면, 이 성품의 땅에는 원래 번뇌가 없고 샘이 없는 지혜의 성품이 본래 스스로 갖추어져 모든 부처님과 털끝만큼도 다름이 없으므로 단박 깨침이라 한다.
> 점차 닦음[漸修]이란 비록 본 성품이 부처와 더불어 다름없음을 깨달았지만, 비롯 없는 습기를 갑자기 없애기 어려우므로 깨달음에 의지해 닦아서 점차로 익히는 공을 이루어 성인의 태를

되어 있다. 그런데 벽송지엄은 규봉의 『도서』, 『절요』, 『대혜서장』, 『고봉선요』를 수행의 지침으로 삼고 공부한 분이니, 벽송지엄을 임제종의 가풍과 그대로 같이 볼 수는 없다.

기르는 것을 오래 오래 하면 성인을 이루게 되므로 점차 닦음이
라 한다.183)

보조선사가 주장하는 돈오점수설의 허물구는 '단박 깨쳤지만 점차 닦아 공을 이룬 뒤에야 성인을 이룬다'는 실재론적인 언어표현이다. 그러나 돈오점수라는 말을 긍정적으로 해석하면, 단박 깨쳐 점차 닦음이란 깨달음의 신비에 안주하거나 공(空)을 실체화하는 병을 깨뜨려 깨달음 자체가 현실에서의 부단한 향상성의 토대가 되어야 함을 강조하고 있는 것이다.

또한 보조선사의 돈오(頓悟)를 해오(解悟)로 보더라도 돈오점수설은 해오(解悟)에 머물지 말고 부단히 정진하여 지견의 병을 철저히 넘어서서 증오(證悟)하라는 뜻이 된다. 그에 비해 돈오돈수는 깨달음의 철저한 현재성 곧 중생의 번뇌와 소외가 철저히 공한 줄 깨달으면 한 법도 밖으로 구할 것이 없음을 강조한다.

과거 조사어록을 보면 돈오점수라는 표현도 나오고 돈오돈수라는 표현도 나오며, 붓다의 경전을 보면 때로는 번뇌를 끊으라[修]고 가르치고, 때로는 번뇌가 본래 공하다[不修]고 가르치며, 때로 닦아 얻음이 없지 않다[修證不無]고 가르치고, 때로 번뇌를 끊을 것도 없고 열반을 얻을 것도 없다[不修不證]고 가르친다.

경전이나 선종 어록에 이미 이처럼 서로 모순된 개념들이 함께 등장하고 있다면, 우리는 모든 교설에 대해 형식논리 자체를 고정화해

---

183) 頓悟者 凡夫迷時 四大爲身 妄想爲心 不知自性是眞法身 不知自己靈知是眞佛也 心外覓佛 波波浪走 忽被善知識 指示入路 一念廻光 見自本性而此性地 原無煩惱 無漏智性 本自具足 卽與諸佛分毫不殊 故云頓悟也
　漸修者 雖悟本性 與佛無殊 無始習氣卒難頓除故 依悟而修 漸熏功成 長養聖胎 久久成聖故 云漸修也

서는 안 되고, 돈오점수, 돈오돈수라는 두 개념이 현실의 어떤 측면을 주로 반영하고 있는가를 살펴야 한다. 곧 형식논리상 모순되는 두 가르침에 대해 그 언어형식에 상응하는 깨달음의 고유한 내용이 하나씩 있다고 해서는 안 된다.

각기 다른 가르침들은 깨달음과 해탈을 구현하는 실천의 도정에서 중생이 짓는 병통에 따라 설정된 실천의 지표일 뿐이다. 그런데 돈오돈수라는 언어를 사용하는 이들이 돈오점수, 돈오돈수라는 개념들을 수행의 병통을 치유하기 위한 실천의 지표로 사용하지 않고, 돈오점수(頓悟漸修)를 말하면 설 깨친 자이고, 돈오돈수(頓悟頓修)를 말해야 최고의 깨달음이 된다고 함으로 해서 많은 문제가 야기되고 있는 것이다.

돈오점수(頓悟漸修)라는 언어구조에는 돈(頓)과 점(漸), 오(悟)와 수(修)라는 서로 모순되는 개념이 나타나고, 돈(頓)은 오(悟)에 점(漸)은 수(修)에 배대된다. 돈(頓)의 '단박'이라는 말이 원인과 결과 사이의 실체적인 계승을 부정하는 표현이라면, 점(漸)의 '차츰'이라는 말은 원인과 결과 사이에 계승의 계기가 없지 않음을 나타낸다. 그리고 오(悟)가 모습[相]과 인과(因果)의 실체성을 부정하는 개념이라면, 수(修)의 닦아감에는 인과적인 향상의 실천이 없지 않음의 뜻이 담겨 있다.

그런데 여기서 깨달음이란 현실의 삶 밖에 이루어지는 일이 아니라 현실의 인과적 활동과 모습 속에서 이루어지는 '인식과 실천의 혁명적 전환'에 붙여진 이름이다. 그렇다면 깨달음은 현실생활과 역사의 인과적인 점진성 속에서 인과의 닫혀진 실체성을 철저히 부정해 내지만, 깨달음은 인과가 인과 아님을 깨친 것이므로 현실의 인과적 점진성을 배제하고 깨달음은 있을 수 없다. 그러므로 돈오점수를 인과가 공함을 깨치는 깨달음의 혁명성이 인과적 점진성 속에서의 창조적 활동과 둘이 아니라는 뜻으로 쓰면 그것은 연기론의 입장에 배치되지 않는다.

 불교의 중도관으로 보면, 깨달음일 때 현실의 인과적 점진성은 바로 깨달음의 자기실현으로 되며, 현실의 인과적 활동은 남이 없는 남〔無生之生〕으로 되는 것이니, 깨달음〔悟 : 연기이므로 공함을 깨침〕과 닦음〔修 : 낡은 것을 부정하고 창조적인 새 것을 세우는 실천〕의 이원성은 철저히 지양된다. 이를 천태종 형계담연선사(荊溪湛然禪師)는 '성품과 닦음이 둘이 아님〔性修不二〕'이라 표현하여 '온전한 닦음의 행이 곧 성품이고 온전한 성품이 곧 닦음을 일으킨다〔全修卽性 全性起修〕'고 말한다. 그러므로 돈오돈수의 뜻을 존재의 실체성을 철저히 타파하면 낡은 것을 깨뜨리고 새 것을 세우는 실천의 모습이 깨달음 자체가 되고〔全修卽性〕, 인과가 공한 깨달음 자체가 현실에서 인과를 바로 굴려쓰는 머묾 없는 행으로 발현된다〔全性起修〕고 쓰면, 이는 닦음과 성품, 참된 공과 묘한 작용이 둘이 아닌〔性修不二 空有中道〕 불교의 중도설에 부합된다 할 것이다.

 우리는 위에서 깨달음을 모습과 인과의 실체성이 철저히 공함에 배대하고, 닦음의 영역을 공도 공하여 인과와 모습이 없지 않음에 배대하였다. 위와 같은 언어의 쓰임 밖에 닦음이라는 말이 옛 선사들에 의해 어떻게 쓰이고 있는가를 다시 살펴보자. 대개 돈오점수를 주장하는 규봉종밀선사(圭峯宗密禪師)와 보조선사에 있어서 닦음〔修〕의 뜻은 깨달음을 구현하는 관행(觀行)의 뜻으로 쓰여진다. 곧 이러한 언어 용법에서는 깨달음이 닦음의 결과라면 닦음은 깨달음의 원인이 된다. 그래서 보조선사는 선지식의 가르침을 받아, 의식과 존재가 본래 공함을 단박 알았지만〔頓悟〕 아직 모습에 물든 헛된

1. 보조선사의 선 수행관과 『간화결의론』   335

생각이 반복되면, 그 생각을 대치하는 관행을 통해서〔漸修〕의식과 존재의 공성을 철저히 통달해서 반야를 현발한다고 말한다.

이 주장은 천태 육즉위에서 문자즉위(文字卽位)와 관행즉위(觀行卽位)의 원인을 통해 구경즉위(究竟卽位)라는 완전한 깨달음의 결과가 있다는 것과 형식논리상 같은 체계라 할 수 있으니, 여기서는 깨달음은 제 스스로 오는 것이 아니라 언제나 실천을 통해 구현된다는 긍정적인 뜻을 발견할 수 있다. 그러나 이즉(理卽) 문자즉(文字卽) 관행즉(觀行卽) 상사즉(相似卽) 분증즉(分證卽) 구경즉(究竟卽)으로 표현된 육즉위의 차제는 인과적 차제행을 통해 구경의 깨달음이 구현되는 것처럼 구성되어 있지만, 그 뜻은 결코 차제행을 보인 것이거나 끊을 것이 있고 얻을 것이 있는 실재론적 수행론을 보임이 아니다.

명말 자백진가선사(紫栢眞可禪師)는 육즉위를 풀이하며 '여섯〔六〕은 물결이요 같음〔卽〕은 물'이라고 하였다. 진가선사의 말처럼 물결이 곧 물인 줄 알면 어디에 끊음이 있고 새로이 얻음이 있겠는가. 그러므로 육즉위의 가르침을 차제적이고 단계적인 과정을 통해 구경의 깨달음이 오는 뜻으로 보아서는 안 되며, 구경의 깨달음이란 바른 이론〔文字〕과 실천〔觀行〕을 통해서 이루어지지만 이론과 실천의 자기 지양이 없이는 실상 그대로의 깨달음의 구현이 없다는 뜻으로 해석되어야 한다.

곧 그 뜻은 결과는 원인이 없이는 오지 않지만, 원인이 원인으로 남아 있어도 결과는 원인의 결과로서 주어지지 않음과 같다. 번뇌와 번뇌를 끊는 관행을 병과 약의 관계로 바꾸어 놓고 생각해 보면, 약이란 병을 다스리기 위해서 쓰는 것이므로 병이 다하면 약도 다해야 하는 것이다. 약 기운이 아직 몸 안에 남아 있다는 것은 병이 채 다스러지지 못했다는 증표이며, 약이 다시 독소가 될 소지가 있다는 뜻이다.

 이렇게 보면 아직 닦아 끊을 번뇌의 실체가 있고 닦는 관행의 자취가 있다면 진정한 깨달음의 구현이 아닌 것이다. 이런 뜻에서 다시 끊어야 할 번뇌의 실체가 있고 번뇌 끊는 관행의 자취가 있는 깨달음은 참된 깨달음이 아니라는 뜻에서 그 대안으로 돈오돈수를 말하면, 그 뜻은 연기론적 깨달음의 뜻이 될 것이다.

 그러나 돈오돈수라는 말로써 깨달음을 관행 밖에 따로 있는 것으로 규정하거나, 깨달음을 주체의 바른 이론과 실천 너머에 있는 선험적인 것이나 완결적인 것으로 규정하는 것은 불교적인 깨달음의 길이 아니다. 오히려 깨달음과 닦음을 철저히 하나로 묶어내는 돈오돈수의 언어구조는, 깨달음이란 주체의 관행이 관행 아닌 관행〔無修之修〕으로 전환되는 곳 자체이며, 모순 속에 사는 대중의 삶이 모순에 머묾 없고 갇힘 없는〔無住〕 묘한 행〔妙行〕으로 전환된 역동성 자체임을 보여주고 있다.

 그렇다면 오히려 화두(話頭)를 들어서 닦는 모습을 움크려쥐고 돈오돈수라는 최고의 깨달음을 기다리는 것이야말로 돈오돈수에 가장 배치되는 공부법이라 할 것이다. 화두함에서 화두하고 있다는 선의 모습〔禪相〕과 선정의 고요함〔禪寂〕까지 지양될 때가 바로 화두함을 떠나지 않고 닦음 없는 닦음 그대로의 깨달음을 발휘함일 것이다.

 다시 돈점논쟁에 걸린 언어 용법 가운데에는 돈과 점을 진리〔理〕와 사법〔事〕에 배대하여 사용하는 방법이 있다.『능엄경』의 다음 구절은 흔히 돈오점수론의 이론적 전거로 사용된다.

　　진리는 단박 깨치는 것이므로

깨달음을 따라 모두 녹아버리지만
현실법〔事〕은 단박 없앨 수 없으므로
차례 차례 다하는 것이다.

理卽頓悟 乘悟倂消
事非頓除 因次第盡

여기서 진리〔理〕의 영역에서 돈오(頓悟)와 사법〔事〕의 영역에서 차제적으로 다해 간다〔次第〕는 뜻은 흔히 번뇌가 공한 진리는 단박 깨치지만, 망상과 관성적으로 지속되어온 장애〔習氣〕들은 진리에 의지해 점차 끊어간다는 뜻으로 사용된다. 그러나 단박 깨치는 진리의 영역과 점차 없애가는 현실법의 영역을 구분하는 경전의 표현은, 닦음의 원인과 깨달음의 결과를 상관적으로 쓰는 닦음과 깨달음의 뜻이라기보다는, 개인의 일상성과 역사성, 개인의식의 해탈과 실천의 보편성 사이에 주어지는 긴장관계를 설명하는 뜻으로 보아야 한다.

사법〔事〕이란 초기불교에서 오온(五蘊), 십이처(十二處), 십팔계(十八界)로 표시된 현실 경험의 세계로서 의식·존재, 주체·객체가 서로 어울려 자기 영역을 구성하는 생활의 총체적 지평이다. 그에 비해 진리〔理〕란 사법〔事〕의 현실 세계가 연기되므로 있되 실로 있지 않은 모습을 원리적으로 기술한 말이다. 그러므로 사법〔事〕은 진리〔理〕인 사법〔事〕이며, 진리〔理〕는 사법〔事〕인 진리〔理〕인 것이니, 현실의 사법이 연기이므로 공한 줄 단박 깨달으면 모습의 실체성과 인과의 기계적 필연성은 깨달음을 따라 단박 사라지므로 인간 행위는 모습과 닫혀진 개념의 틀을 벗어나 머묾 없는 행으로 전환된다. 그러나 개인적으로 단박 머묾 없는 행을 구현했다 해도 현실의 지평 위에서 현실의 인과를 창조적으로 굴려 쓰고 전체적인 삶의 모순을 극복하는 것은 늘 과정을 통해서 이루어지며 다른 것과의 관계, 다른 이와의 연대 속에서 점차적으로 구현되는 것이다.

 이러한 의미의 차제적인 행이란 깨달음을 얻기 위한 닦음의 개념이라기보다는 사회적 실천 또는 보현행으로 규정될 수 있는 개념이다. 『화엄경』에서 보현행은 중생의 소외와 역사의 질곡이 있는 한 늘 지속될 수밖에 없는 '함께 하는 행'으로 정의된다.

 이처럼 현실의 총체적 지평〔事法界〕속에서 '더불어 함께 하는 행'으로 닦음이라는 뜻을 쓴다 하면, 돈오돈수의 의미는 현실을 진리〔理〕인 사법〔事〕으로 단박 깨칠 때, 기계적 인과성에 머묾 없는 행이 개인의 일상성 속에 단박 구현되고 개인의 닫혀진 삶은 사회화되고 역사화된 보살의 보현행으로 발현된다는 뜻이 된다. 이를 화엄관행으로 보면 비로자나의 참된 법계를 단박 깨칠 때 보현의 광대행원이 발현됨이다.

 이렇게 보현행(普賢行)으로 닦음을 정의하면 단박 깨쳐 단박 보현행을 구현함〔頓悟頓修〕과 사법〔事〕의 영역 속에서 차제적으로 현실의 모순을 없애간다는 뜻은 배치되지 않는다.

 돈오점수(頓悟漸修)의 뜻에서도 마찬가지다. 돈오점수를 의식과 존재가 공함을 단박 깨치되 역사와 함께 하는 보디사트바의 창조적인 행이 현실의 점진적 과정 속에서 쉬임없이 발현된다는 뜻으로 사용하면, 그러한 의미의 점수는 무념(無念)일 때 곧바로 머묾 없는 행〔無住行〕을 이룬다는 돈수(頓修)의 뜻과 배치되지 않을 것이다.

 지금까지 살핀 바처럼 오(悟)와 수(修), 돈(頓)과 점(漸)이라는 언어 속에는 깨달음의 원인으로서의 수행과 결과로서의 깨달음, 개인의 일상성과 역사성, 주체적인 깨달음과 '대중과 더불어 함께 하는 행' 등의 여러 문제가 걸려 있는데, 한국 불교 현금의 돈점논쟁에서는 그 논쟁이 근기론(根機論)의 차원이나 수행 경지론의 차원에서만 전개되고 있다.

돈과 점이라는 말을 근기론으로 사용하는 예는 『육조단경』에서 '법에는 돈과 점이 없지만 사람에 날카로움과 무딤이 있으므로 돈점을 말하게 된다〔法無頓漸 人有利鈍 故名頓漸: 수행과 깨달음의 인과적 차원〕'는 표현이 그것이다. 규봉종밀선사는 다시 『육조단경』의 근기론적인 돈점의 언어를 받아 '돈오돈수할 수 있는 근기는 우두법융선사 같은 분뿐이다'라고 말한다. 규봉종밀이 이처럼 점수와 돈수를 근기론의 차원에서 사용하면서 단박 깨칠 때 단박 닦아 마칠 수 있는 근기는 우두법융(牛頭法融) 뿐이라고 함에 대하여, 돈오점수에 반대하는 이들은 거꾸로 돈오돈수만이 종문의 바른 눈이고, 돈오돈수하는 가풍은 우리 종문(宗門: 임제종 또는 달마오종)에만 있다고 주장하게 된 것이다.

근기에 맞춰 단박 깨침과 점차 행함의 방편을 쓴다는 것은 천태선의 네 가지 실단 가운데 위인실단(爲人悉壇)을 뜻한다. 그런데 만약 근기론의 차원 곧 위인실단에서 보면 법에 본래 차츰 이룸과 단박 이룸의 차별이 없지만, 사람 근기의 날카로움과 무딤에 따라 돈과 점이 자유롭게 세워질 수 있는 것이니, 때로 '단박 깨쳐 점차 닦음〔頓悟漸修〕'을 보이기도 하고, '점차 닦아 단박 깨침〔漸修頓悟〕'을 보이기도 하며, '단박 깨쳐 단박 닦음〔頓悟頓修〕'을 보이기도 하는 것이다.

앞에서 우리는 깨달음의 원인으로서 닦음의 의미를 정의하면서, 닦음이 닦음 아닌 닦음으로 지양되는 곳이 바로 깨달음이라 말하였다. 천태 육즉위의 해석을 통해 닦아야 할 번뇌가 공하므로 닦음이 닦음 아닌 닦음이 되는 곳을 깨달음이라 가명하였다면, 깨달음은 깨달음 아닌 깨달음으로서 중생의 일상을 떠나지 않는 깨달음이며 보디사트바의 바라밀행으로 발현되는 깨달음이 될 것이다. 그렇다면 닦음〔修〕의 뜻을 깨닫기 위한 관행으로 정의하든 인과를 쓰는 행으로 정의하든 깨달음이 매개된 닦음은 결국 바라밀행으로 전환되는 것이니, 아무리 높은 강령을 외친다 해도 그 이론의 귀결처가 '중생 자신의 창조적 행 곧 바라밀행'이 되지 못하는 이론은 한갓 관념의 놀음놀이〔戱論〕에 지나지 않는다 할 것이다.

(3) 천태선사의 네 가지 사제설로 본 닦음과 깨침

여기까지 논의를 전개하면서 다시 우리는 닦음〔修〕과 닦을 것 없음〔不修〕의 논쟁을 지금까지의 유아론적이고 관념론적인 논쟁에서 벗어나 연기론적인 실천의 지평 위에 되돌려 놓기 위해 그 말을 천태지자선사의 네 가지 사제〔四種四諦〕184)를 통해 재해석하지 않을

---

184) 천태사종사제(天台 四種四諦)
① 생멸사제(生滅四諦) : 생멸의 인과가 없지 않은 곳에 서서 괴로움을 없애고 열반을 얻는 인과를 보인 교설. 곧 범부의 번뇌와 소외를 조복하지 않는 상을 대치하는 교설.
② 무생사제(無生四諦) : 인과의 실체가 공한 곳에 서서 괴로움을 실로 끊을 것이 없음을 보인 교설. 곧 번뇌와 소외를 억지로 끊으려는 치우친 수행관을 대치하는 교설.
③ 무량사제(無量四諦) : 인과가 공하지만 공하기 때문에 묘용이 없지 않은 곳에 서서 괴로움을 돌려 보리를 구현하는 한량없는 실천이 없지 않음을 보인 교설. 곧 번뇌가 바로 보리라는 관념적인 이해를 통해 자연체를 지키거나 번뇌와 소외를 지양하는 구체적인 실천을 일으키지 않는 병폐를 지양하는 교설.
④ 무작사제(無作四諦) : 인과 자체가 공하므로 인과의 실체성도 없고 공도 없는 중도문에 서서 해탈현실을 구현하되, 번뇌를 끊지도 않고 열반을

수 없게 된다. 네 가지 사제란 고통에서 해탈로 현실을 변화시키는 실천의 인과를 연기·공·가·중(緣起·空·假·中)에 배대한 것이다.

곧 닦음이 있다〔修修 : 漸修〕는 것은 괴로움을 없애고 해탈을 얻는 실천의 인과가 없지 않은 데〔緣起門〕서 쓰는 말이고, 닦을 것이 없다〔無修 : 頓悟〕는 것은 끊을 괴로움이 본래 실체가 아닌 곳〔卽空門〕에서 보면 실로 닦을 것이 없다 함이다. 이렇게 보면 돈오점수〔無修而修 : 頓悟漸修〕란 가유문(假有門)에 서서 모습과 모습에 물든 번뇌가 공함을 단박 깨쳐 닦을 것이 없는 줄 알았지만, 닦을 것이 없음에 빠지지 않고 닦음을 닦음 아닌 닦음으로 돌려쓰는 실천관을 피력한 것이다.

그리고 돈오돈수〔無修無無修 : 頓悟頓修〕란 중도문(中道門)에 서서 닦음의 모습도 없으나 닦지 않음의 모습도 끊어진 연기적 실천관을 중도실상에서 제시해낸 표현이라 볼 수 있다.

사종사제로 보면 돈오돈수는 연기적 실천관의 최고 형태이지만 그것은 결코 돈오점수 밖에 따로 있는 것은 아니다. 이러한 천태의 입장을 받아 이제 우리는 보조선사의 돈오점수(頓悟漸修)를 의식과 존재가 공함을 깨치되 공에 떨어짐이 없이 일상의 점진적 과정 속에서 생각 없는 생각〔無念之念〕, 모습 없는 모습〔無相實相〕을 발휘하는 행이 쉬임 없다는 뜻으로 재해석한다.

이것은 곧 돈오점수를 번뇌가 공함을 깨쳤지만 공을 새롭게 실체화하거나 신비화하여 현실의 인과적 활동을 버리지 않는다는 뜻으로 해석함이다. 이러한 우리들의 해석은 천태의 사종사제 가운데 무

얻지도 않음을 밝힌 교설. 곧 번뇌와 소외를 조복하지 않는 병폐와 억지로 조복하는 병폐를 모두 넘어선 중도적 실천관을 바로 보인 교설.

량사제문(無量四諦門)에 해당되니, 바로 『육조단경』에서 남악회양선사가 말한 '물들어 더럽혀짐은 없으나 닦아 깨침이 없지 않다'185)는 뜻과 같은 것이다.

이러한 의미의 돈오점수(頓悟漸修)는 단박 깨침의 오(悟)가 새롭게 실체화되는 병폐를 부정해서 오(悟)의 혁명성이 일상의 부단한 향상의 노력과 배치되지 않음을 보이는 것이다.

그리고 다시 돈오돈수설(頓悟頓修說)에 대해서도 우리는 요즈음 일부 선류들에 의해서 '단박 깨칠 때 다 닦아 마쳐서 영원히 더 이상 닦을 것 없는 어떤 곳'으로 설명하는 방식이나 경지론으로 설명하는 방식을 부정한다. 단박 깨쳐 단박 닦음이란 바로 생각의 생각 없음과 모습이 모습 아님을 단박 깨침〔頓悟〕이, 바로 생각 없는 참생각과 모습 없는 참모습을 발휘하는 행〔修〕으로 된다는 뜻이니, 단박 깨쳐

---

185) 혜능선사와 남악회양선사의 문답
  혜능: 어디서 오는가.
  회양: 숭산에서 옵니다.
  혜능: 무슨 물건이 이렇게 오는가.
  회양: 한 물건이라 해도 맞지 않습니다.
  혜능: 닦아 얻을 것이 있는가.
  회양: 닦아 얻을 것은 없지 않으나, 물들여 더럽혀질 수는 없습니다.
  혜능: 다만 이 물들여 더럽혀지지 않음이 모든 부처님이 살펴 생각하시는 바이다. 네가 이미 그러하니 나도 또한 그렇다.
  師曰 甚處來
  曰 崇山
  師曰 什甚物恁麼來
  曰 說似一物卽不中
  師曰 還可修證否
  曰 修證卽不無 汚染卽不得
  師曰 只此不汚染 諸佛之所護念 汝旣如是 吾亦如是

단박 닦음이란 바로 닦음과 닦지 않음의 두 가지 자취를 함께 넘어서는 중도행(中道行)인 것이다.

이는 끊을 번뇌가 본래 없고 얻을 열반이 따로 없음을 깨달아서 '오욕을 끊지 않고 육근을 깨끗이 하는〔不斷五欲 淨諸六根〕' 천태 무작사제문(無作四諦門)에 해당되니, 바로 『육조단경』에서 '성제도 오히려 하지 않거니 무슨 계급과 차제가 있겠는가'라는 청원행사선사186)의 뜻과 같다.

이렇게 닦음과 깨달음의 뜻을 풀이하고 보면 신수선사187)가 '때

---

186) 혜능선사와 청원행사선사의 문답
　　행사: 마땅히 어떤 곳에 힘을 써야 계급에 떨어지지 않습니까.
　　혜능: 너는 일찍이 무엇을 지어왔는가.
　　행사: 성제도 또한 하지 않았습니다.
　　혜능: 무슨 계급에 떨어졌는가.
　　행사: 성제도 오히려 하지 않았는데 무슨 계급이 있겠습니까.

　　問曰 當何所務卽不落階級
　　師曰 汝曾作什麽來
　　曰 聖諦亦不爲
　　師曰 落何階級
　　曰 聖諦尙不爲 何階級之有

187) 신수선사와 혜능선사의 게송
　　- 신수의 게송 -
　　몸은 깨달음의 나무요
　　마음은 밝은 거울의 틀
　　때때로 부지런히 털고 닦아서
　　티끌 먼지 일지 않도록.

　　身是菩提樹　心如明鏡臺
　　時時勤拂拭　勿使惹塵埃

　　- 혜능의 게송 -

때로 털고 닦으라'고 가르치는 것은 범부들이 번뇌를 조복하지 않는 모습〔不調伏相〕을 깨뜨리기 위함이고, 혜능선사가 '본래 한 물건도 없으니 어디에 티끌 먼지 묻으랴'고 함은 번뇌가 본래 공한 줄 모르고 억지로 끊으려는〔調伏相〕 치우친 수행자를 부정하기 위함이 된다.

우리들의 해석에 따르면 회양선사가 '닦아 증득함이 없지 않다'고 함은 공에 머물러 함이 있는 법〔有爲法〕을 없애버리는 자나 번뇌성에 그대로 맡겨 바로 보리 열반이라 말하는 자들의 병을 없애기 위함이다. 그리고 행사선사가 '성제도 하지 않거니 무슨 계급과 차제가 있겠는가'라고 함은 닦음〔修修〕과 닦지 않음〔無修〕, 조복〔調伏〕과 조복하지 않음〔不調伏〕을 모두 넘어선 중도적 실천관을 피력한 것이다.

이렇게 해석할 때 '닦음〔修修〕'과 '닦지 않음〔不修〕', '닦아 얻음이 없지 않음〔修證不無〕', '닦음과 닦지 않음이 모두 없음〔不修不修〕'의 여러 가지 주장을 그 형식논리의 차이에도 불구하고 융회할 수 있는 실천의 지평을 발견할 수 있을 것이다. 또한 그렇게 함으로써 '모든 성현이 함이 없는 법으로써 차별이 있다〔一切賢聖皆以無爲法而有差別〕'는 『금강경』의 뜻을 현실에서 검증할 수 있을 것이다.

위에서 우리가 취한 해석방식에 따르면 돈오돈수란 돈오점수보다 높은 경지를 표현하기 위한 개념이 아니라, 닦음〔修〕과 닦지 않음

    깨달음에 본래 나무가 없고
    밝은 거울 또한 틀이 아니네.
    본래 한 물건도 없으니
    어디에 티끌 먼지 일어나랴.

    菩提本無樹　明鏡亦非臺
    本來無一物　何處惹塵埃

〔不修〕, 모습〔相〕과 모습 없음〔無相〕을 동시에 넘어선 중도행(中道行)을 설명하는 개념이다. 돈오돈수가 천태의 무작사제(無作四諦)의 다른 표현임을 확인하기 위해 돈오돈수라는 말이 맨 처음 사용된 덕이본 『단경』의 한 구절을 인용해 보면 다음과 같다.

> 만약 자성을 깨치면 보리 열반도 세우지 않게 되고 해탈지견도 세우지 않게 되니, 한 법도 세울 것이 없어지고 바야흐로 만법을 건립할 수 있게 된다.
> 만약 이 뜻을 알면 붓다의 몸이라 말하게 되고 보리 열반이라 말하게 되며 해탈지견이라 말하게 된다.
> 견성한 사람은 세워도 되고 세우지 않아도 되니, 오고 감이 자유로워 막힘이 없고 걸림이 없어서 사물에 응해 쓰고 따라 방편을 지으며, 대상에 응해 말하고 따라 답하여 널리 화신을 나투되, 자성을 떠나지 않고 자재한 신통과 마음대로 노니는 삼매를 얻으니 이를 견성이라 한다.
> 지성이 다시 스승께 여쭈었다.
> '무엇이 세우지 않는 뜻입니까.'
> 조사가 말했다.
> '자성이 그름이 없고 어리석음과 어지러움이 없어서 생각 생각 반야로 살펴보아 늘 법의 모습을 떠나면 자유자재하여 가로로나 세로로나 모두 옳으니 무엇을 세울 것이 있겠는가. 자성이 스스로 깨쳐서 단박 깨닫고 단박 닦아, 또한 점차가 없으므로 온갖 법을 세우지 않는다 한다. 모든 법이 고요하니 무슨 차제가 있겠는가.'[188]

---

188) 若悟自性 亦不立菩提涅槃 亦不立解脫知見 無一法可得 方能建立萬法 若解

위의 글을 보면 견성(見性)이란 존재의 참모습을 깨달아 보리 열반의 모습도 세우지 않음이니, 견성과 돈오돈수를 범부가 도달할 수 없는 아주 높은 경지, 인류 역사에 한 두명 있을까 말까 한 도인의 경지로 설명하는 방식은 결코 옳지 못하며 불교의 광대무변한 구세정신과도 배치됨을 알 수 있다.

견성이란 제법무아를 깊이 체달함을 뜻하며, 견성한 사람은 반야바라밀을 체현한 이를 뜻하는 선종의 언어일 뿐이다. 혜능에 의하면 제법무아(諸法無我)를 체달하여 한 법도 세울 것이 없는 줄 알 때 능히 만법을 창조적으로 세워낼 수 있으며, 번뇌의 모습뿐 아니라 보리 열반의 신비한 모습까지 세우지 않을 때 일상의 점진적 인과성 속에서 계급과 차제에 떨어지지 않고 단박 깨쳐 단박 만행을 실현할 수 있는 것이다.

(4) 지해(知解)의 문제

보조선사에 대한 부정적 평가 가운데 하나는 보조선사가 돈오점수설을 주장하므로 지해종사(知解宗師)라는 것이다. 대개 그러한 평가는 하택[189], 규봉의 종지를 보조선사가 그대로 계승하고 있음에 기

此意 亦名佛身 亦名菩提涅槃 亦名解脫知見 見性之人 立亦得不立亦得 去來自由 無滯無礙 應用隨作 應語隨答 普見化身 不離自性 卽得自在神通遊戲三昧 是名見性

志誠 再啓師曰 如何是不立義 師曰 自性無非無痴無亂 念念般若觀照 常離法相 自由自在 縱橫盡得 有何可立 自性自悟 頓悟頓修 亦無漸次 所以 不立一切法 諸法寂滅 有何次弟

189) 닦음[修]의 뜻을 깨달음을 얻기 위한 방편의 비좁은 뜻으로 쓰지 않고 실재의식에서 해방된 창조적인 행(行)으로 보면, 오(悟)와 수(修)의 이원성

인하지만, 평가의 원천적인 뿌리는 앞에서 계속 거론한 바와 같이 돈오점수, 돈오돈수를 경지론 또는 근기론의 차원에서 이해한 결과이다.

하택·규봉이 지해종사라는 비판은 주로 마조·황벽으로 이어지는 홍주종(洪州宗) 계열에서 이루어지는데, 이는 규봉종밀이 『법집별행록(法集別行錄)』에서 혜능 문하의 정통을 하택신회로 판정한 것에 대한 반론의 차원에서 제기된 것이다. 하택신회는 소주혜능을 달마선종의 육조로 현창함으로써 스스로를 칠조로 선언한, 당 현종 당시 국가불교의 주도권을 쥔 선사였다.

돈황본 『육조단경』에 보면 하택신회가 혜능선사에게 '좌선 가운데서 보십니까, 보지 않으십니까'를 물어서 크게 꾸중 듣는 구절이 나오지만, 홍주종 계열에서 편집된 덕이본 『단경』에서처럼 '앞으로 남의 스승이 될지라도 지해종사가 될 것이다'라는 단언은 나오지 않는다.

오히려 돈황본이나 덕이본 모두에 혜능이 입적할 때 법을 부촉한 십대 제자 가운데 하택신회가 포함되어 있으며, 혜능선사가 '나는 팔월이면 세상을 뜨리라'고 하직할 때 다른 제자들이 모두 슬피 울지만 하택 홀로 동하지 않으므로 '어린 신회만이 좋고 나쁨에 대해 평

을 부정하는 그러한 의미의 돈오돈수는 다만 임제 종문, 황벽·백장의 가풍에만 있는 것이 아니라 불교수행관의 기본 입장인 것이다.

중국불교에서 그러한 뜻의 돈오돈수의 실천관은 맨 처음 천태의 원돈지관, 무작사제문에서 제시되고, 하택신회는 그 뜻을 무념(無念), 무상(無相), 무주묘행(無住妙行)으로 전개한다. 『절요』에 인용된 하택신회의 법문을 다시 인용하면 다음과 같다.

'한 생각이 참성품과 상응하면 팔만 가지 바라밀행을 한 때에 모두 쓰게 된다〔一念與本性相應 八萬波羅蜜行 一時齊用也〕.'

등함을 얻어 헐뜯고 기림에 움직이지 않고 나머지는 그렇지 못하다'
라는 큰 칭찬과 부촉을 받는다.

하택신회가 선(禪)의 입각처를 중생의 앎(知)에다 둔 것은 깨치고
못 깨침에 관계없이 견문각지(見聞覺知)할 수 있는 중생의 살림살이
에다 진리의 뿌리를 둠이다. 이는 천태선사가 육즉위(六卽位 : 번뇌
가 공한 곳에서 일어나는 실천의 인과를 여섯 단계로 구분함)의 첫머리
를 이즉위(理卽位 : 중생의 번뇌 망상에도 불구하고 중생의 참모습이 이
치로는 바로 여래와 둘 없는 지위)로 출발한 뜻과 같다. 이처럼 신회선
사가 무념처(無念處) 가운데 항상 밝아 어둡지 않은 앎(不昧靈知)에
서서 선(禪)을 설명하고 있다면, 마조와 황벽은 머묾 없는 무념의
바탕(無住心體)에 서서 선(禪)을 설명하고 있다. 그러므로 하택은 작
용을 먼저 해서 비춤을 말하고(先用後照) 마조·황벽은 비춤을 먼저
해서 작용을 보이나(先照後用), 비춤과 작용이 끝내 때를 같이함(照
用同時)에서 보면, 하택의 '밝고 밝게 늘 앎(了了常知)'과 마조·황벽
의 무심불성(無心佛性)이 통일될 수 없이 서로 다른 것을 말하고 있
지는 않다.

다만 하택의 공적영지가 잘못 이해됨으로써 내면의 신비한 앎으로
사물화되고 주관관념론의 허물에 떨어지게 되어 남양혜충이 그 허
물을 통렬히 비판했던 것이다. 그러나 공적영지의 뜻을 말하면서 신
령하게 알(靈知) 때에 아는 지혜도 없고 얻음도 없음(無智亦無得)이
공적함이 되고, 공적함에 공적한 모습도 없어 생각 없이 아는(無念而
知) 지혜가 늘 밝음을 영지라 하면 그 뜻은 중도의 바른 지혜에 부합
된 것이다.

선사들에게 깨달음의 큰 장애물로 규정되는 지해(知解)는 언어와
개념의 틀에 머물러 있는 한 깨달음에 큰 장애가 된다. 그러나 지해

가 아니면 미망 속에 있는 범부는 불교사상에 관한 여러 범주를 이해할 수도 없고 관행에 나아갈 수도 없는 것이니, 지해가 다만 병통이 되고 다만 부정의 대상이 되는 것은 아니다.

그러므로 앎[知]과 지해(知解)를 적극적으로 활용하여 생사에 갇힌 중생의 앎을 무념(無念)으로 전환시켜 가려는 하택의 종풍을, 앎[知]의 긍정적 측면을 강조한다 해서 지해종사로 욕할 수만은 없다.

지금 한국불교의 일부 선사들에 의해 지해종사로 규정된 하택과 규봉에 대한 대혜종고(大慧宗杲)의 평가를 들어봄으로써 하택의 앎[知]이 생각 있음[有念]이 아니며 홍주의 불성이 생각 없음[無念]이 아님을 살펴보도록 하자.

    다음날 조주(趙州)가 남전(南泉)에게 다시 와서 물었다.
    "어떤 것이 도입니까."
    남전은 방을 쓰지도 않고 '악' 외치지도 않고 그윽함[玄]을 말하거나 묘함[妙]을 말하지도 않고 경이나 논을 이끌어 설명하지도 않고 옛 분들의 공안을 들지도 않고 현실법[事]을 말하지도 않고 모습 없는 이치[理]를 말하지도 않고, 다만 있는 그대로 저에게 말하였다.
    "평상의 마음이 바로 도이다."
    저 조주는 여기서 '평상의 마음'을 이미 바로 알아듣고 다시 물었다.
    "도리어 향하여 나아갈 것이 있습니까, 없습니까."
    남전이 말하였다.
    "향하려 하면 곧 어긋난다."
    조주가 말했다.

"무엇인가 향하려 하지 않는다면 어떻게 이 도를 알 수 있습니까."

남전이 말하였다.

"도는 앎에 속하지도 않고 알지 못함에도 속하지 않는다. 앎〔知〕은 허망한 지각〔妄覺〕이고 알지 못함〔無知〕은 캄캄한 무기(無記)이다. 만약 참으로 무엇인가 하려고 헤아리지 않는 도를 통달하면 마치 태허처럼 툭 트여 막힘 없을 것이니, 그 가운데 어찌 억지로 옳고 그름을 따질 것인가."

조주가 말 아래 천을 사무쳐 깨치고 백을 당하게 되었다.

남전선사가 '도란 앎에 속하지도 않고 알지 못함에도 속하지 않는다'고 말하였는데, 이것에 대해 규봉은 '신령한 앎〔靈知〕'이라 하고, 하택은 '앎이라는 한 글자가 뭇 묘함을 내는 문〔知之一字衆妙之門〕'이라 하고, 황룡사심은 '앎이라는 한 글자가 뭇 화를 내는 문〔知之一字衆禍之門〕'이라 하였다. 규봉과 하택을 보려는 것은 쉬운 일이지만 사심을 보려 하는 것은 어렵다.

이 속에 이르는 것은 반드시 방위를 뛰어넘는 눈을 갖춘 이라야 하는 것이니, 사람에게 말할 수도 없고 남에게 전할 수도 없는 것이다.190)

---

190) 次日却來問 如何是道 南泉也不行棒 也不下喝 也不談玄 也不說妙 也不牽經 也不引論 也不擧古人公案 亦不說事 亦不說理 只實頭向他道 平常心是道 爲他趙州已理會得平常心了 便却問 還假趣向也無 泉云 擬向卽乖 州云 不擬爭知是道 泉云 道不屬知 不屬不知 知是妄覺 不知是無記 若眞達不擬之道 猶如太虛 廓然蕩豁 豈可於中彊是非耶 趙州於言下千了百當 南泉道 道不屬知 不屬不知 圭峰謂之靈知 荷澤謂之知之一字衆妙之門 黃龍死心云 知之一字衆禍之門 要見圭峰荷澤則易 要見死心則難 到這裏須是具超方眼 說似人不得 傳與人不得

〈『대혜보각선사어록』16권 〉

규봉종밀선사는 『원각경』의 소초를 지었다.
 밀선사는 『원각경』에서 증오한 곳[證悟處]이 있어서 바야흐로 붓을 내려 경을 주석하였다. 『원각경』 가운데 일체 중생이 모두 원각을 증했다는 것에 대해 규봉은 증(證)을 고쳐 갖춤[具]이라 하고, 이것은 번역한 이의 잘못이라 말하였다. 그런데도 범본을 보지 못하여 다만 이러한 논란을 소 가운데 두고 감히 경을 고쳐 바르게 하지는 못했다.191)

 위에서 우리는 하택, 규봉의 지(知)와 황룡사심수의 무지(無知)를 남전보원선사의 중도법문으로 융회하는 대혜종고의 관점을 살펴 보았다. 또한 오늘날 한국불교 일부 선류들에 의해 지해종사며 종문의 난적이라고 신랄하게 공격받고 있는 규봉종밀선사를 『원각경』에서 증오한 곳이 있는 이[有證悟處]라고 받들어 말하는 대혜종고의 종밀에 대한 평가를 살펴보았다.
 이러한 대혜의 입장은 우리들 자신의 실천의 지표를 세우는데 옛 사상가들의 바른 뜻은 계승 발전시키고 치우친 관점은 바로 세워 오늘의 삶을 풍요롭게 하도록 하는 중요한 시사점을 준다.
 다시 대혜종고는 선에서 가풍(家風)과 종(宗)의 차이점을 지나치게 절대화해서 정통성에 관한 소모적인 논쟁을 일삼으려는 이들에게 다음과 같은 경책을 준다.

  선(禪)에는 덕산·임제의 구별이 없고 법안과 조동의 다름이

---

191) 圭峰密禪師 造圓覺疏鈔 密於圓覺 有證悟處 方敢下筆 以圓覺經中一切衆生 皆證圓覺 圭峰改證爲具 謂譯者之訛 而不見梵本 亦只如此論在疏中 不敢便改正 經也 〈『대혜보각선사서』하권 〉

없습니다.

다만 배우는 이들에게 넓고 크고 결정된 뜻이 없고 가르치는 스승들 또한 넓고 크게 융통한 법의 문이 없으므로 들어가는 바에 차별이 있게 됩니다.

그러나 끝내 깨달아 돌아가는 곳에는 이러한 여러 차별이 없는 것입니다.192)

---

192) 禪無德山臨濟之殊 法眼曹洞之異 但學者無廣大決定志 而師家亦無廣大融通法門 故所入差別 究竟歸宿處 幷無如許差別也〈『대혜보각선사서』하권 〉

2) 『간화결의론』과 선교(禪敎)의 교판(敎判)

지금까지 알려진 보조선사의 저작은 『정혜결사문(定慧結社文)』, 『수심결(修心訣)』, 『진심직설(眞心直說)』, 『원돈성불론(圓頓成佛論)』, 『간화결의론(看話決疑論)』, 『화엄론절요(華嚴論節要)』와 『법집별행록절요병입사기(法集別行錄節要幷入私記)』가 있다.

이 중 『화엄론절요』와 『간화결의론』은 선사가 입적한 뒤 제자 진각혜심 등에 의해 발견되어 유포된 저술로 보조선사의 만년작이다. 『간화결의론』은 간화(看話)의 방법론을 깨달음에 이끄는 경절문(徑截門)으로 제시한 저술이다. 다른 저작들이 지해(知解)와 의리(義理)를 적극적으로 활용하여 여실언교(如實言敎)로 바른 사상적 기반을 세워준 뒤에 선(禪)을 참구하도록 가르치고 있다면, 『간화결의론』은 지해의 병을 철저히 밝혀 화두선의 바로 끊어드는 문에 곧장 들어가도록 가르치고 있다. 곧 『수심결』과 『원돈성불론』이 교(敎)의 기반 위에서 선(禪)을 실천하도록 하는 선교합일론을 보여주고 있다면, 『간화결의론』은 '교와 선을 확연히 구분하여〔禪敎判別〕' 화엄원교의 의리선(義理禪)을 부정하고 격외언구(格外言句)를 참구하도록 하는 간화의 활구선(活句禪)을 제창하고 있다. 그러므로 『간화결의론』에서 보조선사의 선교(禪敎)에 대한 교판은 일대전환을 이루고 있다 할 수 있다.

본 『간화결의론』에는 선(禪)과 교(敎)에 대한 두 가지 교판이 크게 대립적으로 등장하고 있다. 그 하나는 화엄종의 오교(五敎)의 교판인데, 현수법장은 선(禪)을 오교 가운데 돈교(頓敎)에 포함시켜 선(禪)을 오교로 분류할 수 있는 붓다의 가르침 가운데 한 가르침으로 판석한다.

이에 대해 종파로서 선종 자신은 언설로 쓰여진 붓다의 가르침 밖에 선(禪)의 정법안장은 따로 있고 따로 전해졌다〔敎外別傳〕고 주장한다. 보조선사도『간화결의론』에서 격외언구(格外言句)는 '교 밖〔敎外〕'이라는 입장을 채택하여 현수법장의 교판에 강한 이의를 제기하고 있다.

현수법사의 오교판이란 붓다의 가르침을 소승교(小乘敎), 대승시교(大乘始敎), 대승종교(大乘終敎), 돈교(頓敎), 원교(圓敎)로 분류한다. 현수법장은 존재가 인연으로 일어남을 밝히는『아함경』,『구사론』 등을 소승교로 판정하고, 법상종(法相宗: 식을 중심으로 만법의 연기된 모습을 밝히는 유식불교)과 무상교(無相敎: 만법이 인연으로 일어난 것이라 공함을 밝히는 반야공사상)를 대승의 단초를 열어낸 가르침이라는 뜻으로 대승시교(大乘始敎)라 한다.

현수법장은 여래장·불성을 가르친 여러 경론을 '대승의 종극의 이치를 다한 가르침'이라는 뜻으로 대승종교(大乘終敎)라 한다. 그리고『능가경』과 달마가 전한 선종(禪宗)은 '단박 깨닫게 하는 가르침'이라는 뜻으로 돈교(頓敎)라 한다. 돈교에서는 모든 헛된 모습은 본래 공하고 참마음은 본래 깨끗하며 번뇌와 번뇌를 깨기 위한 관행의 자취가 함께 사라져 언설 세울 것이 없다. 그러므로 지위와 차제에 의지하지 않고 성불하게 하므로 '단박 깨닫게 하는 가르침〔頓敎〕'이라 한다.

현수법장은 '법계의 걸림 없는 연기'를 설하고 '교리행과(敎理行果)[193]가 원융무애함'을 설하는『화엄경』의 가르침을 원교(圓敎)라

---

193) 교리행과(敎理行果): 교(敎)가 붓다가 보인 문자반야라면, 이(理)는 문자반야가 열어보이는 세계의 실상이며, 행(行)은 세계의 실상에 깨쳐드는 실천과 관행이며, 과(果)는 관행의 결과로 주어지는 해탈의 삶이며 깨달음의

고 판정하여 선종의 돈교 위에 설정한다.
 선(禪)을 오교 가운데 돈교의 교설로 판정한 화엄종의 교판은 불교가 제시하는 모든 이론과 실천을 붇다의 광대무변한 가르침에 통일시키는 긍정적인 측면이 있다. 그리고 화엄의 교판은 불교철학이 발전 풍부화되는 과정에 착안하여 화엄종교(華嚴宗敎)를 연기론의 최고 형태로 정립하는데 주력함으로써 불교교설의 차별상을 밝히는 데는 성공적인 교판이라 할 수 있다. 그러나 불교교설이 연기(緣起)의 측면에서 법 있음을 설하든, 공(空)의 측면에서 법 없음을 설하든, 있음·없음이 둘이 아닌 중도[中]의 관점에서 설하든 불교의 귀착처가 늘 한 맛[一味]이며 늘 한 길[一道]인 세계의 중도실상이라는 점을 크게 간과하고 있는 교판194)이다.
 현수법장이 오교로 가름한 붇다의 가르침은 붇다의 깨달음과 붇다의 창조적인 삶이 언어로 발현된 것이다. 그런데 경전에서 붇다의

세계이다. 중생 편에서 보면 교를 통해 관행을 일으켜 깨달음의 세계에 들어가는 것이므로 교가 원인이 되고 법계의 과덕이 결과가 되지만, 붇다의 편에서 보면 교란 깨달음의 언어적인 표현이므로 법계 과덕 자체인 교이니 법계 과덕이 원인이 되고 언교가 결과가 된다. 이처럼 교리행과는 모두 법계실상 그대로의 교리행과이므로 원인이 되고 결과가 되어 서로 스며들고 겹쳐지는 것[因果交徹]이다.

194) 화엄교판 : 화엄교판은 화엄일승을 다른 가르침과 짝할 수 없는 별교일승(別敎一乘)이자 원명구덕종(圓明具德宗)으로 정립하기 위해 오교의 차제로써 교상의 높낮이를 설정하고 있다. 그러나 화엄교판에서도 앞의 교상 속에 있는 집착을 깨기 위해 뒤의 교상을 설정한 것이므로 교상의 차제가 실체적 차제를 보이는 것은 아니다. 곧 여래장·불성을 보인 경전의 언교에도 집착하지 않도록 하기 위해 종교 다음에 돈교를 세우고, 돈교의 말 없음에도 머물지 않을 때 화엄의 부사의법계가 현전함을 보이기 위해 돈교 위에 원교를 세운 것이다.

깨달음과 창조적인 행위인 바라밀행은 때로 선(禪)으로 기술되기도 하고 때로 반야(般若)로 기술되기도 한다. 그러므로 선(禪)을 오교(五敎) 안에 거둠으로써 '붇다의 깨달음 자체인 선(禪 : 수행방편으로서의 선의 뜻이 아니라 법계 자체인 화엄삼매)이 가르침〔敎理〕과 둘이 없다'할 때에는 허물이 되지 않을 것이다. 그러나 '이루 말할 수 없고 생각할 수 없는 구경의 과덕 자체'인 선(禪)을 개념화된 교리체계 안에 담긴 내용으로 파악할 때는 자칫 생동하는 삶의 진리를 언어의 틀 안에 가두어버릴 위험성이 있다.

붇다가 설한 교법은 가르침을 의지하되 가르침의 자기부정을 통해 선과 반야로 복귀될 때만 가르침의 참된 자기실현이 있게 된다.

선(禪)을 가르침 안의 실천내용〔敎內〕으로 파악하는 화엄의 교판과는 달리 종파로서 선종은 선이란 교 밖에 따로 전한 것이라고 자기 정의한다. 선종은 문자법사들이 말과 뜻만으로 불교를 이해하려는 치우침을 부정해서 일상생활 속에서 산 눈〔活眼〕과 산 말귀〔活句〕를 바로 열어주기 위해 '교 밖에 따로 전하므로 문자를 세우지 않고 바로 사람의 마음을 가리켜 성품을 보아 부처를 이룬다〔敎外別傳 不立文字 直指人心 見性成佛〕'고 가르친다.

『간화결의론』에서 보조선사도 '선은 교 밖'이라는 선종의 교판을 이어 이렇게 말한다.

    이제 논하고 있는 선종의 교 밖에 따로 전한 바 바로 끊어드는 문은, 모든 틀과 헤아림을 벗어났으므로 다만 교학자만이 믿기 어렵고 들어가기 어려운 것이 아니라, 또한 선을 행하는 바로 이 종에서도 낮은 근기와 얕은 지혜를 가진 이들은 아득히 알지 못하는 것이다.

선종에서 기본 강령처럼 전수되어 온 교외별전(敎外別傳)이라는 선에 관한 정의는 문자법사(文字法師)들이 개념의 고정된 틀로 생동하는 삶의 실상을 가두려는 병폐를 부정하기 위함이다. 그러나 진리는 사유와 언어의 정해진 모습이 아니지만, 사유와 언어 밖에 있는 형이상학적인 실재도 아니다. 그러므로 언어와 사유 밖에 있는 초월적인 신비성의 관점에서 교외별전을 받아들이면, 이는 세계와 진리를 주체적인 생활로 정립하는 불교의 연기론을 부정하는 관점이 된다.

붇다의 교설은 붇다의 깨달음과 세계의 실상이 언어로 발현된 것이다. 여래의 교설은 일상대화로써 진리를 열어 보이지만, 일반화된 보편적 범주를 사용하여 뜻 아닌 진리의 뜻을 열어 보이고 있다. 부사의법계는 말이 아니지만 말 아님도 아니고 뜻이 아니지만 뜻 아님도 아니다. 그러므로 선의 체험이 다시 이미 깨친 이들의 보편화되고 일반화된 언교(言敎)[195]에 의해서 검증되지 못하면 그것은 속류경험주의의 함정〔暗證禪〕에 빠져 헤맬 위험성이 있다.

문자법사(文字法師)의 관념화되고 교조화된 이론불교와 암증선사(暗證禪師)들의 사적이고 속류경험주의적인 선정관은 결코 연기론적인 이론과 실천 그 어느 것에도 해당되지 않는다.

---

[195] 선에서의 언교(言敎) : 선의 불립문자는 개념의 틀에 갇힌 문자불교를 부정하기 위한 것이므로 깨달음의 언어적 표현 자체를 부정하는 뜻으로 보아서는 안 된다. 남양혜충선사는 초기 선종어록의 편찬 과정에서 불법이 아닌 삿된 견해에 의해 올바른 언교(言敎)가 서지 못하는 것을 다음과 같이 개탄하고 있다.

"저 『단경』을 가져다 바꾸며 비루한 말을 덧붙여 거룩한 뜻을 깎아버리니, 미혹하여 어지러운 뒤의 무리들이 어찌 언교를 이룰 수 있겠는가. 괴롭다! 우리의 종은 망하는구나〔把他壇經改換 添糅鄙譚 削除聖意 惑亂後徒 豈成言敎 苦哉吾宗喪矣〕."

이에 선종 내부에서도 선을 교 밖으로 설정함으로 해서 오는 새로운 병폐를 다스리기 위해 선과 교의 새로운 합일을 시도한다. 그러한 합일론은 선종을 표방하면서도 선을 가르침 밖의 것으로 확연히 구분하지 않고, 선(禪)과 교(敎)를 상호보완적으로 보거나 교를 선을 실천하기 위한 예비과정으로 파악하는 제3의 입장이라 할 수 있으니, 바로 사교입선(捨敎入禪)이나 자교입종(藉敎入宗)의 관점이다. '교를 의지하여 종지에 들어간다〔藉敎入宗〕'고 말하는 입장이 '선과 교의 절충적 합일론'으로 달마선사의 『이입사행론(二入四行論)』에서 표방된 이래 규봉종밀 등이 이어 받은 선풍이라 할 것이다. '교를 버리고 선에 들어간다〔捨敎入禪〕'고 말하는 입장은 자교입종론(藉敎入宗論)과 교외별전론(敎外別傳論)의 새로운 절충이라고 볼 수 있는 선교관(禪敎觀)인데, 청허선사(淸虛禪師 : 西山休靜) 이후 한국 선문의 일반적인 신조라 할 수 있다.

　사교입선론은 교를 통하되 교를 버리고 선(禪)에 들어가므로 그 입장은 '선이란 교 밖이 아니되 교 안도 아니다'라고 정리할 수 있을 것이며, 자교입종론은 교에 머물지 않고 교를 의지해 선에 들어가나 늘 교의 도움을 받으므로 그 입장은 '선은 교 밖이자 교 안이다'라고 정리할 수 있을 것이다.

　이렇게 보면 화엄종의 돈교(頓敎)와 선종의 교외별전론(敎外別傳論), 사교입선론(捨敎入禪論), 자교입종론(藉敎入宗論)은 '선은 교 안이다〔敎內〕', '선은 교 밖이다〔敎外〕', '선은 교 안도 아니고 교 밖도 아니다〔非敎內非敎外〕', '선은 교 안이자 교 밖이다〔亦敎內亦敎外〕'의 사구(四句)로 정리될 수 있을 것이다.

　이 때 교(敎)에 교상(敎相)이 남아 있고 선(禪)에 선상(禪相)이 남아 있다면, 선과 교는 모두 자기의 고립된 벽을 허물지 못함으로써 위의 사구로 표시된 선교관이 참된 선교의 통일이 되지 못할 것이다.

교(敎)는 스스로 교(敎)이지 못하고 세계의 실상〔體〕과 인간의 창조적 실천〔宗〕이 언어화된 것이라 볼 때 교상(敎相)을 지양할 수 있고, 선(禪)은 스스로 선(禪)이지 않고 세계의 실상을 삶 속에 실현하는 인간 자신의 실천〔宗〕이자 세계의 실상 자체라고 정의할 때 선상(禪相)을 벗어날 수 있다.

이처럼 선과 교의 고립된 자기 모습을 부정한 곳〔雙遮禪敎〕에서 때로 선을 말하기도 하고 때로 교를 말하기도 하면〔雙照禪敎〕, 그 때에는 '선은 교 안'이라고 해도 옳고, '교 밖'이라 해도 옳으며, '선은 교 안이자 교 밖'이라 해도 옳고, 선은 '교 안도 아니고 교 밖도 아니다'라고 해도 옳은 것이다.

동북아시아 불교권에서 선교교판의 해묵은 논쟁을 융화하기 위해 선종이 종파화되고 달마선종이 오가칠종(五家七宗) 등 여러 문파로 분화되기 이전, 교관일치(敎觀一致)를 강조하며 선종(禪宗)196)을 표방한 남악·천태선사의 입장을 살펴보기로 한다.

남악선사와 천태선사는 위 사구의 형식논리의 틀에 갇힌 선교관(禪敎觀)을 넘어서서 선(禪)과 교(敎)를 자기 부정의 긴장 속에서 파악한다. 천태선사는 선을 교 밖이라고 주장하는 입장과는 그 방향을 달리하여 붓다의 모든 가르침의 귀착처가 선바라밀이고 지관(止觀)이라고 정의한 뒤, 선(禪)을 떠난 교가 없으므로 선(禪)이라는 실천

---

196) 선종(禪宗) : 선종에는 불교의 모든 이론과 실천을 선적 종지로 회통한다는 뜻의 선종과 교종·율종에 대해 설정된 종파로서의 선종의 의미가 있다. 남악·천태가 표방한 선종은 선을 실천의 근본 종지로 한다는 뜻의 일반론적 선종의 의미이다.

의 핵심〔宗〕에 서서 붓다의 교설을 오시팔교(五時八敎)로 판석한다.
　그러므로 천태선사의 『마하지관』은 그 첫머리를 '지관의 밝음과 고요함은 앞 대에서 들어보지 못한 것이다〔止觀明靜 前代未聞〕'라고 지적하며, 선(禪) 곧 지관(止觀)이야말로 불교의 핵심이기 때문에 '이 지관은 천태지자가 자기 마음 가운데 행한 법문을 설한 것이다〔此之止觀 天台智者說己心中所行法門〕'라고 말한다.
　모든 교설의 귀착처가 선(禪)이지만, 선에 머물러야 할 선의 모습〔禪相〕이 있다면 선은 다시 교(敎)라는 언어적 실천으로 발현되어 대중교화의 나룻배가 될 수 없을 것이고, 바라밀행이라는 사회적 실천으로 발현되어 모두를 해탈의 땅에 이끌어들이지 못할 것이다.
　교(敎)의 자기 부정 속에서 선(禪)을 밝히고 선(禪)의 자기 부정 속에서 교(敎)를 다시 세우며 바라밀행을 현발하는 남악혜사선사의 법문은 다음과 같다.

　　저 만행 가운데 설한 바와 같이 초발심에서부터 불도를 이룰 때까지 한 몸, 한 마음, 한 지혜인데, 중생을 교화하려 하기 때문에 만 가지 행의 이름이 차별되어 다른 것이다. 온갖 부처님의 법을 배우려 하면 먼저 깨끗한 계를 지니고 선정을 부지런히 실천해야 한다.
　　그러면 온갖 부처님의 법과 모든 삼매의 문, 백팔삼매, 오백 다라니와 모든 해탈, 대자대비와 일체종지, 다섯 가지 진리의 눈과 여섯 가지 신통, 세 가지 밝음, 여덟 가지 해탈, 열 가지 힘, 네 가지 두려움 없음, 열여덟 가지 함께 하지 않는 법, 삼십이상, 팔십종호, 육바라밀, 삼십칠품, 사홍서원, 사무량심, 여의신통, 사섭법을 얻게 된다. 이와 같은 한량없는 불법의 공덕이 모두 선(禪)을 좇아 생겨난다.
··· (중략) ···

다시 선바라밀에는 한량없는 이름이 있다.

불도를 구하려고 깊고 미묘한 선정을 닦아 배워 몸과 마음으로 증득하고 모든 번뇌를 끊어 온갖 신통을 얻으며 큰 서원을 세워서 일체 중생을 제도하면 이것은 선바라밀이 된다.

크나큰 서원을 세우므로 선정의 이름은 바뀌어 사홍서원이 되고, 중생을 제도하려고 깊은 선정에 들어 도종지의 깨끗한 법의 눈으로 중생의 옳은 곳과 그른 곳을 살펴 열 가지 힘과 지혜를 발휘하면 이 때 선정의 이름은 바뀌어 사무량심이 된다. 자비로 중생을 슬피 여겨 괴로움을 없애고 즐거움을 주며 미움과 사랑의 마음을 떠나 평등하게 관찰하면 이 때 선정의 이름은 바뀌어 자비희사가 된다.197)

남악선사에 의하면 선(禪)은 모든 교설의 귀착처이므로 붓다가 가르치는 공덕문을 성취하려면 선을 실천해야 한다. 그러나 선은 선이라는 닫혀진 모습이 없으므로 선이 바로 바라밀행으로 발휘되고 사

---

197) 如萬行中說 從初發心至成佛道 一身一心一智慧 欲爲敎化衆生故 萬行名字 差別異 夫欲學一切佛法 先持淨戒勤禪定 得一切佛法諸三昧門 百八三昧 五百陀羅尼 及諸解脫 大慈大悲 一切種智 五眼 六神通 三明 八解脫 十力 四無畏 十八不共法 三十二相 八十種好 六波羅蜜 三十七品 四弘誓願 四無量心 如意神通 四攝法 如是無量佛法功德 一切皆從禪生 ······ 復次禪波羅蜜 有無量名字 爲求佛道 修學甚深微妙禪定 身心得證 斷諸煩惱 得一切神通 立大誓願 度一切衆生 是乃名爲禪波羅蜜 立大誓願故 禪定轉名四弘 欲度衆生故 入深禪定 以道種智淸淨法眼 觀察衆生 是處非處十力智 爾時禪定轉名四無量心 慈悲愍衆生 拔苦與樂 離憎愛心 平等觀察 爾時禪定轉名慈悲喜捨
〈『제법무쟁삼매법문(諸法無諍三昧法門)』상권 〉

홍서원과 사섭법이 되는 것이다. 천태는 남악선사의 뜻을 이어 그의 『석선바라밀차제법문(釋禪波羅蜜次第法門)』에서 이렇게 말한다.

　　만약 수행하는 사람이 깊이 선문(禪門)의 의취를 통달하면 스스로 모든 붓다의 법을 깨달아 알게 되므로 다른 것 찾음을 기다릴 것이 없다.
　　그러므로 『마하연』에서는 '마치 옷 한 모서리를 끌어당기면 모든 곳이 다 움직이는 것과 같다'고 말하였다.
　　　　　　… (중략) …
　　저 『마하연론』에서는 이렇게 말한다.
　　'모든 부처님이 도를 이루고 법의 바퀴를 굴려 열반에 들어가 얻는 모든 공덕이 다 선(禪) 가운데 있다.'
　　다시 보살이 무량의처삼매에 들어 한마음에 만행을 갖추고 온갖 한량없는 법문을 알아 위없는 불도를 갖추려 한다면 선정을 닦지 않고서는 색계와 무색계, 삼승의 길도 알 수 없는데 하물며 어떻게 위없는 깨달음을 얻을 수 있겠는가.
　　마땅히 알라. 위없고 묘한 깨달음을 얻으려 하면 반드시 먼저 금강삼매(金剛三昧)에 들어가야 하니, 그래야만 모든 부처님의 법이 앞에 나타나게 될 것이다.
　　보살은 이와 같이 깊이 사유하고 선정을 살펴 알아 네 가지 원을 만족할 수 있게 되는 것이니, 다음 『마하연』의 게송과 같다.

　　　선은 바로 날카로운 지혜장 되고
　　　한량없는 공덕의 복밭이 되네.
　　　선은 마치 깨끗한 물과 같아서

탐욕의 모든 티끌 깨끗이 하고
선은 바로 금강의 갑옷이 되어
번뇌의 독한 화살 막아내주네.

함이 없음 비록 다 얻지 못해도
열반 공덕 차츰 모두 얻어가나니
금강삼매 얻어서 번뇌산 꺾고
육신통을 얻어서 중생 건지네.

티끌 먼지 하늘의 해를 가려도
큰 비가 막아줄 수 있음과 같이
느껴 앎의 바람 크게 움직인다 해도
선정은 그를 없애줄 수 있도다.[198]

또한 달마 문하 오가칠종(五家七宗)의 비조라 할 수 있는 혜능선사

---

198) 若行人深達禪門意趣 則自然解了一切佛法 不俟餘尋 故摩訶衍云 譬如牽衣一角 則衆處皆動 …… 如摩訶衍論云 若諸佛成道 起轉法輪 入般涅槃 所有種種功德 悉在禪中 復次菩薩 入無量義處三昧 一心具足萬行 能知一切無量法門 若欲具足無上佛道 不修禪定 尙不能得色無色界 及三乘道 何況能得無上菩提 當知欲證無上妙覺 必須先入金剛三昧 而諸佛法乃現在前 菩薩如是深心思惟 審知禪定 能滿四願 如摩訶衍偈說
　　禪爲利智藏　功德之福田
　　禪如淸淨水　能洗諸欲塵
　　禪爲金剛鎧　能遮煩惱箭
　　雖未得無爲　涅槃分已得
　　得金剛三昧　摧碎結使山
　　得六神通力　能度無量人
　　囂塵蔽天日　大雨能淹之
　　覺觀風動之　禪定能滅之

도 남악, 천태의 뜻과 다르지 않게 선(禪)은 문자상과 언어상이 공한 줄 알기 때문에 문자를 세우지 않지만〔不立文字〕, 문자 자체가 공하므로 문자를 버리거나 깨뜨리지 않는 것〔不破文字〕임을 덕이본 『단경』에서 다음과 같이 말한다.

 사람과 함께 말할 때는 밖으로 모습에서 모습을 떠나고 안으로 공에서 공을 떠나라. 만약 온전히 모습을 집착하면 곧 삿된 견해를 기를 것이다. 만약 온전히 공을 집착하면 무명만을 키우게 될 것이다.
 공을 집착하는 자들은 경을 비방하면서 바로 문자를 쓰지 않는다고 말하나, 바로 문자를 쓰지 않는다면 사람들하고 말하는 것도 합당치 않은 것이니, 다만 이 말함 또한 문자의 모습인 것이다. 또한 바로 문자를 세우지 않는다 하나 세우지 않는다는 두 글자〔不立〕도 또한 문자인 것이니, 이러한 사람들은 남이 말하는 것을 보기만 해도 곧 저를 비방하여 문자에 집착한다고 말한다.
 그러므로 너희들은 반드시 알라.
 스스로 헤매는 것은 그럴 수 있다 하지만 불경을 비방할 것인가. 경전을 비방해서는 안 되는 것이니, 경을 비방하면 죄장이 한량없을 것이다.199)

---

199) 若人言語 外於相離相 內外空離空 若全着相 卽長邪見 若全着空 卽長無明 執空之人有謗經 直言不用文字 旣云不用文字 人亦不合言語 只此言語使是文字之相 又言直道不立文字 旣此不立兩字亦是文字 見人所說 便卽謗他 言着文字 汝等須知 自迷猶可 又謗佛經 不要謗經 罪障無數

2. 조계산 수선사 보조선사 비명과 서문
〔曹溪山 修禪社 普照禪師 碑銘幷序〕

○ 선나(禪那 : dhyāna)의 배움의 근원은 가섭의 흐름에서 나왔으니, 달마선사는 이를 얻어 중국으로 와서 교화하였다. 선나를 전하는 이는 전하지 않음으로써 전하고, 선나를 닦는 이는 닦음 없음으로써 닦아, 잎과 잎이 서로 이어 받고 등불과 등불이 함께 빛나니, 하나같이 얼마나 빼어난 일인가.

그러나 성인에게 가기 더욱 멀어지매 법도 따라 무너지게 되어서, 배우는 이들은 묵은 말만 지키고 그윽한 뜻에는 헤매어 버리며 근본을 버리고 끝을 쫓게 되었다. 여기에서 살펴 깨쳐드는 문이 막혀버리고 문자만을 따져 논란하는 폐단이 벌떼처럼 일어나 정법안장이 거의 땅에 떨어지게 되었다.200)

○ 이러함 속에서 한 사람이 있어 홀로 능히 들뜨고 거짓된 세속을 등지고, 바르고 참된 종지를 그리워하여 처음에는 경전의 말씀을 찾아 이치에 나아가고, 마침내 선정을 닦아 지혜를 드러내 이미 스스로 선정과 지혜를 얻고 나서는 여러 사람에게 널리 베풀었다. 그리하여 잠자고 있던 선풍(禪風)을 다시 떨치고 어둡던 조사의 달[祖月]을 다시 밝혔다.

---

200) 禪那之學源 出於迦葉波 達摩得之 來化震旦 傳之者 以不傳而傳 修之者 以無修而修 葉葉相承 燈燈幷耀 一何奇也 暨乎去聖彌遠 法隨而弛 學者守陳言迷密旨 棄本而逐末 於是乎觀察悟入之路 茅塞 文字戱論之端 蜂起 而正法眼藏 幾墜乎地

만약 그러한 이라면 가섭을 바로 이은 법손이며 달마의 종지를 받은 법의 아들로서 잘 잇고 잘 말한 자라고 이르지 않을 수 있겠는가. 아! 나라의 스승이신 우리 스님이 바로 그 분이시다.201)

○ 스님의 이름은 지눌(知訥)이시니, 경서(京西) 동주 분으로서 스스로 '소치는 이〔牧牛子〕'라고 이름하셨다.

세속의 성은 정(鄭)씨이고 돌아가신 아버지 광우는 국학(國學)의 학정(學正)이었으며, 어머니 조씨는 개흥군(開興郡)의 부인이다. 스님은 나서부터 병치레를 자주 하여 의사의 치료가 별로 효험이 없었는데, 그 아버지가 부처님께 기도하여 출가시키기로 다짐하자 병이 이윽고 나았다.

나이 겨우 여덟 살에 조계의 운손(雲孫)인 종휘선사(宗暉禪師)께 몸을 던져 머리를 깎은 뒤 구족계(具足戒)를 받았다. 배움에는 늘 정한 스승이 따로 없이 도 있는 이만 계시면 그에게 나아가 좇았으니, 지조는 보통을 뛰어나 늘 당당하고 우뚝하셨다.202)

○ 스님의 나이 스물다섯 되시던 대정(大定) 이십이년 임인에 승선에 응시하여 합격한 뒤 얼마 되지 않아 남쪽으로 유행하며 창평 청원사에 이르러 거기 머무셨다.

어쩌다 하루는 공부하는 방〔學寮〕에서 『육조단경』을 보다 '참되고

---

201) 於此 有人焉 獨能背浮僞之俗 慕正眞之宗 始於尋詮而詣理 終於修定以發慧 旣得乎己 兼施諸人 使禪風 寢而復振 祖月 晦而更明 若然者 可不謂迦葉之嫡孫 達摩之宗子 善繼善述者乎 繄我國師 是已

202) 師諱知訥 京西洞州人也 嘗自號爲牧牛子 俗姓鄭氏 考光遇 國學學正 妣趙氏 開興郡夫人 生而多病 醫理不效 考迺禱佛 誓以出家 疾尋愈 年甫八歲 投曹溪 雲孫宗暉禪師 祝髮受具戒 學無常師 惟道之從 志操超邁 軒軒如也

한결 같은 자성이 생각을 일으키므로 인식주체〔六根〕가 비록 보고 듣고 깨달아 알지만 만상에 물듦 없이 참된 자성이 늘 자재하다〔眞如自性起念 六根雖見聞覺知 不染萬像而眞性常自在〕'는 대목에 이르러 놀라 기뻐하며 일찍이 체험하지 못했던 경계를 얻었다. 일어나 불전(佛殿)을 돌면서 송을 지어 생각해 보니 조사의 뜻을 스스로 얻음이었다.

이로부터 마음에 명예와 이익을 싫어하고 늘 숲 속 골짜기에 깊이 숨어 조용히 도를 구하려 하여, 나아가 이르름이 늘 바른 진리의 길이었다.

몇 년 건너 대정 이십오년 을사에 하가산(下柯山)에 노닐다 보문사(普門寺)에 살며 대장경을 읽다가 이통현 장자(李通玄 長者)의 『화엄론(華嚴論)』을 얻어 다시 더욱 확실히 믿는 마음을 내었다. 『화엄론』가운데 깊은 뜻을 찾아 들추고 숨은 뜻을 찾아 핵심이 되는 법의 맛을 씹어 음미하니 앞의 『단경』에서 밝힌 지혜가 더욱 밝아졌다.

그리하여 원돈의 관문〔圓頓觀門〕에 마음을 잠그고서 말세에 배우는 이들의 헤매임을 이끌려고 못을 없애고 말뚝을 빼내주려 하였다.203)

○ 그 때 마침 옛부터 알던 나이 드신 선객 득재라는 이가 공산(公山) 거조사(居祖寺)에 머물면서 모시고 살기를 청함이 간절하고 지

---

203) 二十五 以大定二十二年壬寅 擧僧選中之 未幾南遊 抵昌平淸源寺 住錫焉 偶一日 於學寮 閱六祖壇經 至曰眞如自性起念 六根雖見聞覺知 不染萬像 而眞性 常自在 乃驚喜 得未曾有 起繞佛殿 頌而思之 意自得也 自是 心厭名利 每欲捿遁林壑 艱恬以求其道 造次必於是 越大定二十五年乙巳 遊下柯山 寓普門寺 因讀大藏 得李長者 華嚴論 重發信心 搜抉而索隱 嚌嚅而味情 前解轉明 洒潛心 圓頓觀門 亦欲導末學之迷 爲之去釘拔楔

극하였다. 드디어 거기 가서 사시면서 여러 종파〔諸宗〕의 이름을 버린 높은 수행자들을 널리 맞이하여 선정을 익히고, 지혜를 선정과 가지런히 하도록〔習定均慧〕 뜻에 새겨 권청하니, 낮과 밤으로 싫증을 내지 않고 공부하는 이들이 여러 해를 함께 보냈다.

 승안 3년 무오 봄에 참선하는 벗 몇 사람과 함께 바루 하나로 빼어난 경치를 찾아 지리산에 올라 상무주암(上無住庵)에서 숨어 지내니, 경치가 그윽하고 고요하여 천하에 으뜸이라 참으로 편안히 참선하기에 좋은 곳이었다. 여기에서 바깥 경계를 물리치고 안으로 살핌을 오로지 하여 갈고 닦아 날카로운 지혜를 드러내며 줄기를 찾아 근원을 사무치니, 그 때 법을 얻은 상서로운 모습이 자주 있었으나 말이 번거로워 싣지 않는다.

 조사께서는 일찍이 이렇게 말씀하셨다.

 "내가 보문사에서 온 지 십년 남짓 되었다. 비록 바른 뜻을 얻어 부지런히 닦아 헛되이 공부하지 않을 때가 없었으나, 정견(情見)을 잊지 못하여 한 물건이 가슴에 걸려 원수와 함께 있는 듯했다. 지리산에 와 살면서 『대혜보각선사어록(大慧普覺禪師語錄)』을 얻어 보았는데 거기에 이런 말씀이 있었다.

 '선(禪)은 고요한 곳에도 있지 않고 또한 시끄러운 곳에도 있지 않으며, 나날이 써 대상에 응하는 곳에도 있지 않고, 헤아려 분별하는 곳에도 있지 않다. 그러나 첫째 고요한 곳과 시끄러운 곳, 나날이 써 대상에 응하는 곳과 헤아려 분별하는 곳을 버리고 찾아서는 안 된다. 홀연히 지혜의 눈이 열리면 이 모든 것이 집안 일인 줄 바야흐로 알게 된다.'

 내가 여기에서 계합해 깨달으니 저절로 물건이 가슴에 걸리지 않게 되고 원수와도 한 곳에 있지 않게 되어 그 자리에서 편안하고 즐거워졌다."

조사께서는 이로 말미암아 지혜가 더욱 높아져 대중이 우러러 섬기게 되었다.204)

○ 승안 오년 경신에 송광산 길상사(吉祥寺)로 사는 곳을 옮겨 무리를 거느리시고 법을 지으심이 십일 년이 되셨다.

때로는 도를 말씀하고 때로는 선정을 닦아 안거하며 두타행을 하심에 한결같이 부처님의 계율에 의하였다.

사방의 승려와 신도들이 높은 가풍을 듣고 다투어 몰려와 모임이 늘 번성하였다. 더욱이 이름과 벼슬, 처자까지 버리고 옷을 물들이고 머리를 깎기도 하고, 벗들을 권해 함께 오기도 하여 왕족이나 벼슬아치, 백성들로서 이름을 적고 결사에 든 이〔投名入社〕가 또 몇 백 명이나 되었다.205)

○ 조사께서는 늘 도로써 스스로 생활하시어 남이 옳다 하거나 그르다 함으로써 그 마음을 움직이지 않으시고 성품이 자애롭고 참을

---

204) 適有舊識禪老得才者 住公山居祖寺 邀請懇至 遂往居焉 廣迎諸宗 抛名高士輩 刻意勸請 習定均慧 夙夜無斁者 累稔矣 至承安二年戊午春 與禪侶數子 一鉢尋勝 登智異山 隱居上無住庵 境致幽寂 甲天下 眞安禪之佳所也 於是 屛黜外緣 專精內觀 磨淬發銳 沿尋窮源 時有得法瑞相數事 語繁不載 師嘗言予自普門已來十餘年矣 雖得意勤修 無虛廢時 情見未忘 有物礙膺 如讐同所 至居智異 得大慧普覺禪師語錄 云禪 不在靜處 亦不在鬧處 不在日用應緣處 不在思量分別處 然第一不得捨却靜處鬧處 日用應緣處 思量分別處 參 忽然眼開 方知是屋裡事 予於此 契會 自然物不礙膺 讐不同所 當下安樂耳 由是 慧解增高 衆所宗仰

205) 五年庚申 移居松廣山吉祥寺 領徒作法 十有一年 或談道 或修禪 安居頭陀 一依佛律 四方緇白 聞風輻輳 蔚爲盛集 至有捨名爵捐妻子 毀服壞形 命侶而偕來者 王公士庶 投名入社 亦數百人

성이 깊으시어 잘 뒷 세대들을 맞이해 이끄셨다. 비록 성격이 어지럽고 잘못 빗나간 이들이 스님의 뜻을 거스를지라도, 오히려 가엾이 여기는 생각으로 보살펴 거두어 따뜻한 정리가 그치지 않음이 어머니가 사랑스런 아들을 보살펴 대하듯 그렇게 하셨다.

조사께서 사람들에게 외워 지니도록 권하시는 것은 늘 『금강경(金剛經)』으로 하셨고, 법을 세워 뜻을 연설하심에는 반드시 『육조단경(六祖壇經)』으로 하셨으며, 종지를 펴심에는 이통현의 『화엄론(華嚴論)』과 『대혜어록(大慧語錄)』을 양쪽 날개로 삼으셨다.

조사께서는 세 가지 교화의 문을 열었으니 '밝음과 고요함을 함께 지니는 문〔惺寂等持門〕', '원교의 가르침으로 바로 믿어 깨치는 문〔圓頓信解門〕', '조사의 활구로 근원을 곧장 끊어 들어가는 문〔徑截門〕'이 그것이니, 이 세 가지 문에 의거해 수행하여 믿어 들어가는 자가 많아서 선학이 이렇게 번성함이 옛날이나 요즈음에 비할 데가 없었다.

조사께서는 위엄 있는 행동거지를 잘 거두어 소처럼 걷고〔牛行〕 호랑이처럼 보며〔虎視〕, 제비처럼 편안히 머물러〔燕居〕 늘 삼가 하여 몸가짐에 게으름이 없으셨으며, 더욱이 대중과 같이 운력(運力)하실 때에는 늘 대중보다 앞장서셨다.

억보산(億寶山)의 백운정사와 적취암, 서석산(瑞石山 : 無等山)의 규봉난야와 조월암 등은 모두 스님께서 지으신 절들로서 오고 가시며 선정을 닦던 곳이다.206)

---

206) 師以道自任 不以人之譽非 動其心 性且慈忍 善接後流 雖或悖謬迕意 猶能憫念攝護 情理不止 若慈母之於嬌子然 其勸人誦持 常以金剛經 立法演義則意必六祖壇經 申以華嚴李論 大慧語錄 相羽翼 開門 有三種 曰惺寂等持門 曰圓頓信解門 曰徑截門 依而修行 信入者 多焉 禪學之盛 近古莫比 師又善攝威儀 牛行虎視 燕居謹飭 無惰容止 至於執勞任力 恒在衆先 億寶山之白雲精舍積翠庵 瑞石山之圭峰蘭若祖月庵 皆師之所作而往來修禪者也

○ 임금이 자리에 오르기 전부터 스님의 높은 이름을 받드시더니, 자리에 오르시자 송광산(松廣山)의 이름을 조계산(曹溪山)으로 바꾸시고 길상사(吉祥寺)를 수선사(修禪社)로 고치어 임금의 친필로 현판을 써주고, 또 가득 수놓은 가사 한 벌을 내리시어 남달리 기려주시며 두텁게 공경하고 빛나게 보살피는 정성이 다른 사람들과 견줄 수 없었다.

스님께서 처음 남쪽으로 와서 유행하실 때 함께 공부하는 벗들에게 이렇게 약속했다.

"나는 이름을 숨기고 향기로운 진리의 모임을 맺어 선정과 지혜로써 일삼으려 하니 그대들은 어떠한가."

그들이 '말법이라 그 때가 아닌 듯싶습니다'라고 하니, 스님께서는 슬프게 길이 탄식하시면서 말씀하셨다.

"때는 옮길 수 있지만 심성은 변하지 않는다. 교법이 일어나고 시든다는 것은 삼승의 방편에 떨어져 배우는 이들의 치우친 견해이다. 지혜로운 이라면 마땅히 이럴 수 있겠는가."

대중이 모두 그 말을 따라 '그렇습니다'라고 하였다.

스님께서는 '다른 날 함께 공부의 모임을 맺을 때 반드시 정혜라 이름하리라'고 하시더니, 거조사에 살게 되면서 과연 정혜사(定慧社)를 세우고 이에 '정혜 닦기를 권하는 결사문〔勸修定慧結社文〕'을 지으시니 처음 세운 뜻을 그대로 행하신 것이다.

정혜결사를 송광에 옮기고도 또한 그 이름을 그대로 따랐으나, 나중 근처 절에 같은 이름이 있어서 조정의 뜻을 받아 이름을 바꾸었으니 바로 수선사(修禪社)이다. 이름은 다르지만 뜻은 같으니 스님의 뜻이 선정과 지혜에 있음이 이와 같았다.207)

---

207) 上自潛邸 素重其名 及卽位 勅改號松廣山 爲曹溪山 吉祥寺 爲修禪社 御書

○ 대안(大安) 2년 봄 2월에 돌아가신 어머니를 천도하기 위해 법의 자리를 베푸신 지 수십 일이 되던 무렵 결사의 대중에게 말씀하셨다.

"내가 세상에 머물러 법을 말하는 일이 오래 가지 않을 것이다. 부디 각기 힘써 공부하라."

얼마 안 되어 3월 20일에 병을 보이신 지 여드레 만에 돌아가시니 미리 아신 것이다. 돌아가시기 전 날 저녁, 욕실에 가셔서 목욕하실 때 모시는 이가 게를 청하고 여러 가지를 여쭈니 스님은 조용히 물음에 대답하셨다.

밤이 거의 다 샐 무렵 방장에 들어가셨는데 묻고 답함이 처음과 같았다.

새벽이 되자 스님은 물으셨다.

"오늘이 며칠인가."

"삼월 스무이렛날입니다."

스님께서는 법복을 갖추시고 손 씻고 양치하신 뒤 말씀하셨다.

"이 눈은 조상의 눈이 아니고, 이 코는 조상의 코가 아니며, 이 입은 어머니가 낳아준 입이 아니고, 이 혀는 어머니가 낳아준 혀가 아니다."208)

題榜 旣又就賜滿繡袈裟一領 以褒異之 篤敬光護之誠 他無等夷 初師之來南遊也 與同學諸子 約曰吾欲遁名結香社 以定慧 爲事 於子等 何如 曰末法 恐非其時 師乃慨然長嘆曰時却可遷 心性不變 敎法興衰 乃三乘權學之見耳 智者應如是乎 衆皆服曰然 他日結同社 必號定慧 及在居祖寺 果立定慧社 仍述勸修定慧結社文 償初志也 移社松廣 亦循其名 後以隣寺 有同稱者 因受朝旨易焉 所謂修禪社也 名雖異而義則同也 師之志在定慧如此

208) 大安二年春二月 因薦母 設法筵數旬 時 謂社衆曰吾住世語法 不久 宜各努力 俄三月二十日 示疾 凡八日而終 預知也 前一夕 就浴室沐浴 侍者請偈 因設問

○ 법고를 쳐 대중을 모이게 하시고 육환장을 짚고 걸어서 선법당(善法堂)에 이르러 향을 피우고 자리에 오르시니 늘 하시던 몸가짐 그대로였다. 그러시고는 석장을 떨쳐 울리시고 전날 저녁 방장에서 묻고 답하신 법문을 다시 들어 말씀하셨다.

"선법(禪法)의 신령한 효험은 말할 수 없고 생각할 수 없다. 오늘 이 속에 이르러 대중을 위해 모두 말해주고 가려 한다. 너희들이 이 하나〔一着子〕에 어둡지 않고 물으면 이 늙은이도 이 하나〔一着子〕에 어둡지 않고 답해주리라."

좌우를 돌아보시고 손을 어루만지시며 말씀하셨다.

"이 산승의 목숨 뿌리가 모두 여러분들의 손 속에 있다. 가로 끌거나 거꾸로 끌거나 한결같이 여러분에게 맡기겠으니, 뼈와 힘줄이 있는 이는 나오라."

곧 발을 펴서 평상에 걸치시고 물음 따라 답하시니 말씀이 자세하고 뜻이 빠짐이 없으며 언변이 걸림 없으니 자세히 갖춘 내용은 『임종기(臨終記)』와 같다. 맨 나중 어떤 승려가 물었다.

"옛날 비야리에서는 정명(淨名)이 병을 보이시고 오늘 조계에서는 목우(牧牛)가 병을 지으시니, 병을 보이심이 같은가 다른가 알지 못하겠습니다."

스님께서 말씀하셨다.

"너는 같고 다름을 배웠는가."

그러시고는 주장자를 몇 번 내리치시고는 말씀하셨다.

"천 가지, 만 갈래가 모두 이 속에 있다."209)

師從容答話 夜艾 乃入方丈 問答 如初 將曉 問 今是何日 曰三月二十七日也 師具法服盥漱云這箇眼 不是祖眼 這箇鼻 不是祖鼻 這箇口 不是孃生口 這箇舌 不是孃生舌

○ 이윽고 주장자를 짚은 채 평상에 걸터앉아 움직이지 않으시고 조용히 가셨으니, 문도들이 향을 피우고 등을 걸어 이레 동안 공양했는데 얼굴빛이 살아 계실 때와 같았고 수염과 머리털이 점점 자랐다.

다비하여 남은 뼈를 주우니 뼈가 모두 다섯 빛깔이었으며, 사리는 큰 것을 30알 얻었고 작은 것은 셀 수 없었다. 부도는 결사의 북쪽 기슭에 모셨다.

임금이 이 소식을 듣고 슬퍼하여 불일보조국사(佛日普照國師)라 호를 내리시고 탑을 감로(甘露)라 하였다.

연세는 53세이시고 법랍은 36년이시니 일생 지으신 바는 『결사문(結社文)』, 『상당록(上堂錄)』, 『법어(法語)』, 『가송(歌頌)』 각 1권이 있는데, 종지를 드날리신 것으로서 모두 볼만한 것이었다.210)

○ 어떤 이가 말했다.

죽음이란 큰일이라 할 수 있는데 국사는 목숨을 버리고 조화를 타 넉넉하게 노닐어 스스로 놓아 지내실 수 있었으니, 이것은 그 가운데 반드시 보통사람보다 크게 뛰어난 것이 있음이다.

---

209) 令擊法鼓集衆 策六環錫杖 步至善法堂 祝香昇座 如常儀 乃振錫擧前夕方丈中間答語句因緣云 禪法靈驗 不可思議 今日 來到這裏 欲爲大衆說破去也 爾等不昧一着子問來 老漢 亦不昧一着子答去 顧視左右 以手 摩之曰山僧命根 盡在諸人手裡 一任諸人 橫拖倒曳 有筋骨底 出來 便伸足踞于床 隨問而答 言諦義詳 言辯無礙 具如臨終記 最後 有僧 問 昔日毘耶 淨名 示疾 今日曹溪 牧牛作病 未審 是同 是別 師云爾學同別來 乃拈柱杖數下云 千種萬般 摠在這裡

210) 因執杖 踞床不動 泊然而逝 門徒設香燈 供養七日 顔色如生 鬚髮漸長 茶毘 捨遺骨 骨皆五色 得舍利大者三十粒 其小者無數 浮圖于社之北麓 上聞之慟 諡曰佛日普照國師 塔曰甘露 閱世 五十三齡 受臘 三十有六年 生平所著 如結社文 上堂錄 法語歌頌各一卷 發揚宗旨 咸有可觀

2. 조계산 수선사 보조선사 비명과 서문 375

그러나 지극한 도를 말한다면 그렇지 않다. 왜 그런가.
 노자(老子)같은 분도 나를 아는 자 드문 것을 귀하게 여겼고, 장주(莊周)는 모나지 않고 기이하지 않게 행동하려 했으니 옛날에 도를 하는 이들은 보통사람과 같았다. 그런데도 사람을 속이는 기이하고 뛰어난 자취를 행하여 남들에게 알리려 할 것인가. 세존 같은 분은 법의 왕이라 이름하고 신통작용으로 마음대로 노닐어 자재하시지만, 사라쌍수에서 열반에 드실 때에 이르러서는 '내가 지금 등이 아프다. 곧 열반에 들어가리라'고 말씀하시고 드디어 오른쪽으로 누우시어 발을 포개고 돌아가셨다.
 또 당나라 은봉(隱峰)선사가 거꾸로 서서 돌아가시니, 그 누이가 비구니였는데 크게 꾸짖어 '오라버니가 평생에 법과 율을 따르지 않더니 죽을 때도 사람들을 현혹시킨다'라고 하였다.
 이제 국사는 당을 열어 대중에게 법을 설해 보이심이 이미 많았는데, 돌아가시는 날 다시 북을 쳐 대중을 모으고 자리에 올라 법을 설하며 자리에 걸터앉아 입멸을 알리니, 이것은 바른 도에 혹이나 군더더기가 되지 않는가.211)

○ 내가 답했다.
 그렇지 않다. 도의 작용은 정해진 방위가 없고 사람의 행함도 같지 않다. 그러므로 '천하는 하나에 이르지만 백 가지 생각이 있고, 길이

---

211) 或 曰死可大故也 師能委命乘化 優游自肆 是其中 必有大過人者也 然 語之至道則未也 何以言之 盖老子 貴知我者希 莊周 欲行不崖異 古之爲道者 與人同耳 其肯自爲 異奇偉之迹 以取人知耶 至如世尊 號法中王 神通作用 游戱自在 及其雙林宴寂則曰吾今背痛 將入涅槃 遂右膝累足而化 又唐隱峰禪師 倒立而化 妹有爲尼 咄曰老兄 平生 不循法律 死便熒惑於人 今師之開堂示衆 已多矣 死之日 而乃復更鳴鼓集衆 升座說法 踞床告滅 其於道 不爲疣贅乎

다르지만 같은 곳에 돌아간다'고 말한 것이다. 그대가 말하는 것은 하나는 알지만 둘은 모르는 것이다.

 또 역대 선문(禪門)의 모든 조사들도 죽음에 닥쳐 법을 부치어 맡길 때 반드시 신그럽고 기이한 일을 보인 일이 승사(僧史)에 자세히 실려 있다. 그리고 윗대의 여러 조사들까지도 당에 올라〔上堂〕법을 설하고 돌아가셨으니, 저 흥선사의 유관(惟寬)은 당에 올라 게를 설하고 편안히 앉아 가셨고, 수산(首山)의 성념(省念) 같은 분은 게를 남기시고 돌아갈 날을 정해 당에 올라 법을 설하고 편안히 앉아 가셨으며, 서봉(瑞峰)의 지단(志端) 같은 분은 머리를 깎고 몸을 씻으며 당에 올라 대중에게 하직하고 편안히 앉아 가셨고, 저 대령의 은미(隱微) 같은 분은 당에 올라 게를 설하고 가셨으니 이것들을 모두 비방할 수 있겠는가.212)

 ○ 슬프다! 상법과 말법의 사람들은 의심이 많고 믿음이 적으므로, 먼저 깨달은 이가 교묘한 방편으로 열어 보이고 권해 이끌어 우러러 그리는 마음을 내게 하지 않으면, 비록 거룩한 진리의 길로 나아가려 하지만 이것 또한 어려운 일이다.

 국사의 마음을 살펴보면 이것은 대중을 맞아들이고 중생을 이롭게 하려는 방편의 한 실마리인 것이다.

 국사께서 돌아가신 이듬해 법을 이은 사문 혜심(惠諶) 등이 스님의 행장을 갖추어 임금께 '뒷세상에 보일 바를 내려주십시오'라고 여쭈

---

212) 答 不然 夫道之用 無方而人之行 不同 故 曰天下 一致而百慮 殊途而同歸 若所云者 知其一 未知其二也 且歷代禪門諸祖 臨終囑法 必顯神異 僧史 載之詳矣 至於後之諸師 升堂說法而就化 若興善寺之惟寬 上堂說偈 安坐而化 若首山之省念 遺偈剋日 上堂說法 安坐長往 若瑞峰之志端 剃髮澡身 升堂辭衆 安坐而化 若大寧之隱微 上堂說偈而化 皆可譏耶

니, 임금이 '그렇다' 응낙하시고 소신에게 명하여 국사의 비에 글을 짓게 하셨다.

소신은 유가를 업으로 했지만 거기에도 다 이르지 못했는데, 어찌 부처님의 마음과 조사의 법의 도장인 방위 밖[方外]의 말씀이겠는가.

다만 임금께서 내린 밝은 명령의 다그침 때문에 물리치지 못하고, 얻어 들은 바를 쥐어짜서 감히 국사의 성대하고 아름다운 덕을 그려 보는 바이다.

비명(碑銘)은 이렇다.

  손가락으로 달을 가리킴이여! 달은 손에 있지 않고,
  말로써 법을 설함이여! 법은 말에 있지 않다.
  삼승의 여러 경전들이여! 근기에 따른 차별이요,
  바로 끊어 곧장 들어감이여! 오직 한 문이 있을 뿐이다.
  부처님이 꽃을 보이심이여! 가섭의 웃음이요,
  달마가 벽을 향해 앉음이여! 혜가의 팔 끊음이로다.
  마음을 마음에 전함이여! 둘이 아님이요,
  법을 법에다 줌이여! 같이 이르름이로다.
  참된 가풍 다하지 않으니 그 어느 시대여! 사람 없으리.
  스님의 몸이여! 학이 새장을 벗어남이요,
  스님의 마음이여! 거울에 티끌 없음이로다.
  하가산이여! 진리의 길을 열었고,
  송광산 수선사여! 번뇌의 멍에를 벗었도다.
  선정의 물 맑음이여! 맑고 맑아 물결이 없고,
  지혜의 횃불 빛남이여! 빛나고 빛나 밤이 없도다.
  뜰 앞의 잣나무여! 조사의 오신 뜻 대답함이요,

못 속의 연꽃이여! 참된 종지 연설함이로다.

사부대중이 둘러쌈이여! 뒤섞여 함께 모임이요.

한 소리로 말씀함이여! 고요한 진리의 울림이로다.

죽고 삶 허깨비 같은 줄 살피나니 참됨과 허망 어찌 서로 다르리.

아, 스님께서 석장을 떨치심이여! 만상이 모두 두렷이 어울리고,

바람이 버들가지 흩날려 붊이여! 비가 배꽃을 때리도다.213)

---

213) 嗟呼 像季之人 多疑而少信 非有先覺之士 以善巧方便 開示勸導 生欽慕心 雖欲發趣聖道 斯亦難矣 觀師之心 亦接機利物之一端也 師沒之明年 嗣法沙門惠諶等 具師之行狀 以聞 願賜所以示後世者 上 曰兪 乃命小臣 文其碑 臣 業儒而未至者也 而況於佛心祖印方外之談乎 但迫明命 無由以辭 玆扣竭於諛聞 敢形容於盛美
　　其銘曰
　　　　指以標月兮 月不在指 言以說法兮 法不在言
　　　　三乘諸部兮 隨機差別 徑截直入兮 唯有一門
　　　　牟尼示花兮 迦葉破顔 達摩面壁兮 慧可斷臂
　　　　心傳心兮不二 法與法兮齊致 眞風兮未殄 何代兮乏人
　　　　師之身兮 鶴出籠 師之心兮 鏡無塵
　　　　柯山兮 啓途 松社兮 蛻駕
　　　　定水淡兮 湛無波 慧炬光兮 光不夜
　　　　庭柏兮 答祖意 池蓮兮 演眞宗
　　　　四衆繞兮 雜遝 一音暢兮 春容
　　　　觀死生兮如幻 豈眞妄兮殊科
　　　　噫 師之振錫兮 萬像都融 風吹柳絮兮 雨打梨花

3. 본서에 인용된 주요 공안(公案)

⑴ 한 입에 서강의 물을 마셔야〔一口吸盡西江水〕

마조선사에게 방거사가 물었다.
"만법으로 짝이 되지 않는 자는 어떤 사람입니까."
이로 인해 마조선사가 말했다.
"그대가 한 입에 서강의 물을 마셔 다하면 곧 그대에게 말해주겠다."
거사가 말 아래 알아들었다.

〔古則〕(一六一)
馬祖因龐居士問 不與萬法爲侶者是什麼人 師云 待汝一口吸盡西江水 卽向汝道 居士言下領解

⑵ 햇님부처 달님부처〔日面佛月面佛〕

마조대사가 편안치 못하니 원주(院主)가 물었다.
"화상께서는 요즘 지내시기 어떠십니까."
마조가 대답했다.
"햇님부처 달님부처다."

〔古則〕(一六九)
馬大師不安 院主問 和尙近日尊位如何 師云日面佛月面佛

⑶ 마음달이 외로이 밝으니〔心月孤圓〕

반산(盤山)이 대중에게 보였다.

"마음달이 외로이 밝으니
빛이 만상을 삼켰다.
빛은 경계를 비춤 아니고
경계는 있음 아니니
빛과 경계 모두 사라지면
다시 이 무슨 물건인가."
동산(洞山)이 말했다.
"빛과 경계가 사라지지 않으니 다시 무슨 물건인가?"

〔古則〕(二五〇)
盤山示衆
心月孤圓 光吞萬象
光非照境 境亦非存
光境俱亡 復是何物
洞山云 光境未亡 復是何物

(4) 맷돌 중심쇠를 흔들지 마라

귀종(歸宗)이 어떤 승려가 대중운력에 맷돌 돌리는 것(拽磨)을 보고 그로 인해 말했다.
"맷돌은 그대가 돌리지만 중심쇠〔中心樹子〕움직이지 마라."
그 승려가 말이 없었다.
보복전(保福展)이 대신 말했다.
"지금까지는 맷돌을 돌렸으나 지금은 안되는군요."

〔古則〕(二六〇)
歸宗因見僧普請拽磨 乃云磨從你拽 不得動著中心樹子 僧無語(保福展代云

比來拽磨如今卻不成)

⑸ 한 번 발로 걷어 채이고

홍주 수료(水潦)화상이 처음 마조를 뵙고 물었다.
"어떤 것이 조사가 서쪽에서 온 바른 뜻입니까."
그러자 마조가 가슴을 잡고 발로 차 넘어뜨리자 수료선사가 크게 깨치고 일어나 손바닥을 비비고 '깔깔깔' 크게 웃고 말했다.
"참으로 기특하고 참으로 기특하다. 백천삼매와 한량없는 묘한 뜻을 한 털끝 위를 향해 곧 그 근원을 알았다."
바로 절하고 물러났다.
수료선사가 주지한 뒤에 대중에게 말했다.

〔古則〕(二七三)
洪州水潦(一本老)和尙初問馬祖 如何是西來的的意 祖乃當胸蹋倒 師大悟 起來撫掌呵呵大笑云 也大奇也大奇 百千三昧無量妙義 只向一毛頭上 便識得根源去 便禮拜而退
師住後告衆云 自從一喫馬師蹋 直至如今笑未休

"마대사에게 한 번 걷어채인 뒤로
지금까지 웃음이 그치지 않네."

自從一喫馬師蹋 直至如今笑未休

⑹ 차 마시고 가라〔喫茶去〕

조주가 어떤 승려에게 물었다.
"일찍이 여기에 왔었던가?"

그 승려가 대답하였다.
"왔었습니다."
선사가 말했다.
"차나 마시고 가라."
또 다른 승려에게 물었다.
"일찍이 여기에 왔었던가?"
그 승려가 대답했다.
"오지 않았습니다."
선사가 말했다.
"차나 마시고 가라."
이에 원주가 물었다.
"왜 일찍이 왔다 해도 차나 마시고 가라 하고, 오지 않았다 해도 그에게 차를 마시고 가라 하십니까?"
선사가 원주를 부르니 원주가 대답했다. 선사가 말했다.
"차나 마시고 가라."

〔古則〕(四一一)
趙州問僧 曾到此間否 僧云 曾到 師云 喫茶去 又問僧 曾到此間否 僧云 不曾到 師云 喫茶去 院主問 爲什麽 曾到也教伊喫茶去 不曾到也教伊喫茶去 師召院主 主應喏 師云 喫茶去

(7) 개에게 불성이 있는가〔狗子無佛性〕

조주에게 어떤 승려가 물었다.
"개에게도 불성이 있습니까."
그로 인해 선사가 말했다.

"있다."
승려가 말했다.
"있다면 무엇 때문에 이 가죽 푸대에 들어갔습니까."
선사가 말했다.
"그가 알면서도 짐짓 저질렀기 때문이다."
또 어떤 승려가 물었다.
"개에게 불성이 있습니까."
선사가 말했다.
"없다."
그 승려가 말했다.
"온갖 중생이 다 불성이 있는데 개에게는 왜 불성이 없습니까."
선사가 말했다.
"그에게 업식이 있기 때문이다."

〔古則〕(四一七)
趙州因僧問 狗子還有佛性也無 師云 有 僧云 旣有爲什麽 却撞入者个皮袋
師云 爲他知而故犯
又有僧問 狗子還有佛性也無 師云 無 僧云 一切衆生皆有佛性 狗子爲什麽
却無 師云 爲伊有業識在

(8) 뜰 앞의 잣나무〔庭前栢樹子〕

조주에게 어떤 승려가 물었다.
"어떤 것이 조사가 서에서 오신 뜻입니까."
그로 인해 선사가 말했다.
"뜰 앞의 잣나무다."

384 부 록

승려가 말했다.
"화상은 경계를 가지고 사람에게 보이지 마십시오."
선사가 말했다.
"나는 경계를 가지고 사람에게 보이지 않는다."
승려가 말했다.
"어떤 것이 조사가 서에서 오신 뜻입니까."
선사가 말했다.
"뜰 앞의 잣나무다."
(법안선사가 조주의 제자 각철취(覺鐵觜)에게 물었다.
"들어보니 조주스님께 뜰 앞의 잣나무 화두가 있다는데, 그렇소?"
각철취가 말했다.
"선사께는 이런 말씀이 없었소."
법안이 말했다.
"지금 천하에서는 어떤 승려가 조주께 '어떤 것이 조사가 서에서 오신 뜻입니까'라고 물으니, 조주선사가 '뜰 앞 잣나무다'라고 대답했다고 전하는데, '왜 없다'고 하오."
각철취가 말했다.
"선사를 비방하지 않는 것이 좋을 것이오. 선사께는 이런 말이 없었소.")

〔古則〕(四二一)
趙州因僧問 如何是祖師西來意 師云 庭前栢樹子 僧云 和尙莫將境示人 師云 我不將境示人 僧云 如何是祖師西來意 師云 庭前栢樹子
  (法眼問覺鐵觜 承聞趙州有 栢樹子話是否 學云先師無) (此語 眼云而今天下盡傳 僧問趙州 如何是 祖師西來意 州云庭前栢樹子 如何言無) (云莫謗先師好 先師無此語)

⑼ 한 물건도 가져오지 않을 때〔放下着〕

조주선사에게 엄양존자(嚴陽尊者)가 물었다.
"한 물건도 가져오지 않을 때 어떠합니까."
그로 인해 선사가 말했다.
"놓아버리라."
엄양이 말했다.
"한 물건도 가져오지 않는데 놓아버리라 함은 무엇입니까."
선사가 말했다.
"그렇다면 짊어지고 가거라."
존자가 크게 깨쳤다.

〔古則〕(四三五)
趙州因嚴陽尊者問 一物不將來時如何 師云 放下着 嚴云 一物不將來 放下箇什麼 師云 伊麼則擔取去 尊者大悟

⑽ 조주의 돌다리〔趙州石橋〕

어떤 승려가 조주선사께 물었다.
"조주의 돌다리를 오래도록 들어왔는데 와서 보니 외나무다리만 보입니다."
그로 인해 선사가 말했다.
"그대는 외나무다리만 보고 돌다리는 보지 못하는구나."
승려가 말했다.
"어떤 것이 돌다리입니까."
선사가 말했다.
"나귀도 건네주고 말도 건네준다."

승려가 말했다.
"어떤 것이 외나무다리입니까."
선사가 말했다.
"하나 하나 사람을 건네준다."

〔古則〕(四三八)

趙州因僧問 久響趙州石橋 到來只見略彴 師云汝只見略彴 不見石橋 僧云如何是石橋 師云度驢度馬 僧云如何是略彴 師云箇箇度人

(11) 한 손가락 세워 선(禪)을 보이니

무주 금화산 구지화상(俱胝和尙)이 누가 묻기만 하면 다만 한 손가락을 세웠다.
선사가 세상을 떠나면서 대중에게 말했다.
"내가 천룡(天龍)의 한 손가락 선을 얻고서 일생에 써도 다하지 않았다."
말을 마치자 돌아감을 보였다.

〔古則〕(五五二)

務州金華山俱胝和尙 凡有詰問 只竪一指 師將順世 謂衆曰 吾得天龍一指頭禪 一生用不盡 言訖示滅

(12) 말산의 비구니 요연

말산(末山) 비구니 요연(了然)에게 관계(灌溪) 지한(志閑) 화상이 물었다.
"어떤 것이 말산인가?"

그로 인해 요연이 말했다.
"정수리를 드러내지 않습니다."
지한이 말했다.
"어떤 것이 말산의 주인인가?"
요연이 대답했다.
"남녀의 모습이 아닙니다."
지한이 '악' 외치고 말했다.
"왜 변하지 않는가?"
요연이 대답했다.
"귀(鬼)도 아니요 신(神)도 아닌데 변함이란 무엇이오."
지한이 이 말에 승복하여 3년 동안 원두(園頭) 소임을 보았다.

〔古則〕(五五三)
 末山尼了然 因灌溪閑和尙問 如何是末山 然云 不頂露 閑云 如何是末山主 然云 非男女相 閑乃喝云 何不變去 然云 不是神不是鬼 變介什麼 閑於是伏膺 作園頭三載

⒀ 복사꽃을 보고 도를 깨치니

 복주 영운지근선사(靈雲志勤禪師)가 위산(潙山)에 있으면서, 복사꽃을 보고 도를 깨치고는 이렇게 게를 지었다.

〔古則〕(五九〇)
 福州靈雲志勤禪師在潙山 因見桃花悟道 有偈曰

　서른 해토록 칼을 찾는 나그네에게
　몇 번이나 잎은 지고 가지 돋았나

한 번 복사꽃을 보고난 뒤로
지금까지 다시 의심하지 않노라.

三十年來尋劒客 幾迴落葉幾抽枝
自從一見桃花後 直至如今更不疑

위산선사가 보여드리니 위산이 말했다.
"경계의 연을 따라 깨달으면 길이 물러나 잃음이 없으니 잘 스스로 보살펴 지니라."
어떤 승려가 현사선사께 보여드리니 현사가 말했다.
"맞기는 아주 맞으나 노형이 오히려 사무치지 못했다고 감히 확실히 한다."
대중이 이 말을 의심하니 현사선사가 지장(地藏)에게 말했다.
"나는 이렇게 말했는데 너는 어떻게 아는가."
지장이 말했다.
"계침(桂琛)이 아니었다면 천하사람을 몹시도 바쁘게 했을 것이오."

擧似潙山 山云從緣悟達 永無退失 善自護持
(有僧擧似玄沙 沙云諦當甚諦當 敢保老兄猶未徹) (衆疑此語 玄沙問地藏 我與麽道 汝作麽生會 地藏云 不是桂琛卽走殺天下人)

(14) 기와조각이 대를 치는 소리를 듣고

등주 향엄지안선사(香嚴智閑禪師)가 기와조각을 날려 대에 부딛쳐 나는 소리로 인해 홀연히 깨닫고 노래〔頌〕했다.

〔古則〕(五九七)

3. 본서에 인용된 주요 공안(公案)   389

鄧州香嚴智閑禪師 因颺 瓦礫擊竹作聲 忽然省悟 乃有頌云

    한 번 치는 소리에 아는 바를 잊으니
    다시 닦아 다스림을 빌지 않도다.
    움직여 쓰고 받음에 옛길을 드날려
    쓸쓸한 기틀에 떨어지지 않도다.
    가는 곳 곳곳마다 자취가 없어
    소리와 빛깔 밖의 몸가짐이네.
    여러 곳의 도를 통달한 이들이
    모두 다 높고 높은 근기라 하네.

    一擊忘所知　更不假修治
    動容揚古路　不墮悄然機
    處處無蹤跡　聲色外威儀
    諸方達道者　咸言上上機

위산(潙山)이 듣고서는 말했다.
"이 사람이 깨달았구나."

潙山聞得曰 此子徹也

(15) 임제의 삼현삼요(三玄三要)

임제(臨濟)가 대중에게 보여 말했다.
"무릇 말을 내리면 한마디〔一句〕 안에 세 가지 현묘함〔三玄〕을 갖추어야 하고, 하나의 현묘함〔一玄〕에 세 가지 요점〔三要〕을 갖추어야 한다. 현묘함도 있고 요점도 있는 것을 그대들 여러 사람들은 어떻게 아는가?"

〔古則〕(六三一)
臨濟示衆云
大凡下語一句中具三玄 一玄中具三要 有玄有要 汝等諸人 作麼生會

(16) 덕산이 방에 들어가

덕산(德山)이 용담(龍潭)에 있을 때, 밤늦게 방에 들어가자 밤이 깊었다 용담이 말했다.
"그대는 그냥 내려가라."
선사가 인사를 드리고 발〔簾〕을 들어 올리고 나오려니, 밖이 너무 캄캄한 것을 보고 돌아서서 말했다.
"스님! 밖이 캄캄합니다."
용담이 종이등에 불을 켜서 주었다. 선사가 막 받으려는데 용담이 확 불어 끄니, 선사가 모르는 결에 소리를 뱉었다.
"내가 지금부터는 천하 노화상의 혀끝을 의심치 않겠습니다."
(이튿날 용담이 당에 올라가서 말했다.
"이 가운데 어떤 이는 어금니가 칼나무 같고, 입이 핏동이 같은데 한 몽둥이 때려도 머리를 돌리지 않는다. 다른 때 외딴 봉우리 위에서 나의 도를 세우리라."
선사가 소초(疏鈔)를 가지고 법당 앞으로 가서 횃불 한 자루를 가져와 들고 말했다.
"온갖 현묘한 말을 사무쳐도 한 털을 허공에 둔 것 같고, 세상의 온갖 큰 일을 다할지라도 한방울 물을 큰 골짜기에 던진 것 같다."
이렇게 말하고 소초(疏鈔)를 가지고 곧 태우고 절하고 물러났다.

선사는 일찍이 『금강경』을 강의했었다.)

〔古則〕(六六五)
德山在龍潭 入室夜深 潭曰 子且下去

師珍重 揭簾而出 見外面黑 却回曰和尙 外面黑 潭點紙燭度與 師纔接 潭便吹滅 師不覺失聲曰 我自今已後 便不疑天下老和尙舌頭

(至明日 潭升堂云 个中有个漢 牙如釖樹 口似血盆 一棒打 不回頭 他時向孤峰頂上 立吾道在

師遂取疏鈔 於法堂前將一炬火提起云 窮諸玄辯 若一毫 置於大虛 竭世樞機 似一滴 投於巨壑 將疏鈔便燒 於是禮辞 師曾講金剛經)

(17) 배우는 이를 물에 빠뜨리고

예주(澧州)의 협산선회선사(夾山善會禪師)가 처음 선자화상(船子和尙)을 찾아뵈었는데, 선자화상이 선회가 오는 것을 보고 곧 물었다.
"대덕은 무슨 절에 머무시오."
선사가 말했다.
"같다 하면 곧 머물지 않고 머문다면 곧 같지 않습니다."
선자가 말했다.
"그대가 같지 않다고 하니 같지 않다는 것은 무엇이오."
선회선사가 말했다.
"눈앞의 법〔目前法〕이 아닙니다."
선자화상이 말했다.
"어느 곳에서 배웠소."
선회선사가 말했다.
"귀와 눈이 이르는 곳이 아닙니다."

선자화상이 말했다.
"한 구절 들어맞는 말이 만겁에 나귀 매는 말뚝이오."
또 물었다.
"실 드리움이 천자나 되는 것은 뜻이 깊은 못에 있으니 세치 갈고리를 떠나서 그대는 왜 말하지 않소."
선회선사가 입을 열려고 하자 선자가 곧 삿대로 쳐서 물에 빠뜨렸다. 선회선사가 겨우 나오자 선자가 또 말했다.
"말해보시오 말해보시오."
선회가 다시 입을 열려 하자 선자가 또 때리니 선회선사가 홀연히 크게 깨치고 머리를 세 번 끄덕였다.
선자선사가 말했다.
"장대 끝의 낚싯줄은 그대 놀리는 대로 두겠지만 푸른 물결 범치 말아야 하니 뜻이 절로 다르오."
선회선사가 드디어 물었다.
"줄을 던지고 낚시 던지시니 선사의 뜻은 어떠합니까."
선자화상이 말했다.

"낚싯줄이 아득히 푸른 물에 뜨니
있고 없음의 뜻을 정함이로다.
빨리 말하시오 빨리 말하시오."

선회선사가 말했다.

"말이 현묘함을 띠었으나 길이 없고
혀끝이 말을 하나 말하지 않습니다."

선자화상이 말했다.
"온 강 물결에 낚시질 하다 금비늘 고기를 이제야 만났소."
선회선사가 귀를 막자 선자화상이 말했다.
"그렇소 그렇소."

〔古則〕(七一〇)
澧州夾山善會禪師 初叅 舡子和尙 舡子見來 便問 大德 住在什寺 師云似卽不住 住卽不似 舡子云 汝道不似 不似箇什麽 師云不是目前法 舡子云 什處學得來 師云非耳目之所到 舡子云 一句合頭語 萬劫繫驢橛

又問垂絲千尺 意在深潭 離鉤三寸 子何不道 師擬開口 舡子便以橈子 打落水中 師才出 舡子又云 道道 師復擬開口 舡子又打 師忽然大悟 乃點頭三下 舡子云 竿頭絲線 從君弄 不犯淸波意自殊 師遂問 抛綸擲釣 師意如何

　舡子云 絲懸淥水浮 定有無之意 速道速道

　師云 語帶玄而無路 舌頭談而不談

　舡子云 釣盡江波 金鱗始遇 師乃掩耳 舡子云 如是如是

⒅ 나무공을 밟고 있다

설봉선사(雪峰禪師)가 세 개의 나무공〔木毬〕을 밟고 있다가 어떤 때 승려가 오는 것을 보면 한 개를 차내기도 하고 어떤 때 두 개를 차냈다.

현사(玄沙)가 오는 것을 보고서는 세 개를 한 때 차내니, 현사가 두 손을 활짝 벌려 거꾸로 넘어지는 시늉을 하니 선사가 물었다.
"너는 여기서 한 개를 쓰느냐 세 개를 쓰느냐."
현사가 말했다.
"셋이 곧 하나요 하나가 곧 셋입니다."

선사가 곧 쉬었다.

(어떤 본에는 이렇게 나와 있다. 현사가 설봉에게 '제가 지금 크게 지어가니 화상은 어떠하시겠습니까'라고 묻되, 설봉이 세 개 나무공을 한 때 내던지니 현사가 나무패 쪼개는 시늉을 했다. 이에 설봉이 말했다. '네가 몸소 영산에 있어야 바야흐로 이와 같을 수 있다.'

현사가 말했다.

"곧 바로 나의 집 일입니다.")

〔古則〕(七九三)

雪峯踏三箇木毬 有時見僧來 趯出一箇 有時趯出兩箇 見玄沙來 三箇一時趯出 玄沙撒 開兩手 作仰倒勢 師曰汝在彼用 一箇 用三箇 玄沙曰三卽一 一卽三 師便休(一本 玄沙問雪峯 某甲如今大用去 和尚作麼生峯)(遂將三箇木毬 一時抛出 沙遂作斫牌勢 峯云你親在靈山 方得如此 沙云卽是自家事)

⑴⑼ 한 생각도 일으키지 않으면〔須彌山〕

운문에게 어떤 승려가 물었다.

"학인이 한 생각도 일으키지 않으면 허물이 있습니까."

그로 인해 선사가 말했다.

"수미산이다."

〔古則〕(一〇一八)

雲門因僧問 學人不起一念 還有過也無 師云須彌山

⑵⑼ 동쪽 산이 물 위로 간다〔東山水上行〕

운문에게 어떤 승려가 물었다.

"어떤 것이 모든 부처님들이 몸을 내신 곳입니까."
그로 인해 선사가 말했다.
"동쪽 산이 물 위로 간다."

〔古則〕(一〇三四)
雲門因僧問 如何是諸佛出身處 師云 東山水上行

(21) 마른 똥 막대기〔乾屎橛〕

운문에게 어떤 승려가 물었다.
"어떤 것이 부처입니까."
그로 인해 선사가 말했다.
"마른 똥 막대기다."

〔古則〕(一〇七八)
雲門因僧問 如何是佛 師云 乾屎橛

(22) 남악 천태(南嶽 天台)

운문(雲門)에게 어떤 승려가 물었다.
"어떤 것이 자취를 남기지 않는 것입니까?"
그로 인해 선사가 대답했다.
"천태(天台)에서 운력을 하고, 남악(南嶽)에서 산에 노닌다."

〔古則〕(一〇八五)
雲門因僧問 如何是不帶眹 師云 天台普請 南嶽遊山

(23) 설봉이 한 번 붙잡음에

복주 고산 신안국사가 하루는 설봉을 찾아 뵈었다. 설봉이 그의 인연이 익은 줄 알고 갑자기 일어나서 붙들어 잡고 말하였다.
"이것이 무엇인가?"
선가가 환히 풀려 깨닫고 또한 그 깨달은 마음까지도 잊고, 오직 손을 들어 흔드니 설봉이 말했다.
"그대는 도리를 지었는가?"
선사가 말했다.
"무슨 도리가 있겠습니까?"
이에 설봉이 어루만지면서 인가하였다.

〔古則〕(一一三五)
福州鼓山神晏國師一日 參雪峯 峯知其緣熟 忽起搯住曰 是什麽
師釋然了悟 亦忘其了心 唯擧手搖拽而已 峯曰 汝作道理那 師曰 何道理之有 峯乃撫而印之

⑷ 삼 서근이 부처이니〔麻三斤〕

동산선사(洞山禪師)께 어떤 승려가 물었다.
"어떤 것이 부처입니까."
그로 인해 선사가 말했다.
"삼 서근이다."

〔古則〕(一二三〇)
洞山因僧問 如何是佛 師云 麻三斤

㉕ 죽비라 해야 되나 죽비라 하지 않아야 되나〔竹篦子〕

3. 본서에 인용된 주요 공안(公案)   397

수산선사(首山禪師)가 죽비를 집어들고 어떤 승려에게 물었다.
"죽비라고 부르면 닿아 걸리고 죽비라 부르지 않으면 곧 등진다.
말해보라. 무엇이라 불러야 하는가."

〔古則〕(一三三一)
首山拈起竹篦子 問僧云 喚作竹篦卽觸 不喚作竹篦卽背 且道 喚作什麽

⒴ 다리는 흐르고 물은 흐르지 않네〔傅大士頌〕
부대사(傅大士)가 다음과 같이 노래했다.

    빈 손에 호미자루 쥐었고
    걸어가며 물소를 타네.
    사람이 다리 위를 지나는데
    다리는 흐르고 물은 흐르지 않네.

〔古則〕(一四二九)
傅大士頌
空手把鋤頭 步行騎水牛
人從橋上過 橋流水不流

보지공(寶誌公)이 노래했다.

    법신은 모습 없으니 빈 손이요
    색신은 있음을 따르니 호미자루 잡음이네.
    만약 걸어서 오고 가는 뜻을 안다면
    참됨이 거짓 따라 구름을 소라고 하네.

참마음을 물에 비유하니 물은 늘 고요하고
망녕된 바탕 다리 되니 다리는 스스로 흐른다.
참마음은 움직이지 않고 오직 몸이 움직이니
이것이 다리는 흐르고 물 흐르지 않음이네.

誌公頌
法身無相爲空手 色身從有把鋤頭
若識步行來往意 眞隨妄轉名爲牛
眞心喩水水常寂 妄體爲橋橋自流
眞心不動唯身動 正是橋流水不流

사대(思大)가 노래했다.

찰나에 덧없음이 곧 빈 손인데
번뇌를 없애려고 호미자루 잡았네.
선정 지혜 함께 닦음 걸어감의 뜻이요
법계를 여의지 않으니 흰 소를 탐이네.
육바라밀 다리 삼아 소를 끌고 지나가니
모든 행이 덧없음이 바로 다리가 흐름이네.
법성은 청정하여 물과 같은데
본래 고요하여 물은 흐르지 않네.

思大頌
刹那無常卽空手 爲除煩惱把鋤頭
定慧雙修步行意 不離法界騎白牛
六度爲橋牽牛過 諸行無常是橋流

法性淸淨猶如水 本來寂靜水不流

⑵⁷ 회주의 소가 벼를 먹으니

두순(杜順)화상 법신송(法身頌)에 말했다.

    화주의 소가 벼를 먹으니
    익주의 말이 배가 부르네.
    천하의 의원들 찾아서
    돼지 왼쪽 어깨 위 뜸뜨네.

〔古則〕(一四三三)
杜順和尙法身頌曰
懷州牛喫禾 益州馬腹脹
天下覓醫人 灸猪左膊上

찾•아•보•기

〔ㄱ〕

가관(假觀) 189, 220
가리사(家裏事) 285, 316, 318
가섭 366, 377
『가송(歌頌)』 374
가유문(假有門) 341
각오선인(覺悟禪人) 19, 83, 85
각운동(覺運動) 312
각원상인(覺圓上人) 18, 69, 74
각철취(覺鐵觜) 384
『간화결의론(看話決疑論)』 5, 6, 9, 13, 15, 16, 19, 22, 133, 135, 137, 208, 229, 242, 313, 321, 323, 325, 353, 354, 356
간화결의론과해(看話決疑論科解) 5, 20
간화경절문 313
간화선(看話禪) 6, 9, 11, 12, 13, 17, 18, 23, 24, 45, 96, 97, 185, 208, 236, 241, 242, 243, 247, 318, 320, 325, 329, 330, 331
간화선법(看話禪法) 74, 127, 240
간화선풍 11
감산덕청(憨山德淸) 253
감산선사(憨山禪師) 18, 25, 42, 44
격외언구(格外言句) 7, 353, 354
견혹(見惑) 61
『결사문(結社文)』 374
경산 281
경산대혜 137, 150, 156, 160, 171, 232, 268, 288
경산종고(徑山宗杲) 232, 253
경절문(徑截門) 6, 7, 11, 24, 184, 198, 208, 213, 242, 285, 301, 308, 309, 325, 353
경지론 339, 342, 347
경허(鏡虛) 24, 254, 324, 325, 330
계침(桂琛) 388
고균(古筠) 74
고담(古潭) 19, 24, 95, 97
고봉선사(高峰禪師) 187,
『고봉선요』 331
고봉수(孤峯秀) 71
고산(鼓山) 253
고섬여형(孤蟾如瑩) 74
고원상인(古原上人) 19, 83, 87
공관(空觀) 189, 220
공문(空門) 212
『관무량수경소』 253
관행즉(觀行卽) 96, 335
관행즉위(觀行卽位) 194, 195,

335
교관일치(敎觀一致) 228, 328, 359
교리관행문(敎理觀行門) 6
교리행과(敎理行果) 354
교상판석(敎相判釋) 300
교외별전(敎外別傳) 15, 208, 228, 357
교외별전론(敎外別傳論) 358
교종(敎宗) 14, 300, 313, 326
구경즉(究竟卽) 96, 194, 335
구경즉위(究竟卽位) 127, 193, 195, 335
『구사론』 354
구지화상(俱胝和尙) 386
권교(權敎) 204
귀곡각운 330
귀종(歸宗) 220, 380
규봉(圭峰) 163, 298, 324, 331, 346, 347, 349, 350, 351
규봉종밀(圭峰宗密) 161, 296, 324, 334, 339, 347, 351, 358
근기론(根機論) 339, 347
근본교설(根本敎說) 14
『금강경(金剛經)』 252, 254, 281, 323, 326, 344, 370,

391
『기신론(起信論)』 146, 209, 213, 263, 316
김군수(金君綏) 16, 323

〔ㄴ〕

나계희적 295
나옹(懶翁) 12, 19, 83, 85, 186
나옹혜근(懶翁慧勤) 24, 85
난행도(難行道) 300, 301
남삼북칠(南三北七)의 교판 45
남악(南嶽) 149, 216, 228, 229, 230, 265, 328, 359, 361, 362, 364, 395
남악혜사(南嶽慧思) 127, 240, 261, 265, 360
남악회양(南嶽懷讓) 229, 232, 236, 342
남양혜충 348 357
남원도옹(南院道顒) 232
남전(南泉) 349, 350
남전보원 351
남종 229
남종선 229
노자(老子) 375
녹야원 205
농통진여(儱侗眞如) 176

『능가경』 63, 354
『능엄경』 32, 336

〔ㄷ〕

단견(斷見) 289
『단경』 259, 326, 327, 345, 347, 357, 364, 367
달마(達摩) 18, 25, 63, 239, 240, 252, 260, 330, 354, 358, 363, 365, 366, 377
달마남종(達摩南宗) 229, 237
달마선 330
달마선종 347, 359
달마오종(達摩五宗) 228, 229, 339, 339
담당무준(湛堂無準) 278
대승시교(大乘始敎) 203, 354
대승종교(大乘終敎) 203, 204, 354
『대승지관(大乘止觀)』 127, 229
『대승찬(大乘讚)』 317
대치관(對治觀) 45, 240
대치실단(對治悉壇) 70, 180, 189
대혜(大慧) 16, 17, 21, 26, 150, 161, 163, 176, 181, 187, 189, 196, 232, 242, 243, 245, 246, 247, 266, 270, 271, 272, 274, 278, 279, 280, 288, 289, 290, 292, 298, 302, 324, 327, 331, 351
『대혜보각선사서(大慧普覺禪師書)』 185, 197, 245, 248, 270, 290, 351, 352
『대혜보각선사어록(大慧普覺禪師語錄)』 178, 182, 190, 206, 310, 327, 350, 368
『대혜서장』 331
『대혜어록(大慧語錄)』 253, 323, 326, 328, 370
대혜종고(大慧宗杲) 11, 174, 184, 204, 229, 232, 236, 241, 242, 293, 310, 324, 329, 349, 351
덕산(德山) 351, 390
덕산선감(德山宣鑑) 253
덕산연밀(德山緣密) 222
덕이(德異) 74
덕청(德淸) 42
도명(道明) 236, 252
『도서(都序)』 323, 331
도종지 361
도중사(途中事) 285, 316, 318
돈교(頓敎) 153, 163, 203, 204, 208, 211, 212, 257, 298, 300, 353, 354, 355,

358
돈오(頓悟) 332
돈오돈수(頓悟頓修) 13, 14, 332, 333, 334, 336, 338, 339, 341, 344, 345, 346, 347
돈오돈수설(頓悟頓修說) 331, 342
돈오문(頓悟門) 214
돈오선 7, 261
돈오점수(頓悟漸修) 13, 14, 324, 332, 333, 334, 338, 339, 341, 342, 344, 347
돈오점수론 336
돈오점수설 331, 332, 346
동림상총(東林常總) 38
동림총(東林摠) 251
동산(洞山) 229, 275, 280, 380, 396
동산법문(東山法門) 237
동산수초(洞山守初) 276
동산종 229
동양책선사 260
동양현책 261
두순(杜順) 282, 399
득재 367

〔ㅁ〕

마조(馬祖) 14, 153, 249, 250, 253, 347, 348, 379, 381
마조도일(馬祖道一) 232, 277, 278
『마하연』 362
『마하연론』 362
『마하지관(摩訶止觀)』 26, 32, 45, 229, 262, 263, 360
만봉시울(萬峯時蔚) 35
만한불성(顢頇佛性) 176
만항(萬恒) 97
목우자(牧牛子) 137
몽산(蒙山) 18, 19, 69, 70, 71, 72, 74, 78, 83, 87, 90
몽산덕이(蒙山德異) 24, 71, 97
묘명존자(妙明尊者) 97
무기공(無記空) 186, 246
무량사제(無量四諦) 340
무량사제문(無量四諦門) 341
무명성(無明性) 71
무명혹(無明惑) 61
무사자오 261
무상교(無相敎) 354
무상대사(無相大師) 258
무생사제(無生四諦) 340
무심선 331
무작사제(無作四諦) 340, 345
무작사제문(無作四諦門) 193,

343, 347
무착(無着) 14
「묵조명(默照銘)」243
묵조선(默照禪) 242, 243, 329
문자반야 288, 354
문자법사(文字法師) 307, 308, 309, 328, 356, 357
문자즉(文字卽) 96, 196, 335, 335
문자즉위(文字卽位) 194, 195, 335
「물불천론(物不遷論)」253
밀교(密敎) 14, 300
밀종(密宗) 10, 300

[ㅂ]

반산보적(盤山寶積) 227, 280
반야(般若)선사 253
『반야경』63, 142, 198, 247
반야공사상 354
반행반좌삼매(半行半坐三昧) 229
발제하 205
방거사 277, 379
방등경론 259
방산(方山) 200, 263, 265
방편수연지(方便隨緣止) 220
백련사(白蓮社) 326
백운경한(白雲景閑) 253, 329

백운수단(白雲守端) 232
백장 347
백장회해(百丈懷海) 232
법공진여(法空眞如) 142, 199
법상종(法相宗) 354
법안 295, 351, 384
법안가풍(法眼家風) 295
법안문익(法眼文益) 295
법안종(法眼宗) 229, 295
『법어(法語)』374
법운거사(法雲居士) 328
법운원통 30
『법집별행록(法集別行錄)』 324, 347
『법집별행록절요(法集別行錄節要)』323
『법집별행록절요병입사기(法集別行錄節要幷入私記)』353
법통설 10
법통주의 7, 127
『법화경』「방편품」251
『법화경』「약왕보살본사품」252
법화삼매(法華三昧) 224, 252, 261
법화안락행(法華安樂行) 253
법화지위(法華智威) 258
벽계정심 330
벽송지엄 324, 330, 331
별교 262

보리회향(菩提廻向) 271, 272, 309, 311
보명(普明) 19, 24, 95, 101, 107
보안도(普安道) 149, 216
보운의통(寶雲義通) 224
보제(普濟) 19, 83, 85
보조(普照) 6, 9, 13, 15, 16, 22, 179, 194, 198, 204, 212, 213, 224, 228, 242, 250, 253, 260, 261, 299, 301, 307, 309, 313, 321, 323, 324, 325, 328, 331, 332, 334, 341, 346, 353, 354, 356, 365
『보조법어』 324, 325
보조선 208, 219, 327, 328
보조지눌(普照知訥) 5, 19, 133
보지공(寶誌公) 317, 397
본재 42
부대사(傅大士) 397
부사의십이인연(不思議十二因緣) 193
부암무기(雲默無寄) 11
부용영관 330
부정지관(不定止觀) 229
부추밀(富樞密) 196
부휴(浮休) 329
부휴선수 330

북종 229
분양선소(汾陽善昭) 232
분증즉(分證卽) 96, 127, 335
분진즉(分眞卽) 194
분진즉위(分眞卽位) 194, 195
불립문자(不立文字) 228, 357
불심본재(佛心本才) 38
불심재선사(佛心才禪師) 18, 25, 38, 42
『불심재화상어요(佛心才和尙語要)』38
불안선사(佛眼禪師) 162, 296
불일보조(佛日普照) 374
「불일보조국사비명(佛日普照國師碑銘)」323
『불조통기』258, 260
비일(非一) 35
비파사나 11
비행비좌삼매(非行非坐三昧) 229

〔ㅅ〕

사교입선(捨敎入禪) 208, 358
사교입선론(捨敎入禪論) 15, 358
사념처관(四念處觀) 240
사대(思大) 398
사마타(śamatha) 194
사무량심 360, 361
사섭법 360, 362

사요간(四料簡) 220
사자상승(師資相承) 261
사제법 194, 241, 285
사조용(四照用) 220
사종사제 341
사종사제설(四種四諦說) 16
사종삼매 244
사주혹(四住惑) 61
사할(四喝) 220
사혹(思惑) 61
사홍서원 360, 361
삼교합일론(三敎合一論) 330
삼법인 203
삼십이상 360
삼십칠품 360
삼지삼관(三止三觀) 219, 220
삼현문(三玄門) 139, 178
삼현삼요(三玄三要) 219, 220, 389
상견(常見) 289
『상당록(上堂錄)』 374
상사즉(相似卽) 96, 194, 335
상사즉위(相似卽位) 127, 195
상좌삼매(常坐三昧) 228
상행삼매(常行三昧) 229
생멸사제(生滅四諦) 340
서산(西山 : 淸虛禪師) 15, 295, 329
『서장(書狀)』 196, 244, 245, 247, 270, 289, 293, 323, 324
서천지공(西天指空) 85
『석선바라밀차제법문(釋禪波羅蜜次第法門)』 362
석옥청공(石屋淸珙) 254, 329
『선가귀감(禪家龜鑑)』 295
선교교판(禪敎敎判) 6, 359
선교일치 295
선교합일론 15, 353
『선문강요집(禪門綱要集)』 219, 220
『선문염송(禪門拈頌)』 9
『선문염송집(禪門拈頌集)』 226
선문요략(禪門要略) 18, 25, 45
『선문요략(禪門要略)』 7
『선문촬요(禪門撮要)』 24, 325
『선요(禪要)』 187, 319, 323
선우도량 13, 17
선원청규(禪苑淸規) 18, 25, 27
선자(船子) 253, 391, 392, 393
선정주의 9, 243
선회 391, 392, 393
설봉 253, 396
설봉(雪峰禪師) 393
설봉의존(雪峰義存) 229, 295
설산천희(雪山千熙) 35
성념(省念) 376

성리학(性理學) 11, 12
성리학파 330
성수불이(性修不二) 331
성적등지(惺寂等持) 186, 324
성철 324
세계실단 189
세친(世親) 14
소승교(小乘敎) 203, 354
『소실육문(少室六門)』 63
소양(昭陽) 149, 216
소주혜능 347
『소지관(小止觀)』 45, 310
수료(水潦) 153, 249, 250, 251, 253, 381
수산(首山) 376, 397
수산성념(首山省念) 232
수선사(修禪社) 326
『수심결(修心訣)』 254, 324, 325, 331, 353
『수심정로(修心正路)』 236
수자의삼매(隨自意三昧) 229, 243, 327
승조(僧肇) 42, 253
식이변분별지(息二邊分別止) 220
신돈 12
신수(神秀) 237, 343
신회 347, 348
실상반야(實相般若) 10
실제회향(實際廻向) 271, 309

심념처관(心念處觀) 240
십이연기 193
십이인연 50
십이입 49
십이처(十二處) 337
십팔계(十八界) 49, 169, 170, 337
십팔계설 169
십현연기(十玄緣起) 234
쌍림부대사 238
쌍천영(雙泉瑛) 71

〔ㅇ〕

『아함경』 354
아함교 203, 204
암두 222
암두삼구(巖頭三句) 222
암증선(暗證禪) 308
암증선사(暗證禪師) 308, 309, 328, 357
야좌게(夜坐偈) 18, 25, 63
양기방회(楊岐方會) 232
엄양(嚴陽) 385
여래선(如來禪) 6, 122, 127, 229
여래장사상 203
연기론 334, 355
연기문(緣起門) 212, 262

연기법 212
『열반경』 7, 238
열반적정(涅槃寂靜) 203
영가(永嘉) 21, 253, 254, 258, 260, 261, 262
영가진각 154, 156, 254, 257
영가현각(永嘉玄覺) 259, 261
영명연수(永明延壽) 295
영운(靈雲) 253
영운지근(靈雲志勤) 387
영원유청(靈源惟淸) 38
오가칠종(五家七宗) 330, 363
오교(五敎) 204, 353
오교판(五敎判) 15, 203, 204, 212, 354
『오방편염불문』 63
오성론(悟性論) 18, 25, 63
오시팔교(五時八敎) 45, 360
오온(五蘊) 203, 263, 318, 337
오음 49, 62
오조법연(五祖法演) 232, 279
오조홍인 326
오주번뇌 61
오중현의(五重玄義) 15, 16
완산정응(皖山正凝) 18, 69, 71, 74
요연(了然) 85, 162, 296, 386, 387

용담(龍潭) 390
용담숭신(龍潭崇信) 253
용성(龍城) 24, 127, 236, 254, 325, 330
용성진종(龍城震鍾) 8, 127, 325
용수(龍樹) 14
우두법융(牛頭法融) 339
우두종 229
우익지욱(藕益智旭) 19, 95, 107, 122, 127
운문 149, 217, 220, 222, 227, 230, 264, 265, 276, 278, 394, 395
운문문언(雲門文偃禪師) 227, 228, 276, 278
운문삼구(雲門三句) 222
운문종(雲門宗) 229, 276
운서주굉(雲棲株宏) 101
『원각경』 33, 141, 192, 194, 196, 272, 292, 293, 351
『원각경(圓覺經)』「청정혜보살장(淸淨慧菩薩章)」 195
『원각경대소수증의』 32
『원각경』「보각보살장」 290
원교(圓敎) 148, 152, 159, 203, 204, 234, 262, 284, 286, 354, 355
『원돈성불론(圓頓成佛論)』 353
원돈신해(圓頓信解) 324

원돈지관(圓頓止觀) 229, 347
원명구덕종(圓明具德宗) 355
원묘(圓妙) 253, 326
원오 253, 279
원오극근(圜悟克勤) 232, 278
원융문(圓融門) 261
원효(元曉) 162, 253, 297, 307
위산(潙山) 388, 389
위앙종(潙仰宗) 229
위인실단(爲人悉壇) 189, 339
유관(惟寬) 376
『유마경』 253, 259, 260
유마힐 40
유식 203
유식불교(唯識佛敎) 14, 354
유정상인(惟正上人) 19, 83, 90
육경 326
육근 326, 343
『육조단경(六祖壇經)』 253, 258, 260, 323, 326, 328, 339, 342, 343, 347, 366, 370
육조대사 259
육조혜능 326
육즉 339
육즉위(六卽位) 127, 193, 194, 195, 196, 200, 335, 348
육즉위설(六卽位說) 107, 122, 193, 194

은미(隱微) 376
은봉(隱峰) 375
응심선(凝心禪) 63
의리선(義理禪) 353
『이입사행론(二入四行論)』 358
이종익 328
이즉위(理卽位) 193, 195, 196, 348
이통현 323, 327, 367, 370
이행도(易行道) 300, 301
인공진여(人空眞如) 142, 199
일상삼매(一相三昧) 229
일승원교 204
일체종지 360
일행삼매(一行三昧) 26, 40, 228, 242, 243, 244
임제(臨濟) 14, 16, 219, 220, 223, 351, 389
임제맥 331
임제삼구(臨濟三句) 223
임제의현(臨濟義玄) 223, 232
임제종(臨濟宗) 11, 16, 38, 74, 229, 329, 330, 331, 339
임제·태고법통설 330
『임종기(臨終記)』 373
임판원(林判院) 293

〔ㅈ〕

자교오종(藉敎悟宗) 208
자교입종(藉敎入宗) 358
자교입종론(藉敎入宗論) 15, 358
자명초원(慈明楚圓) 232
자백진가(紫栢眞可) 127, 335
자비희사 361
자운준식(慈雲遵式) 224
자원(慈遠) 107
장교 261
장노(長蘆) 149, 216
장사인 174
장제형(張提刑) 270
장주(莊周) 375
『전등록(傳燈錄)』 239, 254, 258, 325
『절요』 331, 347
점교 204, 208, 212, 300
점차지관(漸次止觀) 229
『정명경』 244
정응(正凝) 71
정토종(淨土宗) 10, 301
『정혜결사문(定慧結社文)』 324, 353
정혜쌍수(定慧雙修) 313, 314
제법무아(諸法無我) 203, 346
『제법무쟁삼매법문(諸法無諍三昧法門)』 361
제일의실단(第一義悉檀) 14, 70, 180, 189

제한고허(諦閑古虛) 127
제행무상(諸行無常) 203
조계(曹溪) 42, 143, 150, 154, 201, 232, 254, 255, 259, 260, 261, 366, 373
조계선 261
조계업(曹溪業) 330
조동 351
조동가풍 242
조동종(曹洞宗) 229
『조론(肇論)』 42
조사교 301
조사선(祖師禪) 6, 7, 14, 122, 127, 214, 228, 229, 240, 263, 324
조사선법 314
조주(趙州) 71, 72, 73, 75, 77, 78, 79, 80, 81, 82, 97, 149, 150, 175, 216, 218, 220, 226, 227, 228, 232, 236, 245, 275, 276, 277, 349, 350, 381, 382, 383, 384, 385
종가입공관(從假入空觀) 213
『종경록』 295
종파불교 300
종휘(宗暉) 366
좌계랑선사 260
좌계현랑(左溪玄朗) 258, 260

주선융교(主禪融教) 328
주전파(主戰派) 242
주화파(主和派) 242
중관 203
중도관(中道觀) 220, 334
중도문(中道門) 212, 341
중도설 334
중도실상 341, 355
중도제 266
중도제일의제(中道第一義諦) 55, 266
중도행(中道行) 343, 345
『중론(中論)』 252
중생회향(衆生廻向) 5, 271, 272, 274, 309, 311, 318
『증도가』 261, 262
증시랑 184
증오(證悟) 332
지관구행(止觀俱行) 203, 313, 314, 328
지단(志端) 376
지성 345
지욱(智旭) 24, 42, 107, 127
지자(智者) 220, 224, 228
지장(地藏) 388
지장계침(地藏桂琛) 295
지한(志閑) 386
지해종사(知解宗師) 324, 331, 346, 347, 349

진가(眞可) 42, 335
진각(眞覺) 35, 154, 255, 258
진각혜심(眞覺慧諶) 9, 353
『진심직설(眞心直說)』 325, 353
진여문(眞如門) 213, 316

〔ㅊ〕

『차제선문(次第禪門)』 45
천동굉지(天童宏智) 243
천연외도 261
천영(天英) 97
천태 사종사제(天台 四種四諦) 340
천태(天台) 7, 15, 16, 18, 22, 25, 32, 45, 63, 122, 127, 149, 189, 193, 194, 195, 196, 200, 213, 216, 218, 219, 220, 223, 224, 226, 227, 228, 229, 242, 252, 253, 263, 264, 265, 310, 313, 328, 335, 339, 340, 341, 343, 345, 347, 348, 359, 360, 362, 364, 395
천태교관 127
천태덕소(天台德韶) 161, 295
천태선 107, 330, 339
천태선문 224
천태업 330

천태종(天台宗) 11, 16, 295, 334
천태종교(天台宗敎) 45
천태지관 260
천태지관법문(天台止觀法門) 259
천태지자(天台智者) 45, 224, 295, 340, 360
「천태지자대사제기예찬문」 224
천태학(天台學) 13
청거(淸居) 109
청량 143, 163, 200, 298
청량문익 229
청원행사 229, 343
청허(淸虛) 358
청허휴정 330
체진선(體眞禪) 63
체진지(體眞止) 220
초기불교 271, 326, 337
충밀 294
측공(則公) 107

〔ㅌ〕

탄허(呑虛) 325
태고(太古) 12, 329, 330
태고법통설 330
태고보우 330
태고종통설 330
통교 262

통현장자 143, 200

〔ㅍ〕

팔교(八敎) 203, 300
팔십종호 360
편교 204
평산처림(平山處林) 85
포대화상 230
풍혈연소(風穴延沼) 232

〔ㅎ〕

하택(河澤) 63, 229, 324, 346, 347, 349, 350, 351
하택신회(荷澤神會) 237, 326, 347, 348
하택종(荷澤宗) 16, 229
학담(鶴潭) 8, 19, 95, 101, 107, 127
한암(漢巖) 325
항포문(行布門) 261
해오(解悟) 332
행사 344
향엄(香嚴) 253
향엄지안(香嚴智閑) 388
허당지우(虛堂智愚) 74
현각(玄覺) 258
현광(玄光) 253
현교(顯敎) 300

현사(玄沙) 388, 393, 394
현사사비(玄沙師備) 295
현성공안(現成公案) 13, 319
현수 163, 203, 204, 211, 212, 213, 298, 301, 354
현수교판 203
현수법장(賢首法藏) 203, 208, 353, 354, 355
현책(玄策) 259
협산(夾山) 253
협산선회(夾山善會) 391
형계담연(荊溪湛然) 334
혜가(慧可) 239, 252, 377
혜능(慧能) 229, 236, 237, 244, 252, 258, 260, 326, 342, 343, 346, 347
혜문(慧聞) 252
혜사(慧思) 45, 127, 224, 228, 240, 252, 261
혜심(惠諶) 376
혜암(慧庵) 325
혜월(慧月) 254, 324
호구소륭(虎丘紹隆) 329
홍각(弘覺) 42
홍주 349
홍주수료 250
홍주종(洪州宗) 229, 347
화법사교(化法四敎) 203
『화엄경(華嚴經)』 264, 273, 274, 310, 338, 354
『화엄경』「십회향품」 272
화엄교판 355
『화엄론(華嚴論)』 143, 159, 200, 286, 323, 326, 327, 367, 370
『화엄론절요(華嚴論節要)』 353
화엄원교(華嚴圓敎) 6, 20, 137, 167, 169, 191, 204, 208, 214, 265, 353
화엄일승 355
화엄종 15, 234, 353, 355, 358
화의사교(化儀四敎) 203
확암(廓庵) 19, 24, 95, 107, 108, 127
확암사원(廓庵師遠) 107
환성지안(喚醒志安) 330
환암혼수 330
활구경절(活句徑截) 324
활구경절문 309
활구선(活句禪) 353
황룡사심 350
황룡사심수 351
황벽(黃壁) 14, 347, 348
황벽희운(黃檗希運) 232
회양 229, 344
회통불교 228
흥화존장(興化存奬) 232

『간화선 입문』을 엮어 쓴 학담스님은 1970년 도문화상(道文和尙)을 은사로 출가하여 동헌선사(東軒禪師)의 문하에서 몇 년의 선수업을 거친 뒤 상원사, 해인사, 봉암사, 백련사 등 제방선원에서 정진하였다.

스님은 선(禪)이 언어적 실천, 사회적 실천과 둘이 아닌 창조적 선풍을 각운동(覺運動)의 이름으로 제창하며, 선(禪)의 대중화, 선원제도개혁에 진력하고 있다. 용성진종선사의 유지를 이어 서울 종로에 대승사 도량을 개설하고 역경불사를 진행하여 『사십이장경강의』·『돈오입도요문론』·『원각경관심석』·『육조법보단경』·『법화삼매의 길』 등 많은 불전 해석서를 발간하였다.

간화선 입문

초 판 1쇄 발행 | 1993년 12월 18일
개정판 1쇄 발행 | 2000년 4월 15일
증보판 1쇄 발행 | 2009년 1월 30일

풀어쓴 이 | 학담(鶴潭)
발 행 인 | 배 환 우
기획·편집 | 백경희 · 김수진 · 홍창희
발 행 처 | 도서출판 큰 수 레
　　　　　　서울 종로구 계동 15-14 대승사
　　　　　　전화 : (02)764-3678 · (02)3673-5741
　　　　　　E-mail : daeseungsa@hanmail.net
출판등록 | 101-90-22365 (2000년 8월 10일)

ISBN 978-89-87258-31-7
값 18,000원

* 잘못된 책은 바꾸어 드립니다.